깨어 있는 소비자에서 **참여**하는 **음식시민**으로

오랜 B. 헤스터먼 지음 | 우석영 옮김

따비

페어푸드
— 깨어 있는 소비자에서 참여하는 음식시민으로

지은이 | 오랜 B. 헤스터먼
옮긴이 | 우석영
초판 1쇄 발행 | 2013년 7월 20일

펴낸곳 | 도서출판 따비
펴낸이 | 박성경
편 집 | 신수진, 양유진
디자인 | 이수정

출판등록 | 2009년 5월 4일 제313-2010-256호
주소 | 서울시 마포구 서교동 460-14번지 1층
전화 | 02-326-3897
팩스 | 02-337-3897
메일 | tabibooks@hotmail.com
인쇄 · 제본 | 영신사

값 18,000원
ISBN 978-89-98439-02-6 03300

페어푸드의 미래를 창조하는 일에 매진하고 있는
수많은 사람들에게 이 책을 바친다.
수많은 페어푸드의 '해결사들'은 그 임무를
다른 이에게 떠넘기기를 달가워하지 않는 이들이다.
자신의 가정에서, 지역에서, 전국 곳곳에서 이들은
지금의 세대와 다음 세대가 우리 모두를 위한 건강하고 지속 가능한
먹거리체계를 즐길 수 있도록 분투하고 있다.

이 책은 '페어푸드 네트워크Fair Food Network'라는 조직의 창립자이자 미국의 농식품 분야 운동가가 쓴 페어푸드에 관한 책이다. 보다 정확히는 현 먹거리체계를 혁신하여, 지속 가능하면서도, 모두를 위해 공평하고 정의로운fair 먹거리food 체계system를 미국 내에서 어떻게 하면 만들어낼 수 있을 것인가, 그 실천이 저자의 주된 관심사이고, 이 책을 관류하는 핵심이라 할 수 있다.

그렇다면 우리는, 우리가 나날이 매끼니 식탁에 올려놓고 있는 생존의 양식을 시스템이라 부를 수 있는 어떤 구조의 맥락에서 이해하자는 요청을 먼저 듣는 셈이 된다. 문제의 해부와 진단이 가능해야 비로소 해법이 도출될 것이기 때문이다.

이 책이 반가운 것은, 우리의 시선을 식탁 위의 음식에서 실제의 넓은 세계, 달리 말해 저자가 시스템이라고 부르는 전체의 지형으로 옮겨주기 때문이다. 먹는다는 것만큼 중차대한 행위도 달리 없겠지만, 오늘날 우리는 이 행위에 특히 관심을 기울어야 하는 다급한 처지에 있다. 우리가 식탁 위에 올리는 것들이 너무나도 여러 갈래의 사회 문제들을 함축한 채, 또는 그 문제들을 질질 끌고 와서, 그 자리에 있는 탓이다.

이 책의 2장에서 저자가 열거해놓은 먹거리 관련 문제의 목록을 나열하자면, 생산 쪽으로 볼 때 농업, 농법(유기농이냐 산업농이냐), 농민의 생존, 농업 보조 정책, 지역경제 활성화, 먹거리보장/안전 관련 정책, 수자원과 관수의 문제, 경작 가능한 농지와 농토의 문제, 질소 관리, 대수층 관리 등의 생태계 관리의 문제, 유전자조작 식품의 문제, 토양 침식과 기후변화, 노동자의 불공정한 노동/임금 여건, 동물 학대 등의 여러 사회적 주제가 두루 연결되어 있다. 또 눈을 돌려 소비 쪽으로 볼 때 건강, 기아, 가난, 먹거리 접근성에서의 불평등(먹거리 정의), 식품 안전, 질낮은 학교 급식, 허술한 식품 수입 기준 등의 문제가 또 줄줄이 연결되어 있다.

그러나 이것이 전부가 아니다. 여기에 유통상의 문제와 음식물 쓰레기 처리 문제까지를 포함시켜야 비로소 우리는 먹거리를 둘러싼 사회 문제들, 관련 활동을 비롯한 전체 지형을 파악할 수 있다. 달리 말한다면, 매일같이 우리가 당연한 듯 몸에 넣고, 또 남은 것은 아무렇지도 않게 내다버리는 그 수많은 물건의 보이지 않는 여정은(그 여정의 출발은 미생물과 땅, 물과 하천, 대양이라는 생태계이자 기후환경이고 종착점은 음식물 쓰레기 처리장이다) 세계화의 시대에 실로 길고 길어서, 그 전체의 여정과 면모를 두루 살펴보지 않고는 제대로 이해할 수조차 없는 것이다. 요컨대 이 책은 우선은 먹거리의 여정을 파악하도록 도와주며 우리의 시선을 식탁 밖의 현실 세계로 열어주기에 가치 있다.

이 책이 반가운 두 번째 이유. 먹거리 문제 해결 방향에 대한 저자의 관점이 지극히 바람직하기 때문이다. 저자는 새로운 먹거리체계 창조의 네가지 원칙으로 공평성, 다양성, 생태학적 온전성 그리고 경제적 활력을 제시한다. 먼저 공평성이란 사회 정의의 문제로서, 예컨대 지역에서 생산된, 적정 가격의, 지속 가능한 방식으로 생산된 먹거리를 '모든' 이들이 접할 수 있게 해야 한다는 당위도 이 공평성의 원칙에서 제시되고 있다. 농식품 생산자들이 턱없이 낮은 값을 지불받거나 터무니없이 열악하고 비인간적인 노동 여건에서 일해야 하는 현실이 개선되어야 한다는 당위나, 토지와 물에 대한 보다 공평한 접근권이 허용되어야 한다는 당위 역시 마찬가지로 이 공평성의 원칙에서 이야기되고 있다.

다양성이란 작물/생물 다양성, 경제/소유 구조상의 다양성, 사회적 다양성을 동시에 뜻한다. 작물/생물 다양성이 농산물 생산성과 그 생산의 지속 가능성에 미치는 효과에 대한 이야기는 충분히 경청되어야 마땅하겠지만, 지역 내 소규모 사업체들이 전체 지역경제 환경에 실로 중요하다는 저자의 강조 역시 주목을 요한다.

생태학적 온전성이란 먹거리 생산의 근본 토대인 농지, 물과 하천, 해양 생태계의 건강을 근본 가치로 포용하는 보다 과학적인 농법의 실천이다. 즉 생태적으로 지속 가능한 식농체계 창조의 문제다. 예상할 수 있듯, 저자의 방점은 유기농/가족농/윤작/혼작/목초지 기반 농업과 낙농의 옹호와 유전자조작 식품/고밀도 가축 사육시설 반대에 놓여 있다.

경제적 활력이란 지역에서, 지속 가능한 방식으로 생산된 유기농산물 사업이 수익 창출로 이어져 지역경제, 녹색경제를 활성화하는 힘을 의미한다. 여기에서도 저자는 지역공동체에 뿌리를 내리고 있고, 지역공동체의 지원을 받아 활동하며, 자체 수익을 지역공동체에 환원시키는 지역 식품 사업체 그리고 이를 가능케 할 로컬푸드 소비

운동의 중요성을 강조한다.

이 책의 세번째 매력은, 제법 묵직한 연구 자료에 근거하고 있지만 결코 딱딱한 학술서나 이론서가 아니라는 데 있다. 아니, 실상을 말하자면 이 책은 이론보다는 행동에 관한 책이라고 할 수 있다(저자가 선택한 평이한 문장 역시 이를 위해 안배된 것이지 싶다). 독자들은 미국이라는 나라에서 오늘날 들끓고 있는 여러 먹거리 관련 문제들, 그리고 그 문제들의 해결을 위한 모색의 움직임들을 상세히 들여다볼 수 있다. 당연한 말이지만, 거기에는 행동하는 사람들이 있고(그 목록은 부록에 일목요연하게 정리되어 있다), 이 책의 상당 부분은 이들이 어떻게 새로운 대안 모델을 만들어내고 있는가, 그 현장 소개에 할애되어 있다. 즉, 문제의 진단과 해법의 제시라는 분석적 담론이 이 책이 선뵈는 절반의 얼굴이라면, 현장 리포트는 또 다른 절반의 얼굴인 셈이다. 비록 다른 나라의 이야기라고는 하나, 같은 문제로 고민하고 고투하는 이들의 체험담과 실험담을 생생히 전해들을 수 있다는 것이 장점이다.

지금의 먹거리체계를 어떻게 혁신할 것인가. 이것이 이 책의 중심 주제라는 것은 앞서 말한 그대로이지만, 그 시스템에는 생산, 가공, 유통업만이 아니라 소비라는 중요한 행위가 포함되어 있다. 그리하여 저자는 생산자 측의 대안 모델의 제시에 그치는 것이 아니라, 소비자이자 시민이 어떤 실천을 할 수 있을지 역시 상세히 논한다. 이 논의가 3부의 내용으로, 현실 해부와 진단보다는 행동과 변화에 목마른 이들이라면 반갑게 만나볼 수 있는 부분이다.

우리 모두가 로컬푸드 구매 등 '개념 있는 소비'에 그치는 것이 아니라, 각자 자기가 사는 지역에서 할 수 있는 행동, 이를테면 구매자 모임 조직, 지역공동체텃밭 일구기 등에 나서야 한다는 것, 이것이 저자의 첫 번째 주문사항이라면, 병원, 학교, 대학 같은 여러 기관들이 지역산의, 지속 가능한 방식으로 생산된 유기농 먹거리를 자체 내에 조달하여 바람직한 먹거리 생산체계 창조에 기여해야 한다는 것, 이것이 두 번째 주문사항이다. 그러나 저자가 역설하듯, 실제로 먹거리체계에서 (부분적, 지엽적 변화의 기미가 아니라) 일대 변화가 일어나려면, 세 번째 주문사항의 실천이 가장 중요할 것이다. 그것은 식농 관련 공공정책이 혁신되도록, 당연한 정치적 권리의 행사로서 우리의 정치적 대표자들을 촉구, 압박하는 일이다. 아쉽게도, 이를 다루는 9장의 내용은 미국 사회의 맥락에 맞추어 서술되어 있다. 하지만 바람직한 공공정책의 대강을 파악할 수 있도록 도와준다는 점에서, 이 장은 특히 경청을 요한다. 큰 틀에서의 실질적인 변화에 목마른 독자라면 이 장에 특히 주목할 것이다.

저자가 본문의 첫머리에서 소개하고 있듯, 시스템이란 "단일한 전체를 형성하는, 정기적으로 상호 작용하거나 상호 의존적인 항목으로 이루어진 집합"(《웹스터 사전》)이다. 정기적으로 상호 작용, 상호 의존한다는 것은 그만큼 그 집합이 강력한 힘으로 연결되어 있다는 것을 함의한다. 그렇다면, 시스템의 변화란 이러한 끈끈한 연결 관계에 있는 부분들을 전부, 동시에 변화시킬 때 가능하다는 이야기인 셈이다. 이 책의 주제를 생각해본다면, 생산자(식농 기업, 농민, 농장 노동자, 농법 그리고 농지 관리 등 농식품정책에 영향을 미치는 정책 입안자)만이 아니라 가공 · 유통업체(식품 기업, 유통 기업), 소비자/구매자(소비/구매 행태, 쓰레기 처리 행태) 등 농업 및 먹거리와 조금이라도 관련을 맺고 있는 사람들 전체가(이는 우리 모두가 아닌가!) 변할 때에만, 즉 이제와는 다른 행동을 취할 때에만 먹거리체계의 혁신이 가능할 것이다. 이 과제는 여러 명이 여러 곳에 동시에 물꼬를 트는 일을 요한다. 그러려면 물꼬를 트는 일의 중요성과 그 일의 방향에 합의하는 일이 선행 내지 병행되어야 할 것이다. 사정이 이러하기에 이 일은 아마도 지난한 과제일 것이다.

그러나 이러한 현실의 정황을 직시하며 한숨을 내쉬기 전에 들어야 할 말이 있다. 그건 공공 의료 네트워크인 '해악 없는 의료Health Care Without Harm'의 사무총장 제이미 하비Jamie Harvie의 말이다. 하비는 이렇게 말한다. "우리는 지금 무려 50년 동안 실행된 생각과 관행을 폐기하려고 겨우 5년 동안 노력했을 따름이죠." 어쩌면 너무 조급한 성취욕이나 기대치가 운동의 꾸준한 전진에 걸림돌일 수도 있다. 분명한 건, 이 책에서 확인할 수 있듯, 많은 이들이 이미 각자의 삶터에서 거대한, 고장 난 낡은 벽을 조금씩 부수고 있다는 사실이다. 자신과 가족과 이웃과 미래 세대의 존엄한 삶을 지키고자, 좀더 평등한 세상을 만들고자, 대열에 합류하기 시작하는 이들이 조금이라도 더 많아지기를 바란다.

2013년 7월
우석영

건강하고 지속 가능한, 그러면서도 모두를 위한 먹거리체계를 만들어내려는 운동은 빠르게 성장해왔고 또 강해졌다. 심지어 이 책이 처음 출간된 이후에도 그러했다(이 책의 초판은 2011년에 출간되었고, 개정판은 그 이듬해에 출간되었다. ― 옮긴이). 어떤 이들은 이 운동을 페어푸드 운동이라고, 다른 이들은 굿푸드 운동 또는 슬로푸드 운동이라 부르지만, 이 운동을 무어라 부르든, 점점 더 많은 이들이 지역에서 나온, 지속 가능한/유기농 먹거리를 사먹고 있고, 점점 더 많은 농민들이 팽창 중인 이 시장을 위해 생산에 참여하고 있다. 이 책이 처음 출간된 이후, 미국 내 농민장터의 수는 17퍼센트 증가했고 미 농무부는 로컬푸드 시장의 규모가 이제 50억 달러에 이른다고 밝혔다. 또한 의회의 지도자들은 상업작물 생산 농가를 위한 직불금을 삭제하고, 페어푸드 네트워크의 더블업 푸드벅스 프로그램(본문 107쪽 참조)과 유사한 건강식품 인센티브 연방자금 제공안을 포함하는 새로운 농업법의 틀을 도입했다. 먹거리체계 내의 혁신은 이미 진행 중인 것이다. 건강하고 지속 가능한 먹거리체계 창조에 매진해온 나와 여러 동료들이 승리를 선포하고 귀가하기에는 턱없이 불충분하긴 하지만, 수십 년간의 우리의 집합적 노력이 드디어 보상받기 시작했다는, 이제는 보다 많은 의식 있는 소비자들이 페어푸드 시민들로서 참여할 때가 되었다는 희망을 내게 주기엔 충분한 그런 수준의 혁신이다.

《페어푸드 — 깨어 있는 소비자에서 참여하는 음식시민으로》가 처음 출간되었을 때, 이 책을 이례적인 방법으로 홍보하기로 마음먹었다. 그간 직장 생활을 통해 알게 되고 함께 작업해온 활동가들, 거대한 네트워크 내에 연결되어 있는 이들에게 연락하여 각자 살고 있는 도시에서 책 관련 행사를 열어달라고 주문한 것이었다. 그러나 이 행사는 책읽기 행사가 아니라 먹거리체계 혁신 운동가들과 지지자들이 실시간 네트워킹 이벤트를 위해 지역 내 한자리에 모일 기회이자, 새로운 사람들에게 (특히 젊은이들에게) 이 운동을 소개하는 동시에 《페어푸드》를 현장의 새로운 자료로 소개하는 기회일 것이었다. 난 실제로 이 책을 이 운동을 위한 (마치 도구모음상자toolbox처럼) '도구모음 책toolbox book'이라 부르곤 했다. 이런 식의 홍보가 어떻게 가능할지 스스로도 알지 못했지만, 첫 저작을 내면서도, 먹거리체계 혁신에 관계되는 다양한 분야에서 그동안 만나고 교류해온 관계망이라는 가장 훌륭한 자원을 손에 거머쥐고 있었던 터이기에 이 방법이야말로 가장 논리적인 진행 방식이라고 생각했다.

우리는 성공했을까? 일부 지표를 소개한다. 25개 이상의 지역에서 5,000명 가까운 이들이 이 행사에 참가했다. 그 지역은 동의 브루클린(뉴욕)에서 서의 버클리(캘리포니아)에 이르기까지 미국 전역을 아우르는데, 앤아버, 시카고, 보스턴, 필라델피아, 워싱턴DC, 로스앤젤레스를 포함한다. 이 각각의 행사에 참여한 관객들 중 최소 절반 이상이 20~30대였다. 출간 이후 첫 학기에 10개의 대학이 이 책을 교재로 활용하기 시작했다. 연결망은 실시간으로 형성되고 있고, 이 운동을 전진시키고 있다. 이 가운데에서도 가장 나를 가슴 뛰게 한 것은 그 행사장에서 젊은이들과 만난 것이었다. 많은 경우, 짤막한 기조연설을 마치고 그 지역에서 먹거리체계 혁신 운동을 하고 있는 활동가들과 단체들의 이름을 호명한다. 그러고 나서 행사 참여자들과 개인적으로 만나는 저자 사인회를 가지며 행사를 마친다. 그런데 사인을 받으려 줄을 서 있는 이들 중 많은 이가 먹거리 접근성과 먹거리정의라는 이슈에 절대적으로 열을 올리고 있는 대학생들(일부는 심지어 고등학생들이었다)이나 최근에 대학을 졸업한 이들이라는 걸 간파할 수 있었다. 이들은 자신이 누구인지 소개하고, 내 책에 사인을 받고, 자신이 어떤 일들을 하고 있는지(브루클린의 옥상텃밭에서부터 샌프란시스코의 인큐베이터 식당, 할리우드의 영화 홍보에 이르기까지) 내게 열띤 어조로 토로하느라 바빴다. 이들은 내게 이런저런 질문들을 쏟아붓느라 여념이 없었는데, 이를테면 이 분야에서 중요한 직업 경험을 쌓으려면 어느 대학원에 진학하는 게 좋을까 같은 질문이었다. 얼마나 큰 희망과 영감을 주었던 대화란 말인가!

나는 이 책을 위해 여러 가지 장기적인 목표를 정해두었지만, 시애틀에서의 경험은 내가 참으로 무엇을 성취하고자 하는지 여실히 보여준다.

2011년 10월 17일 저녁, 워싱턴 주 벨링햄에 있는 서점 빌리지 북스Village Books에서 독자들을 만날 기회가 있었다. 참가자들은 그리 많지 않아서 고작 25명 안팎이었고, 책 판매량도 소박한 편이었다. 발언 이후 이어진 질의응답 세션. 두 젊은 남성과 함께 앉아 있던 젊은 여성이 웨스턴워싱턴 대학교의 저녁식사 메뉴에 보다 좋은 식재료를 공급할 방법이 있겠는지를 물었다. 이 셋은 모두 이 학교의 1학년 학생들이었다. 캠퍼스 안에 거주하는 학생들은 하나의 식사 계획안을 획득해야 하는 처지인데, 자신은 보다 정의로운 먹거리를 포함하는 계획안에 투자하고 싶다는 것이 그녀의 말이었다.

기회다 싶어 그 학생에게 리얼푸드 챌린지Real Food Challenge(본문 253쪽 참조)를 소개했다. 리얼푸드 챌린지는 2020년까지 모든 대학 내 음식 서비스 업체의 식품 구매량의 20퍼센트(10억 달러에 해당)를 지역산, 지속 가능한 먹거리로 변환하고자 하는 대학생들이 창립한 단체다. 그 세 학생에게, 이 프로그램을 이미 내 책에서 소개하고 있고 책에는 연락처도 있다고 말해주었다.

그런 후, 미국 내 모든 주에는 리얼푸드 챌린지를 위한 지역 코디네이터들이 일하고 있다고 말하자, 앞줄에 앉아 있던 또 다른 젊은 여성이 자리에서 일어나더니 대뜸 이렇게 말하는 것이었다. "제가 바로 태평양 북서부 지역을 담당하고 있는 리얼푸드 챌린지 코디네이터랍니다." 그녀의 이름은 엠마Emma였는데, 행사가 끝나고 우리가 서점을 떠날 무렵엔 리얼푸드 챌린지의 웨스턴워싱턴 대학교 분과가 만들어지고 있었다, 그 서점 바로 그 자리에서 말이다.

서점을 떠나기 전, 나는 엠마와 명함을 교환했다. 며칠 수 벨링햄에서 세 시간 거리에 있는 타코마의 퓨젓사운드 대학교에서 강연할 예정인데, 그녀가 참석한다면 학생들에게 소개하겠다고 했다. 과연 엠마는 그 자리에 나타났다. 대학생들이 페어푸드 '해결사들'이 될 수 있는 한 가지 방법은 리얼푸드 챌린지라고 소개한 후 난 엠마를 자리에 초대했고, 그녀는 이 프로그램과 자신의 소임에 관해 이야기해주었다. 행사가 끝나고 학생들의 책에 사인을 하려고 강당 후미로 가고 있을 때, 몇몇 학생에게 둘러싸인 엠마를 발견했다. 그날 저녁 행사가 끝나갈 무렵 리얼푸드 챌린지의 퓨젓사운드 대학교 분과가 탄생했다.

책을 팔고 독자들을 만나는 일은 분명 흥겨운 일이고, 또 나는 대중 강연을 즐기는 사람이기도 하다. 언론의 조명은 홍보에서 중요한 부분일 것이다. 하지만 그 주에 웨스턴워싱턴 대학교와 퓨젓사운드 대학교의 학생들과 함께 페어푸드 체계를 향해서 우리가 내딛은 발걸음이야말로 내가 이 책을 쓴 이유다.

《페어푸드》의 개념과 아이디어들을 이들과 공유하는 일 자체가 내게는 엄청난 공부가 되었다. 우리의 가정, 지역공동체, 경제, 환경을 위해서 지금의 먹거리체계를 보다 건강한 것으로 만들고자 분투하는 전국 각지의 열성적인 리더들과 나 자신의 관계맺음에 관해서도 많은 걸 익혔다. 앞으로 다가오는 시간에, 여러 운동의 활동가들을 만나 먹거리체계를 혁신하는 데 공조할 방법에 관한 생각을 나누고 '해결사들의 군대'를 계속 모집해나갈 수 있는 기회가 더 많아지기를 바란다. 그리하여 우리의 아이들과 손자들이 자신의 건강과 복지를 뒷받침하는 먹거리체계 속에서 성숙하고 번영할 수 있기를 소망한다.

오랜 B. 해스터먼
2012년 1월

$$\vdots$$

들어가는 글

오늘날 미국의 여러 시스템은 개선할 필요에 직면해 있다. 교육체계는 일부 청소년에게 미래를 열어주는 데 실패하고 있고, 궁극적으로는 우리 미래를 갉아먹고 있다. 보건체계 비용은 통제 범위를 벗어나 솟구쳐 오르면서 많은 사람이 의료보험 혜택을 받지 못하고 있으며, 점점 더 많은 저소득층 노동자 가정이 적절한 의료 혜택을 받을 기회를 박탈당하고 있다. 에너지체계 역시 미래 삶을 지탱해주지 못할 체계이고, 지금의 금융체계는 붕괴 직전에 와 있는 형편이다.

그러나 마땅히 받아야 할 주목을 받지 못하는 또 한 가지 체계가 있다. 생존하기 위해 우리 모두가 (운 좋은 사람은 하루 세 번) 의존하고 있는 체계인데도 말이다. 바로 먹거리체계food system다. 삶을 살아가는 데 절대적으로 필요하기 때문에 우리가 의존하고 있는 어떤 체계에 이상이 생긴다면 그 결과는 어마어마할 것이다. 싼 가격으로 풍요로운 음식을 제공하도록 진화되어온 이 먹거리체계는 오늘날 통제 불능 상태에 이르렀고, 우리를 먹여 살리는 동시에 우리가 가장 소중하게 여기는 것들, 다시 말해 환경, 건강, 미래를 파괴하고 있다. 강, 시내, 바다에 들어간 농화학 액체에서부터 대도시 빈민 지역에서 나타나는 (당뇨병 같은) 음식 관련 질병의 높은 발병률, 도시·교외 확장으로 야기된 최상질 농지의 손실, 육류 공급의 80퍼센트를 단 네 개 회사 손에 맡기는 기업 담합체계에 이르기까지 지금의 먹거리체계가 양산한 문제들은 각기 하나씩 해결할 수 있는 독립된 것들이 결코 아니다. 도리어 이것들은 고장 나버린, 다시 설계될 필요가 있는 먹거리체계가 보이는 여러 증상이다.

여느 고장 난 체계가 다 그렇겠지만, 기능 장애가 가장 심각한 곳은 바로 대도시 빈민가다. 예를 들어 이러한 지역 가운데 가장 눈에 띄는 곳인 미국의 디트로이트 시를 생각해보자. 이 도시는 샌프란시스코, 보스턴, 맨해튼을 모두 포함할 수 있는 규모이지만(222제곱킬로미터) 주민들과 기업들은 염려스러울 정도로 신속하게 이 도시를 떠나버렸다. 200만 명 이상을 수용할 수 있도록 설계되었지만, 현재 이 도시에는 90만 명이 안 되는 사람들이 살고 있고 거의 13만 호에 이르는 폐가에서 사람들이 살고 있다.

디트로이트의 공식 실업률은 미국 최고 수준으로 24퍼센트에 이르지만, 실업수당을 못 받는 사람들까지 고려한다면 실제 실업률은 35퍼센트에 가깝다.[1] 또 시 주민 세 명 가운데 한 명은 빈곤선 아래에서 삶을 이어가고 있다. 지난해에 연방정부는 4억 8000만 달러에 이르는 푸드스탬프food stamps*를 이 도시에 투입한 바 있지만,[2] 이것을

---

* 미국의 저소득층 가정이 식품을 구매할 수 있도록 지원하는 재정 보조의 한 형태. 푸드스탬프를 소지한 사람이 일반 식품점에서 식품을 구매할 경우 이를 사용할 수 있다. 1990년대 후반에 일부 주에서 푸드스탬프 제도를 개혁함으로써 해당 주의 수혜자들은 실물 스탬프 대신 일종의 직불 카드 체계인 EBT(제3장 참조)를 사용하여 식품을 구매할 수 있게 되었다.(이하 각주는 모두 옮긴이의 주석이다.)

현금으로 바꿀 수 있었던 식료품점과 슈퍼마켓*은 전체 가게 가운데 10퍼센트 이하였던 것으로 추산되고 있다. 이 스탬프 혜택을 받았던 많은 곳은 이른바 '변두리 소매점'이라고 여겨지는 곳들, 예를 들어 주유소, 주류 판매점, 편의점, 달러 스토어**, 빵집, 약국이다.[3]

좋은 먹거리는 디트로이트에서 거의 사라지고 말았다. 2007년 7월 1일에 마지막 슈퍼마켓 두 곳이 이 도시를 떠났고, 이로써 디트로이트는 대형 슈퍼마켓이 없는 유일한 대도시(미국에서 열한 번째로 큰 도시)가 되었다. 시 주민 대다수는 평소 식료품점에 가려고 이동하던 거리의 두 배 이상을 이동해야만 구멍가게에 갈 수 있다. 많은 사람이 식품을 사려고 주유소나 주류 판매점 또는 편의점에 가야만 하는 것이다. 디트로이트 시에서 이런 질문을 듣는 것이 특별한 일이 아니다. "식료품을 어느 주유소에서 구입하시나요?"

이러한 고장 난 먹거리체계를 개선하고 건강한 세대를 만들어내려면 디트로이트 같은 도시에서 시작해야 할 것이다. 이 도시에 사는 사람들은 다른 도시 사람들처럼 변화를 갈구하고 있다. 그들은 자신이 먹는 음식의 문제점이 무엇인지를 알고 있으며, 또 요리하는 일도 즐긴다. 그들은 교외 슈퍼마켓에서 구할 수 있는 신선한 먹거리를 기꺼운 마음으로 사고 싶어하지만, 교통상의 불편함이 이를 가로막고 있다.

"건강식품, 신선식품 코너가 있고 청결하고 안전한 곳이라면 사람들은 인근에 있는 가게에 기꺼이 찾아가겠죠. …… 우리 지역사회

---

* 한국에서의 대형 마트에 가까운 개념이다.
** 한국에서의 천원숍 같은 염가 판매점이다.

에 이런 요구는 많아요." 어느 디트로이트 시민이 최근에 들려준 말이다. "아마 아무것도 못 사실 거예요." 또 다른 사람은 격분에 차 이렇게 성토했다. "게다가 아이들은 그게 어떤 것인지조차 모른다니까요. 오늘 아침에 콩깍지를 고르고 있었는데, 아이들 가운데 그 누구도 콩깍지라는 게 뭔지 모르더라고요. 아예 들어본 적도 없는 거죠."

지금 필자가 소개한 사람들은 자신들이 경시되고, 무시되고, 경멸받고 있다고 느낀다. 가정 안에 있는 텃밭과 값비싼 유기농 제품을 찬양하는 먹거리체계에 관한 이야기가 전국적으로 시작되고 있는 마당에, 디트로이트 시민들에게는 슈퍼마켓조차도 허락되고 있지 않기 때문이다.

페어푸드 운동을 하고 있는 동지들과 더불어 필자는 이 나라가 드디어 우리가 무엇을 먹는지, 그 음식이 어디에서 오는지에 관해 이야기하기 시작했다는 사실에 약간 흥분하고 있다. 그러나 이야기만으로는 식품점을 만들어내지도, 도시 빈민가 농민장터에 나오는 신선식품의 가격을 낮추지도 못한다. 시카고 하원의원 보비 러시Bobby Rush가 지적한 그대로, 신선한 토마토를 살 수는 없고 대신 케첩만 살 수 있는 환경이라면 "주로 채소를 먹어라. 너무 많이는 말고."*라는 조언은 그다지 큰 도움이 되지 못한다.

지금의 먹거리체계는 디트로이트 시민을, 그리고 미 농무부(USDA)가 '먹거리사막food desert'이라고 규정한 곳, 다시 말해 건강식품에 접근하기가 심각하게 제한된 곳에 살고 있는 다른 수많은 사람의 희망을 저버리고 있다. 그러나 사실상 이 체계는 우리 모두의 희

---

* 환경운동가이자 작가인 마이클 폴란Michael Pollan이 한 말이다.

망을 저버리고 있다. 오늘날 '먹거리 오아시스'에 살고 있고, 세계 어디에서 온 어떤 식품이라도 전부 구매할 능력을 갖춘 사람들조차도 이 고장 난 체계의 낙진落塵 속에서 살아가고 있는 것이다.

이러한 증상들 모두가 가리키고 있는 바는 지금 이 순간 제 기능을 하지 못하는 어떤 체계다. 하지만 이 책에서 그 체계가 어떻게 망가졌는지를 말하려는 것은 아니다. 그보다는 체계의 재설계, 그러니까 사람, 지역공동체, 생태 환경을 모두 건강하게 하는 체계의 창조를 촉진하려는 데 목표를 둔다. 지금의 체계를 재설계하기 위해서는 우리에게 다량의 값싼 식품이 필요했고, 따라서 농부들에게 그러한 먹거리를 생산하게 했던 특정 시기에 이 체계가 만들어졌다는 사실을 이해할 필요가 있다. 모두를 위한 값싸고 풍요로운 먹거리는 여전히 긴요한 요구이고, 동시에 재설계된 체계의 필수 목표이겠지만 말이다.

좋은 먹거리란 우리들에게 많은 의미가 있다. 필자는 크론의 질병 Crohn's disease이라고도 일컬어지는 궤양성 대장염을 앓고 있는 탓에 이 질환에 효험 있는 식품을 구하려고 노력한 바 있는데, 이러한 체험 덕분에 좋은 먹거리가 가진 치유력에 관한 수많은 사실에 눈을 뜰 수 있었다. 더욱이 지난 35년 동안의 직장 생활 전체를 모든 사람이 좋은 먹거리를 구매할 수 있는 사회 만들기에 바치기도 했다. '유기농'이라는 말이 대중화되기 오래 전인 1970년대에 유기농 알팔파 alfalfa 싹눈 농장을 시작했는데, 그 뒤로 농부, 식품 판매상, 대학 교수를 거치고 나서 그다음으로 먹거리에 초점을 맞춘 한 재단의 이사장으로 살아왔다.

과학적인 훈련을 받은 농학자로서 좋은 먹거리를 기르는 데 필요한 것들, 이를테면 적절한 기후 조건과 토양 산성도, 최적의 비료, 윤작 순서 따위가 어떤 것인지를 알고 있다. 미시간 주립대학교 농업학과 교수로 있을 때 미국에서 가장 오래되고 거대한 자선단체 가운데 하나인 W. K. 켈로그 재단의 컨설턴트로 수년 동안 일한 적이 있었다. 그 뒤 1996년에 대학을 떠나 같은 재단의 프로그램 책임자로 일하기 시작했는데, 처음에는 '온전한 농업체계', 그다음에는 '먹거리와 사회 프로그램'을 이끌었다. 15년 동안 (그동안 발전되어온) 지속 가능한 식농food and agriculture 분야에서 가장 큰 규모의 자선 프로그램을 공동으로 운영하기도 했다. 이 기간 동안 켈로그 재단이 지역공동체 안에서, 또 공공정책을 통해 먹거리 · 농업체계 개조를 시도한 단체에 지원한 보조금 총액은 2억 달러가 넘는다. 2008년에는 켈로그 재단을 떠나 '페어푸드 네트워크Fair Food Network'를 창립했는데, 이 조직은 좀 더 공정하고 지속 가능한 먹거리체계를 건설하려는 뜻을 품은 새로운 조직이었다. 이 전국 단위의 비영리 기구는 현재 미시간 주에 기반을 둔 프로젝트들을 실행 중이다. 이 프로젝트들은 (특히 역사적으로 소외된 지역에서) 건강에 이롭고 신선하며 지속 가능한 방식으로 생산된 먹거리에 대한 접근권 확대에 주안점을 두고 있다. 또한 이 기구는 공공정책이 건강한 먹거리에 접근할 수 있는 권리 확대를 촉진하고, 그러한 먹거리 생산자인 지역 중 · 소농을 지원할 수 있도록 혁신을 도모하고 있다.

　미국의 여러 체계가 개선되어야 하지만, 만일 우리가 먹거리체계를 개선하지 않는다면 다른 분야에서 하는 일체의 노력은 결국 무용지물이 되고 말 것이다. 결국 우리는 살아 숨 쉬는 피조물들, 그러니까 이 행성에 사는 다른 피조물과 똑같이 남을 먹어 생존해야만 하는 생물종인 것이다. 먹거리와 우리의 관계는 우리가 환경주의자이거나 아니거나에 관계없이 우리의 생태 환경과 맺는 가장 기초적인 관계다. 흙, 물, 공기 같은 자연 생태계는 그 어떤 식재료를 만들어내는 데에도 필요하다. 만일 우리가 환경, 농업, 지역공동체를 지속시키는 방식으로 우리에게 먹거리를 공급하지 않는다면 생물종으로서 인류는 이 세계에서 그리 오래 생존할 수 없을 것이다. 따라서 교육, 건강, 에너지 분야에 관심을 두는 동시에, 우리는 고장 난 먹거리체계를 개선하는 일에도 관심을 기울여야 마땅하다.

다른 대다수 체계의 경우 우리는 우리 대신 행동할 수 있는 정책 입안자들과 산업 지도자들에게 우선 의존해야만 한다. 우리는 제안문을 쓸 수도 있고, 모임에 참석하거나 지역 또는 전국 단위에서 목소리를 낼 수도 있을 것이다. 그러나 장기적인 안목에서 고장 난 교육체계 또는 에너지체계를 고치는 데 개인이나 가정, 마을 주민이 할 수 있는 일이란 거의 없다고 봐야 한다.

하지만 먹거리체계라면 이야기가 다르다. 우리는 이와 관련하여 좀 더 많은 영향을 미칠 수도 있다. 개인적인 선택과 집합적인 행동 모두를 통해 먹거리체계를 교정하는 데에 한 역할을 할 수 있는 것이다. 개인으로서 우리는 무엇을 사고 먹을지에 관해 이제까지와는 다른 선택을 할 수 있다. 좀 더 지역적이고 지속 가능한 농업을 지원할 수도 있고, 건강을 유지할 수 있는 식사를 선택할 수도 있다. 지각 있는 다른 사람들과 연대하여 학교 식당에 이제까지와는 다른 식재료가 공급되도록 요청할 수도 있다. 가정 텃밭이나 공동체텃밭에서 작물을 기를 수도 있고, 농민장터에서 농산물을 구입할 수도 있다. 이러한 모든 개인적인 행동은 우리 삶과 (현재 미국 경제 가운데

1조 달러 이상의 규모를 차지하는 경제 엔진인) 지금의 먹거리체계를 바꿔놓을 것이다. 하지만 이것만으로 우리에게 지금 필요한 변화를 만들어내기에는 역부족이다.

우리 자신의 식습관 변화와 더불어 먹거리체계의 재설계를 위한 정책 입안자들과 산업 지도자들의 행동 또한 필요하다. 안전하고 건강하며 영양이 풍부한 음식을 모든 사람에게 공급하되, 그와 동시에 미래 세대를 위해 자연 자원의 토대를 보호하는 새로운 먹거리체계 말이다. 건강·에너지·환경 문제 같은 경우처럼 우리가 먹거리 문제를 해결하고자 한다면 우리는 작은 사안에 갇히기보다는 좀 더 큰 체계 차원의 해결안을 살펴볼 필요가 있는 것이다.

작은 사안에 매진하지 않기. 이는 오바마Barack Obama 대통령도 수용하고 있는 원칙이다. 2008년 대통령 선거 운동 중 《뉴스위크 Newsweek》지는 후보 오바마를 현장에서 포착한 바 있다. 민주당 경선 후보끼리의 토론을 준비하던 중 그는 사회자 브라이언 윌리엄스 Brian Williams가 시시콜콜한 질문, 예를 들어 더욱더 녹색인 세상을 만들기 위해 일상생활에서 무엇을 실천하고 있나 따위의 질문을 할 경우에 대비하여 답변 연습에 열중하고 있었다. 이를테면 이런 식으로 말이다. "글쎄요. 브라이언 씨, 저 혼자 집 안 전구를 바꾼다고 해서 지구 온난화를 해결할 수는 없겠죠. 무언가 집단적인 행동을 하는 것이 방안일 거예요."⁴

그가 옳다. 백열전구 교환하기 자체가 나쁜 일은 아니겠지만, 기후 변화에 모종의 실질적인 영향력을 정말로 행사하고 싶다면 지속적인 변화를 창조하는 새로운 법과 경제적 보상 같은 색다른 목표를 우선적으로 생각해야 한다. 집 안에 머물러서는 그다지 많은 문제를 해결하지 못할 것이다. 필자가 알기로는 대통령과 영부인이 지속 가능한 방식의 식사에 신경을 많이 쓴다지만, 백열전구 원칙은 여기서도 적용된다. 백악관 남쪽에 있는 텃밭은 하나의 멋진 상징이자 기운 솟게 하는 행동임에 틀림없다. 또 아동 비만 같은 까다로운 문제를 해결하는 동시에, 아동 기아 역시 끝내려는 대통령 가족의 노력은 분명 칭송할 만한 것이다. 하지만 아이들과 그들의 부모들을 위한 먹거리 환경을 진실로 변하게 하는 일에는 단순한 상징적인 제스처 이상의 것이 필요하다. 그 일을 하려면 우리의 먹거리체계를 다시 설계할 필요가 있다. 이 책은 바로 여기에 초점을 맞추고 있다.

이 책은 모두 3부로 구성되어 있다. 1부에서는 지금의 먹거리체계가 어떻게, 왜 지금 같은 형태로 진화되어왔는지, 그리고 이 체계가 왜 더 이상 지속 가능하지도, 바람직하지도 않은지를 논의한다. 2부에서는 먹거리체계 재설계를 위한 네 가지 원칙들을 서술하며, 다양한 부류의 개인이나 단체가 이러한 원칙을 어떤 식으로 수용·통합하기 시작했는지 그 예화들을 제시한다. 또한 농민, 미식가, 기업, 지역공동체 모두를 위한 새롭고 흥미진진한 모델들을 제시한다. 3부에서는 부엌에서부터 지역공동체, 주의회, 백악관에 이르는 여러 장소에서 거대하고 전체적인 수준에서의 지금의 먹거리체계가 변화되도록 촉진하는 운동에 우리가 어떻게 참여할 수 있는지 실질적인 방향을 제공한다. 필자는 독자들에게 지역공동체 지원 농업Community Supported Agriculture, CSA에 관한 질문들과 농민장터에서 던질 만한 질문들을 제시할 것이다. 아울러 지역에서 신선한 먹거리, 로컬푸드 구매 캠페인을 시작할 때 필요한 수단, 농부와 어부들에게서 직접 구매하는 소비자 연대를 결성할 때 필요한 사항들, 우리의 돈과 투표가 효율적이고 지속 가능한 먹거리경제 발전을 촉진하도록 우리가 지역이나 지방자치단체, 정부 차원에서 지지하거나 지원해야 할 법에 관한 방향을 제공할 것이다. 이 책 전체에서 재설계된 먹거리체계의 모습을 묘사할 때 필자가 활용할 예화들 가운데 다수는 육류나 가축류보다는 채소류나 곡물류임을 밝힌다. 이는 필자가 농학자로서 지향하는 바 때문이지 가축 산업이 조금이라도 덜 중요하다고 생각하기 때문은 아니다.

이 책은 필자가 쌓은 오랜 직장 경력과 체험의 산물이기도 한데, 주로 언론인들과 요리사들이 저술가로 활약하는 먹거리 분야에 새로운 관점과 실용주의를 수혈하고자 기획되었다. 마이클 폴란Michael Pollan, 에릭 슐로서Eric Schlosser 그리고 그들의 동료들은 설득력 넘치는 글들로 오늘날의 먹거리 문제 전반에 관한 대중의 관심을 높였고, 개혁을 열정적으로 옹호해왔다. 그러나 그들은 지속 가능한 농업과 식사를 실제 현실로 만들려면 우리가 무엇을 해야 하는지 명확히 보여주지는 못했다. 그들은 인터뷰, 독서, 관찰에 의지해 쓴다. 반면에 필자는 오랜 기간 훈련받은 농업 과학에 기초한 생활 체험에 의지해, 그리고 전국의 지속 가능한 식농 프로젝트들의 결과를 진단, 평가, 모금하는 업무상의 체험에 의지해 쓴다.

이 작가들의 책이 유용하지 않다거나 페어푸드 운동에 들인 그들의 공이 지대하지 않다고 말하는 것은 아니다. 하지만 신선하고 지속 가능한 먹거리를 모두에게 어떻게 제공할 수 있을지 그 방법론에 관한 조언을 언론인이나 요리사에게 기대할 수는 없는 노릇이다. 이는 마치 필자에게서 기막힌 토마토 샐러드 요리법에 관한 조언을 구할 수 없음과 마찬가지다. 필자는 요리할 줄 아는 음식 애호가로서 아마추어의 소견을 제시할 수는 있겠지만, 필자의 전문 분야는 생태 환경 친화적으로 재배된 맛 좋은 토마토를 모두가 즐길 수 있도록 먹거리체계를 어떻게 재설계할 수 있는지에 관한 논의다. 필자의 관심사는 단지 전통적으로 키운 토마토를 농민장터에서 다시 볼 수 있게 하거나, 우리가 만든 토마토 샐러드가 얼마나 맛 좋은지를 고급 음식점에 설명하는 일이 아니다. 빈민 지역 주민들이 패스트푸드점에서 접하는 케첩이 아닌 제대로 된 토마토를 즐길 수 있도록 확실한 길을 여는 것이다.

전국적인 변화가 그저 고급 음식점과 가정 텃밭에서부터 시작될 수는 없다. 그 변화는 이 책에서 독자가 만나게 될 부류의 사람들에게서 시작될 수 있을 것이다. 오늘날 거의 모든 사람에게《뉴욕타임스New York Times》를 구독 신청하거나, 홀푸드Whole Foods*에서 식품을 구매하거나, 값비싼 로컬푸드를 식재료로 쓰는 고급 음식점에서 식사하는 길은 열려 있고, 대다수는 실제로 그렇게 하고 있다. 따라서 체계적이고 실질적이며 광범위한 행동을 할 시간은 이미 도착해 있다고 봐야 한다. 그리고 이 행동을 할 수 있는 방법론을 필자는 한시라도 빨리 독자들에게 보여주고 싶다.

* 미국의 슈퍼마켓 체인 가운데 하나로 자연산, 유기농 먹거리를 강조하는 슈퍼마켓이다.

1부

고장 난
먹거리체계

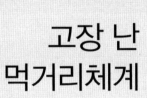

1

먹거리체계와 / 그 기능 장애

《웹스터 사전》에 따르면 시스템system이란 "단일한 전체를 형성하는, 정기적으로 상호 작용하거나 상호 의존적인 항목으로 이루어진 집합" 또는 "무언가를 유통하거나 공동 목적을 위해 네트워크를 형성하는 하나의 조직체"다. 가정 보안체계에서 동작 탐지기, 전선, 알람, 모니터는 상호 작용해 내부 침입자를 알려주며, 가정의 재산을 안전하게 유지해준다.

어떤 시스템이 그 목적을 수행하려면 체계 안에 있는 모든 부분이 제자리에서 제대로 작동해야 한다. 심지어 자동차 내부 전선 가운데 어느 하나만 부족하더라도 전기체계 전체가 위태로워질 것이다. 부분이 배열되어 있는 순서는 체계 작동에 영향을 미치며, 모든 체계는 제대로 작동할 경우 각 부분이 모두 합쳐진 이상의 무언가를 만들어낸다. 자동차 배터리, 전선 덩어리, 전구, 시동 모터, 차창 와이퍼가 차고 바닥에 줄줄이 늘어서 있다면 이는 그다지 이롭지 않을 것이다. 하지만 이것들이 적당한 질서와 장소에 함께 배치된다면, 만세! 차는 움직이기 시작할 것이고, 밤에는 도로에 불빛을 비출 것이며, 차창 위에 맺혀 있는 빗방울을 닦아줄 것이다.

차량 안 전기체계처럼 우리 먹거리체계 역시 토양, 물, 햇빛에서부터 씨앗, 비료 같은 투입분과 트랙터, 파종기, 경작기, 수확기, 나아가 농부가 가지고 있는 지식에 이르기까지 여러 요소로 구성되어 있고, 이러한 구성 요소들은 생산 과정에서 모두 긴요한 것들이다. 만일 우리가 생산만이 아니라 식품의 가공, 유통, 소매, 소비에 이르는 먹거리체계 전체를 고려한다면 그 구성 요소들은 어마어마하게 늘어날 것이다. 이 먹거리체계의 목적이 무엇인지 여러 가지 주장이 있을 수 있겠지만, 분명 그 주된 목적은 우리 모두를 살아 있게 하는 영양의 공급이다.

필자가 '먹거리체계'라는 말이 무엇을 가리키고 있는지 이해하는 한 가지 방법이 있다. 그것은 농사 현장에서부터 식탁에 이르기까지 한 작물의 여정을 추적해보는 방법이다. 2011년 옥수수는 미국의 8,500만 에어커* 농지(미국 전체 경작지 가운데 27퍼센트 정도에 해당)에서 수확된 바 있다.[1] 이 작물은 미국에서 자라는 다른 어느 작물보다도 넓은 땅에서 자라는 작물이므로, 이것이 미국 먹거리체계의 부분들을 통과하는 과정에서 무슨 일이 벌어지는지 살펴보면 좋을 것

---

* 1에이커는 약 0.4헥타르, 또는 약 4,047제곱미터다.

이다.

먹거리 '생산'이 진행되는 곳은 농장(농지)과 목장이다. 이 생산 과정에는 땅의 준비, 작물과 씨앗 선택, 파종과 경작, 적정 수준의 토양 비옥도를 유지해 식물이 자라는 데 필요한 모든 양분을 제공하는 일, (잡초, 곤충, 질병 같은) 병충해 방지, 작물 수확, 농지 안에 있는 잔여 작물 관리 같은 수많은 일들이 연관되어 있다.

옥수수를 머릿속에 떠올려볼 때 가장 떠올리기 쉬운 이미지는 어느 늦여름날의 소풍이나 소금을 뿌리고 버터를 발라 먹을 수 있게 준비된 갓 구운 달콤한 옥수수로 가득 찬 바구니 따위일 것이다. 그러나 사실을 말하자면, 이런 유형의 옥수수는 파종되고 수확되는 농지 면적상 미국에서 재배되는 전체 옥수수 가운데 0.5퍼센트에 불과하다.[2] 미국 전역에서 농부들이 수확하는 대부분의 옥수수 품종은 '필드field' 옥수수 또는 농업 전문 용어로 마치종馬齒種, dent 옥수수*라고 일컬어지는 품종이다. 이 품종은 사실상 미국 모든 주에서 재배되고 있지만 '옥수수 벨트', 그러니까 대략 네브래스카 주에서 펜실베이니아 주에 걸쳐 있는 지역에 집중 분포되어 재배되고 있다.

농부는 에이커당 3만에서 3만 5000개의 옥수수 씨앗을 보통 파종하는데, 이 양은 에어커당 파종되는 씨앗들의 20~25퍼센트에 해당한다.[3] 옥수수는 대개 부셸bushel 단위로 계량되는데, 1부셸 옥수수는 평균 56파운드, 다시 말해 25킬로그램 정도 된다. 봄이 오면 농부는 덩어리 흙을 분해해 토질을 되살려놓은 뒤 눈에 보이는 잡초라는

---

* 옥수수에는 감미종(스위트콘)과 폭열종(팝콘), 연립종(소프트콘), 경립종(프린트콘), 마치종(덴트콘)이 있으며, 마치종은 식용으로는 품질이 좋지 않아 사료 또는 공업 원료용으로 쓰인다.

잡초는 모조리 뽑고, 모판을 준비하며, 비료(적어도 세 가지 주요 비료인 질소, 인, 칼륨)를 뿌린 뒤 에이커당 0.4부셸 정도를 심는다. 제2차 세계대전 뒤부터 2000년대 무렵까지 농민들은 이른 시기에 잡초가 생장하지 못하게 막으려고 제초제를 사용해왔는데, 이 제초제는 파종 이후부터 씨앗이 발아하여 작물이 지표면에 모습을 드러내기 전에 살포된다. 이후에도 질소 비료를 추가로 투입하며, 제초제와 살충제 살포도 주기적으로 계속된다. 오늘날 점점 더 많은 농민이 어떤 식물이라도 남김없이 살해하는 강력한 제초제에 내성을 갖도록 유전자를 조작한 '라운드업레디Roundup-ready'** 씨앗을 심고 있다. 이로써 농부들은 이 옥수수 씨앗을 심은 뒤 옥수수가 지표면에 나타나기를 기다린 다음 (제초제에 내성을 갖춘) 이 옥수수만 빼고 농지 안에서 자라는 모든 식물을 살해하는 제초제를 농지 전체에 살포할 수 있게 되었다.[4]

가을이 되면 옥수수는 거의 통일된 형태로 생장한 모습을 드러내는데, 이는 농지 안 식물 모두가 똑같은 유전자(이는 교배종 옥수수를 사용하여 얻는 특징 가운데 하나다.)를 갖고 있기 때문이다. 이제 농부는 콤바인을 사용하여 작물 수확에 들어가는데, 콤바인은 식물에서 옥수수 속대를 분리하고, 그 옥수수 속대에서 낟알을 분리해낸다. 판매나 식용 목적으로 농민들이 수확하는 유일한 부위가 보통 이 낟알이다. 수확된 옥수수 낟알은 건조되는데, 이는 저장 기간 동안 곤충이 침입하거나 곰팡이가 생길 가능성을 낮추기 위해서다. 옥수수

---

* 미국 몬산토Monsanto 회사에서 특허를 가지고 있는 유전자조작 기술로, 제초제 '라운드업'에 내성을 가진 종자를 생산한다.

는 차후의 판매를 위해 농장에서 저장되거나 즉시 시판되기 위해 지역 안에 있는 대형 곡물 창고로 운송된다.

평균적으로 봄에 파종된 0.4부셸의 옥수수는 수확기에 에이커당 150부셸 정도로 바뀐다. 2011년 한 해 동안 에이커당 옥수수 생산량의 평균치는 148부셸이었다.[5] 그리고 전체 수확량은 126억 부셸이었다.

일단 작물(육류 생산일 경우에는 동물)이 수확되면 그다음 과정은 '가공'이다. 일부 먹거리는 최소한도로만 가공된다. 예를 들어 신선한 과일과 채소는 세정되고 분류된 뒤 곧바로 포장될 수 있을 것이다. 우유는 냉각되고 분류된 뒤 병에 담긴다. 미국에서 자란 옥수수와 콩 대부분을 포함한 다른 작물들은 무수히 많은 가공식품에 들어갈 재료로 변신한다. 2010년에 수확된 미국산 옥수수 가운데 43퍼센트 정도는 가축 사료로 사용되었고, 13퍼센트는 수출되었는데, 수출용 역시 주로 동물 사료로 사용되었다. 또 34퍼센트는 연료용 에탄올로 가공되었다. 나머지 10퍼센트는 가공 처리되어 수많은 제품의 원료가 되었다.[6] 보통의 식료품점에 진열된 3만 8000개 이상의 제품들 가운데 시리얼과 스프레드용 치즈에서부터 겨자, 맥주에 이르기까지 25퍼센트 이상의 제품들이 이런저런 형태로 옥수수를 재료로 하고 있다.[7] 또한 옥수수는 산업용 제품에도 활용되는데, 접착제나 페인트, 면도용 크림에 이르기까지 거의 모든 제품에 활용된다.

지금의 먹거리체계에서 육류 가공 과정은 식품 안전을 위해 연방정부 차원의 조사와 규제를 받는 복잡한 과정이다. 식품안전청The Office of Food Safety은 미 농무부 소속 관청으로서 육류, 가금류, 달걀 제품의 안전, 위생, 적절한 라벨링과 포장을 책임지는 관청인 식품안전검사국the Food Safety and Inspection Service, FSIS을 감시·감독하고 있다. 식품안전검사국은 연방육류감시법과 가금류제품감시법 그리고 달걀제품감시법을 통해 활동하는데, 이 기관은 식품 안전 기준을 마련하며 국내에서 판매되는 것이든, 수입되는 것이든, 또는 가공된 것이든, 안 된 것이든 모든 종류의 육류, 가금류, 달걀 제품을 감시하고 규제한다.[8]

업턴 싱클레어Upton Sinclair에서부터 에릭 슐로서에 이르기까지 오랜 기간 동안 많은 저자가 육류 가공 산업의 면면을 생생하게 서술해왔고, 그 서술은 우리들의 심기를 매우 어지럽히곤 했다. 예를 들어 슐로서는 어느 도축장에서 야간 근무를 했던 체험을 소개했다. 발목까지 차오른 피바다를 헤치고 나아갈 때, 천장에 매달린 채 컨베이어를 따라 이동하던 소의 사체를 잽싸게 피할 때 그가 목격했던 날카롭게 휘둘리는 칼날을 그는 생생한 언어로 그려낸다. 그는 "미국에서 가장 위험하며 …… 보통의 공장에서보다 세 배나 높은 사고율을 보이는 이 직종"에 관해 썼다. 사고율이(이 사고는 주로 날카로운 칼날 때문에 일어나는데) 이처럼 높은 이유 가운데 하나는 노동자들이 쥐꼬리만 한 임금을 받으면서도 한 작업 라인에서 시간당 최고 400마리의 소를 도축하고, 그 사체를 처리하라고 강요받기 때문이다(그가 쓴 책을 읽고 나서 채식주의자가 되기로 결심한 몇몇 친구를 필자는 알고 있다).[9]

먹거리체계에서 가공 다음으로 중요한 단계는 바로 '유통'이다. 미국의 경우 먹거리가 생산지에서 저녁 식탁에까지 이르는 평균 이동 거리는 1,500마일, 그러니까 2,400킬로미터 정도다.[10] 트럭이나 기차로 이동하든, 비행기로 이동하든 우리가 먹는 대부분의 먹거리는 다량의 자원을 필요로 하는 복잡한 유통체계와 연관되어 있다. 어떤 체계의 에너지 사용도를 측정하는 한 가지 방법을 에너지 감사라고 하는데, 여기에서 감사란 체계 안 에너지 총투입분을 에너지 총산출분과 비교하는 것이다. 투입분과 산출분 모두는 일반 에너지 단위인 칼로리로 표현 가능하다. 미국 먹거리체계에 관한 한 에너지 감사에 따르면, 지금의 먹거리체계는 1.4칼로리의 식품 에너지를 생산하는 데 10.3칼로리의 화석연료 에너지를 소비하고 있다고 한다.[11] 이 화석연료 에너지 가운데 상당량은(30퍼센트 이상) 포장, 운송(유통), 소매 서비스에서 사용되고 있다. 더욱이 먹거리체계는 단지 에너지 측면에서만 자원을 많이 필요로 하는 체계만이 아니다. 단 1부셸, 그러니까 25킬로그램의 옥수수를 생산하는 데 들어가는 물은 거의 4,000갤런, 약 15킬로리터(㎘)나 된다.[12] 좀 더 쉬운 말로 하면 1파운드(453그램 정도)의 옥수수를 생산하는 데 화장실 변기를 거의 열여덟 번 내리는 만큼의 물이 드는 셈이다.

  궁극적으로 우리 먹거리는 먹거리체계의 다음 정류장, 그러니까 '판매처'로 향한다. 우리가 먹거리를 식료품점에서 샀든, 식당이나 편의점에서 샀든 저녁 식탁에 오른 음식은 거대한 생산·유통체계와 수많은 손을 거친 여정을 끝마치고 온 것이다. 옥수수 벨트 농장에서 생산된 옥수수를 재료로 삼는 제품들은 도·소매 판매점으로 이동하여 멀리, 그리고 넓게 유통된다. 감미종 옥수수sweet corn*인 경

---

* 감미종 옥수수는 단맛이 강하고 단백질이나 지방이 많다. 미숙과를 삶거나 찌거나 구워서 생식하며, 요리 재료, 통조림용, 냉동용으로 이용된다.

우는 약간 더 단순하겠지만, 옥수수 제품은 최종 형태의 제품이 무엇이냐(신선한 옥수수, 캔 옥수수, 냉동 옥수수)에 따라 여러 다른 성분으로 구성되어 있을 것이다.

그러나 잠깐, 이것이 이야기의 끝이 아니다. 그 어떤 체계든지 제품의 순환 과정 전체를 따라가볼 필요가 있다. 따라서 우리는 먹거리체계의 최종 정류장으로서 '쓰레기waste'를 생각해볼 수 있겠다. 우리 몸속으로 들어가지 않는 음식의 모든 부분(포장, 버려진 물, 가공 과정에서의 화학물질, 만들어졌으나 아무도 먹지 않은 음식)은 매립지에서 그 운명을 다하거나 퇴비가 되어 토양으로 되돌아간다. 또한 필자가 생각하기로는 우리 자신의 신체에서 배설되는 배설물 역시 고려 대상이 되어야 한다. 인체로 들어와 인체의 일부가 되지 않은 음식은 배설되고 결국에는 다른 체계, 다시 말해 하수체계의 일부가 된다.

몇 세대 이전의 과거 시절, 먹거리체계는 오늘날에 견주어 훨씬 단순했다. 인구의 대부분이 농촌에 살면서 농업에 종사하던 시절, 먹거리체계는 훨씬 더 지역에 기반을 두고 있었다. 농가는 자신들이 먹는 대부분의 먹거리를 손수 길렀고, 장거리 유통이란 희귀한 사건이었다. 도시화가 진행되는 사회에서 먹거리 생산에 직접 관여하는 가정, 심지어는 자신이 먹는 먹거리가 어디에서 왔는지 아는 사람이 극소수가 되어버린 사회에서 먹거리체계는 비대해지는 도시 안 거주민들을 먹여 살리도록 진화할 수밖에 없었다. 1810년, 미국 인구 93퍼센트는 농촌에 살았고, 오직 7퍼센트만이 도시민이었다. 1900년까지 인구 33퍼센트가 추가로 도시로 이주했다. 1950년에는 오직 36퍼센트만이 농촌 지역에 거주하게 되었고, 도시는 팽창해 전체 미국인 64퍼센트를 수용하게 되었다. 1990년, 전체 인구 4분의

3이 도시 지역에 살고 있다.[13]

산업혁명 역시 먹거리체계에 영향을 미쳤다. 기계, 작물 유전학, 농화학 분야에서의 기술 진보는 식량 생산량과 소비자의 수라는 측면에서 전례를 찾아볼 수 없는, 최고 수준의 생산체계를 창조하는 데 한 역할을 담당했다. 미국에서 농민 한 사람이 (미국에 살거나 미국 밖에 살지만 미국산 농산물을 먹는) 총 155명에게 먹거리를 제공하고 있는 것으로 조사되었다.[14] 이런 통계 자료를 볼 때 미국 옥수수 평균 생산량은 오늘날처럼 에이커당 160부셸 수준을 늘 유지하지는 않았다고 생각해볼 만하다. 필자가 태어난 해인 1951년 옥수수 생산량은 에이커당 평균 37부셸밖에 되지 않았다. 필자가 대학원에 입학한 해인 1979년 평균 생산량은 에이커당 109부셸로 늘어났다.[15] 이러한 꾸준한 생산량 증가는 작물 유전학(특히 옥수수 교배종과 관련된 유전학)의 진보와 경작, 파종, 수확 기계의 기술 진보 그리고 특정 비율로 합성비료를 만들어 식물 재배를 최적화하는 능력이 결합된 결과다. 또한 이러한 진보들 가운데 상당 부분은 역사상 가장 많은 기금과 지원을 받은 농업 분야 공공 연구단체들 덕분에 가능했다.

전체의 2퍼센트 이하 인구(그렇다. 미국에 사는 100명 가운데 두 명이 안 되는 사람이 농업과 축산업을 맡고 있다.)가 나머지 98퍼센트 이상을 먹여 살리는 먹거리체계란 정확한 의미에서는 98퍼센트의 인구를 농업에서 해방시켜 다른 경제 분야, 예들 들어 제조업이나 의료, 사회봉사, 예술과 과학, 교육 같은 분야에 기여할 수 있게 하는 체계다.

만일 인력 가운데 대다수가 여전히 농업에 종사하고 있었다면 우리는 엔지니어나 의사, 사업가를 교육하거나 훈련하지 못했을 것이다. 또한 항생제나 끔찍한 질병의 치료제 같은 기념비적인 발견의 혜택을 아직 입지 못했을 수도 있을 것이다. 텔레비전, 컴퓨터, 인터넷, 스마트폰을 통해 우리 모두를 연결시키고 있는 정보 혁명 역시 결코 우리 현실이 아니었을 것이다. 시간과 지능을 집중하여 항공편이나 세련된 고등교육 제도를 개발하지도 못했을 것이다. 먹거리체계의 진보는 우리 사회의 다른 분야를 신속히 발전할 수 있게 했다. 나아가 똑똑하고 의욕 넘치는 수많은 농촌 출신 아이들이 축산·농업 과학의 길을 걸을 수 있게 했다. 그렇게 해서 좋은 교육을 받은 농부의 아들딸 가운데 일부는 과학자가 되어 토양 생물학과 화학, 농업 엔지니어링, 동식물 유전학 같은 분야의 발전에 힘을 실어주었다. 과학적 발견과 농업에의 적용 덕에 우리 먹거리체계는 새로운 정보, 기법, 기술을 갖추게 되었고, 그 과정에서 이 체계는 전문화되고 중앙화되었다. 예들 들어 식물 번식과 작물 유전 분야에서의 진보는 새로운 작물 품종과 혼종의 개발을 가능하게 했고, 이는 곧 아시아, 남미 같은 지역의 고질적 기근 문제를 완화했던 것이다.

이와 더불어 먹거리체계의 생산성 향상을 고무하는 동시에, 소비자가격은 상대적으로 낮게 유지하는 공공정책들이 집행되었다. 에이브러햄 링컨 대통령은 1862년에 농무부를 창립했고, 지난 세기 동안 연방정부와 주정부들은 연구·교육을 통한 농업 진보를 지원하는 정책들을 실행해왔다. 이 가운데 가장 중요한 것은 아마도 토지 공여 대학교 제도land-grant university system를 만든 정책일 것이다. 1800년대 후반부터 연방정부는 주정부에 무상으로 토지를 주어 각 주정부가 이를 팔아 공립대학교를 창립하는 자금으로 사용하게 했는데, 이 공립대학교는 농업과 농촌 지역공동체를 지원하는 연구와 교육에 뜻을 둔 대학교들이었다. 또한 1913년에 의회는 협동확대국

cooperative extension service을 창립했는데, 이 조직은 대학교 안 과학적 성과물을 농부나 식품 가공업자, 제조업자, 유통업자에게 제공하는 책임을 맡았다. 이러한 제도는 여러 세대의 첨단 기술 농부들을 만들어냈고, 지난 세기 먹거리 · 농업과 관련한 대부분의 과학적 진보를 위한 초석을 마련했다.

토양 보호, 수자원 보호 정책 역시 집행되었다. 농무부 안에 있는 토양보존국(지금은 자연자원보존국) 창립에서부터 (가장 후미진 시골 지역에도 있는) 지역 토양 · 수자원 보호 구역에 이르기까지 소규모 기술자 집단은 농민들이 토질을 지켜내도록(예를 들어 비가 올 경우 토양 침식 위험을 최소화하고자 대지의 지형학적 특징을 따르는 방법인 등고선식 경작), 침전물과 농화학물이 수로水路에 들어가지 않게 방지하는(예를 들어 하천을 따라 나무와 관목과 여러 다년생 식물을 심어 토양이 물에 들어갈 가능성을 줄이는 완충 지대 만들기) 계획안을 입안하고 시행하도록 도왔다. 이런 기술자들이 없었다면, 또 농민들이 보호 계획안을 시행하는 일을 돕는 비용의 공동 부담이 없었다면(둘 다 공공기금으로 가능했다.) 생산성 향상과 전문화에 초점을 맞춘 미국 먹거리체계는 훨씬 더 큰 규모의 환경 해악을 초래했을 것이다.

1930년대에 일어난 대공황과 대규모 황진 피해Dust Bowl* 기간 동안에 즉흥적인 가격 변동에서 농부들을 보호하고 그들에게 최저 수준의 수입을 보장하는 동시에 핵심적인 자연 자원도 보호하는 몇 가지 주요 법안들이 통과되었다. 1933년, 1938년, 1940년의 농업조정

---

* 1930년부터 1936년까지 미국 중부 평원 지대에 불어닥친 황사 현상으로서 콜로라도 산맥 일대의 식수 및 농업용수를 고갈시켜 곡물 수확에 악영향을 미쳤다.

법안과 1948년의 상업작물 신용조합법안(지금은 농업법Farm Bill[*]이라는 법안에 통합되어 있다.)은 오늘날 우리가 '상업작물 프로그램'이라고 하는 것을 만들어냈다. 최초 상업작물[**] 프로그램들의 기본 목표는 시장 안에서 옥수수, 콩, 밀, 면 같은 장기 보존 작물들의 공급을 조절하여 농민들의 수매 가격을 일정하게 유지해주는 것이었다. 해를 거듭하면서 대부분의 미국 농업정책은 공급을 조절하거나 가격을 정하긴 하되, 장기 보존과 매매가 가능한 작물을 생산하는 농민들의 수입을 보호하려는 시도에서 점차 멀어져왔다. 이러한 농업정책들은 때로는 작물 보조금crop subsidies이라고, 때로는 직접 지불direct payments이라고 일컬어진다. 어떤 이름이든지 간에 이 정책들은 70년 이상 집행되었고, 대규모 농지에서 자라 오늘날 식료품점의 판매대에서 발견할 수 있는 숱한 가공·인스턴트식품의 원재료가 되는 작물들을 농부들이 생산하도록 고무해왔다. 이 정책들은 무엇보다도 농부들과 지역공동체의 경제적 활력을 유지하는 한 가지 수단으로서 고안되었지만, 부분적으로는 풍성한 식품을 저가에 공급하려는 목적으로 고안되고 유지된 것이다.

이 작물 보조금(오늘날에는 직접 지불금이라고 한다.)은 농업정책 분야에서 가장 논란 많은 쟁점 가운데 하나다. 이 보조금은 본래 취지의 기능을 더 이상 수행하지 못하고, 지역공동체나 소비자 그 누구에게도 이롭지 않으며, 오늘날에는 대개 지역 선거 정치와 (그 수입원에 익숙한 사람들을 위한) 수입원 유지에 관한 것이라고 많은 사람

---

[*] 미 연방정부의 먹거리·농업 관련 기초 법률. 전체 법안은 5년마다 미 의회에서 새롭게 통과된다.
[**] 말 그대로 판매와 이윤을 위해 생산되는 작물로, 농민이 자급을 위해 생산하는 작물과 대조되는 개념이다.

이 여기고 있다. 현금 직불 방법으로 특정 농민에게 제공되고 있는 이 보조금은 그 본질에서 소수의 제한된 작물을 최대한 많이 생산하는 농민들을 위한 유인책이 되고 있다. 좋은 소식은 2012년 내지 2013년에 농업법이 개정되어 입법될 경우 이 직접 지불금이 사라지고, 좀 더 확장된 형태의 작물 보험안으로 대치될 가능성이 높다는 것이다. 면적 대비 고생산량에 배당되는 경제적 유인책은 미국 먹거리체계의 생산 부문에서 언제나 강세를 보여왔다. 결국 어느 농부가 농지, 농기계, 관수에 고정된 비용을 지출한다면 면적 대비 더 많은 생산량을 산출하기 위해 더 많은 씨앗과 비료를 사는 데 들어가는 추가적인 비용은 고생산량에 따른 잠재 수입 증가와 비교할 때 극미한 것이 되는 셈이다. 오늘날 상업작물을 생산하는 데 어느 정도 비용이 드는지에 대한 이해를 돕고자 몇몇 지표를 제공해보고자 한다. 현대식 옥수수 파종기 값은 7만 5000달러에서 10만 달러 정도 되고, 콤바인 값은 최대 20만 달러 정도 된다. 여기에 트랙터와 여러 경작 장비를 더해야 하는데, 그 장비 값만 50만 달러 이상이다.

이런 종류의 정책과 유인책 계획이 적용됨으로써 농민들이 작물 생산에서 더욱 특별한 혜택을 받아야 함은 기정사실이 되었다. 더 많은 농지를 관리해야 했으므로 더 많은 농기계들이 요청되었다. 또 모든 작물에 모든 농기계를 쓸 수 있지도 않았다. 따라서 어떤 농부는 옥수수나 콩 생산 전문가로 변신했고, 다른 농부는 밀이나 보리 생산 전문가로 변신하는 식이었다. 또 다른 농부는 채소나 과일 생산 전문가가 되거나 가축 생산 전문가 노릇을 했다. 농업과 먹거리 체계의 전문화는 다른 경제 분야의 전문화와 하등 다를 바가 없다. 자동차 생산에 주력하는 회사가 테니스화를 생산하는 일은 거의 없다. 또 자동차 제조업은 점점 더 전문화되어 어떤 회사는 방풍 유리만을, 다른 회사는 바닥 매트만을 제조한다.

제조업 분야의 전문화는 흔히 '규모의 경제'*와 '비교 우위'**가 초래한 자연스러운 결과라고 여겨지곤 한다. 제조업과 산업 일반의 거대한 팽창기인 지난 세기 동안 농업은 또 하나의 산업 분야일 뿐이라고 생각되었다. "커지든지, 아니면 꺼지든지" 둘 중 하나를 선택하라고 농민들을 유도한 경제적, 정책적 유인책과 더불어서 말이다. 농장 1차 상품 수당 같은 어떤 유인책은 농민들이 단일 작물을 대규모로 파종하도록 유도했다.

하지만 다른 산업들과는 달리 축산업과 농업은 단순히 경제체계만이 아니라 동시에 생물학적 체계이기도 하다. 농민은 특정 기후와 토양에 근거해 어떤 작물을 생산할지 결정해야 할 뿐더러 강우량, 태양 방사선, 질병 같은 숱한 자극체들은 대개 농민들의 통제권 바깥에 있다. 하지만 이러한 근본적인 차이점이 있는데도 산업, 화학, 정보 통신 기술상의 진보는 농민들이 대지를 살아 숨 쉬는 생물학적 유기체가 아니라 마치 통제된 채 제조 가능한 식물들인 양 취급하게 만들고 말았다.

인구가 지금보다 훨씬 적었고 토양과 물 공급이 무한정할 듯해 보였던 과거에는 이러한 접근법을 택할 필요가 없었다. 과일과 채소를 전국에 공급하는 캘리포니아 중부 샐리나스밸리Salinas Valley에서 일했든, 옥수수와 콩의 생산지인 대평원 지대에서 일했든 농업을 전문

---

* 생산량이 늘어나면서 그에 따라 생산 단위당 생산비가 줄어드는 경제를 말한다.
** 저임금 노동, 좀 더 바람직한 기후 풍토 같은 활용 가능한 자원의 상대적 이점 덕에 어느 한 기업 또는 그룹이 상대방보다 비용을 절감하면서 어떤 생산품을 생산할 수 있는 능력을 말한다.

직으로 삼은 사람들은 이제 농지를 하나의 거대한 공장 바닥으로 보기 시작했다. 다른 제조업 종사자들처럼 그들의 관심은 투입분과 생산분에 쏠렸다. 오늘날 우리의 먹거리체계는 여전히 이러한 낡은 농업 개념, 다시 말해 농업은 제조업의 한 부문이라는 개념에 기초해 있다.

전문화가 먹거리체계의 일반적인 모습이 되면서 중앙화 역시 일반적인 모습이 되고 말았다. 전문화 그리고 특정 기후와 토양 탓에 어느 특정 지역 농부가 옥수수와 콩 생산을 주요 농산물로 삼는다면, 이는 곧 그 곡물을 구입해 같은 지역 안에 있는 대형 곡물 창고에 저장하려는 기업들에게도 좋은 일이 된다. 식품 도매상과 유통업자 역시 농부들과 똑같이 규모의 경제 이득을 보게 되므로 점점 더 중앙화의 길을 추구하게 된다. 심지어 이 체계 안에 있는 소매 부문에서조차 중앙화는 핵심적인 특징으로 진화된다. 대다수 사람이 자동차나 다른 형태의 교통수단을 이용할 수 있고 가스를 살 수 있는 한 12~18제곱킬로미터의 식료품점과 슈퍼마켓을 지어 도시와 교외 소비자들에게 식품을 대량으로 판매·공급하는 일은 합리적인 일이 되는 것이다. 바쁜 소비자들은 한 곳에서 자신들에게 필요한 품목 전부를 구매할 수 있어 좋고, 소매상들은 좀 더 많은 판매 물량에 고정된 가격을 매길 수 있어 좋은 것이다.

이러한 전문화와 중앙화는 '집중화'라는 특징 역시 야기했다. 먹거리체계 내 일부에서 몇몇 기업이 거래량의 거의 전부를 통제하는 현상 말이다. 두 가지 사례를 들어보면 이러하다. 농무부 보고서에 따르면, 미국 내 육류 도축과 포장 산업에서 쇠고기의 80퍼센트, 양고기의 70퍼센트, 돼지고기의 65퍼센트의 도축, 포장, 판매를 담당하는 기업은 오직 네 개뿐이다. 또한 소매 부문에서는 네 개의 식품 소매 대기업(월마트Wal-Mart, 크로거Kroger, 세이프웨이Safeway, 슈퍼밸류Supervalu)이 전체 판매량의 47퍼센트를 차지한다(곡물 거래, 커피 또는 코코아 가공을 본다 해도 비슷한 유형을 발견할 수 있다). 한 전문가에 따르면, 육류 포장 산업이 이렇게 집중화된 이유 가운데 하나는 1980년대 내내 독점 방지 이론이 기업 합병의 해악 여부를 판단하는 주요 기준이 됨으로써 소비자가 지불하는 가격으로 판단되는 소비자 복지를 말하기 시작했기 때문이다.* 육류 포장 기업들의 합병으로 식품 가격이 오르지 않았기 때문에 정부는 사태를 좌시한다. 또한 독점 방지 이론은 기업 합병이 농부나 노동자에 미치는 영향을 무시해버렸다. 육류 포장이나 식품 소매 부문에서의 좀 더 최근에 있었던 (예들 들어 지난 10년 동안의) 기업 합병은 월마트(현재 미국 최대 규모의 단일 식품 소매업체)를 위하거나, 아니면 월마트와 경쟁하려는 절박함과 관련되어 있다.[16]

미국 먹거리체계의 진화는 미국 먹거리·농업 생산자들이 전 세계적인 영향력을 발휘하게끔 했다. 사실 미국 대통령과 의회는 농산물 수출을 미국과 다른 국가 사이의 교역에서 균형을 잡는 제1 수단으로 자랑하고 있다. 미국은 자동차, 전자 제품, 의복을 수입하는데, 이는 다른 국가들이 이러한 상품들을 생산하여 미국 내 제조업체들보다 저가로 미국 소비자들에게 공급할 수 있기 때문이다. 마찬가지

---

* 기업을 규제하여 소비자를 위한 공정 경쟁이 촉진되어야 한다는 이론으로서 카르텔 형성 금지, 경쟁을 심각하게 약화하는 기업 합병 금지, 독점과 독점 남용 금지를 주장한다. 1980년대의 독점 방지 이론이 기업 합병 금지의 기준으로 소비자[제품]가격 상승을 문제시했는데, 소비자가격이 상승하지 않자 미 행정부가 기업 합병을 좌시했다는 이야기가 이어진다.

로 저가 농산물을 대량 생산할 수 있는 미국의 능력과 이를 뒷받침하는 농업 보조금 정책, 미국의 양토 및 뛰어난 농업 기술력은 다른 국가에서 생산하여 판매하는 가격보다 낮은 가격에 그 농산물을 판매할 수 있게 한다. 우리는 오늘날 세계화 시대에 살고 있고, 이 현실은 우리의 먹거리에도 어김없이 적용된다. 우리가 식품점에서 구입하는 먹거리 가운데 다수는 말 그대로 세계의 다른 지역에서 재배·가공되었기 십상이다. 캘리포니아 식품점에 있는 포도는 칠레산일 수도 있고, 반경 160킬로미터 안에서 재배되었을 수도 있으며, 상표를 꼼꼼히 점검하지 않는 한 도대체 어디에서 생산되었는지 알 길이 없는 것이다(때로는 상표를 보고도 정확히 가늠하기 어렵다).

고도로 중앙화, 전문화된 먹거리체계가 초래한 또 하나의 결과는 점점 더 희소해지고 비싸지는 교통용 액체연료에 의존하는 유통체계다. 유가가 상대적으로 저렴했을 때 전국 각지로의 먹거리 유통은 경제학적으로 합리적인 것이었다. 캘리포니아에서 뉴욕까지 시금치와 딸기를 냉동·수송하는 데 소요되는 에너지와 연료 비용은 상대적으로 크게 염두에 두지 않을 만큼 낮았고, 소비자가 지불하는 가격에 쉽게 포함될 수 있었다. 유가가 비싸지면 비싸질수록 중앙화와 장거리 수송이 가져오는 이점은 줄어들기 마련이다.

켈로그 재단에서 2007년에 계산한 바 있는 추정치에 따르면, 미국에서 구매되는 먹거리의 2퍼센트 정도만이 지역에서 지속 가능한 방식으로 생산된 것이었다. 나머지 98퍼센트를 미국인에게 공급하고 있는 먹거리체계는 그간 계속해서 실행된 정책들을 생각해볼 때 딱 그런 식으로 발전하리라고 예측할 만한 종류의 것이다. 전문화, 중앙화, 집중화, 세계화에 기초한 먹거리정책들이 초래한 것은 저가 먹거리의 대량 생산이다. 그러나 이는 좋은 것이었다. 나쁜 것은 그 체계가 지금 대다수의 우리가 원하지 않고, 의도하지 않은 결과들을 만들어내고 있다는 사실이다. 그 결과들은 모두 고장 난 지금의 먹거리체계의 증후들이지만, 이는 그 체계를 만들어낸 정책들이 과거에 꼭 나쁜 정책들이었기 때문이 아니라 오늘날 우리 삶의 '상황' 자체가 변해버렸기 때문이다. 오늘날 우리는 청정한 수자원과 화석연료 에너지라는 한정된 자원을 얼마나 조심스럽게 취급해야 하는지 알고 있다. 오늘날 우리는 한때 그 어떤 문제도 초래하지 않으리라고 생각했던 화학비료와 살충제 대량 살포가 장기간의 환경 비용을 초래한다는 사실을 알고 있다. 산업화 시대가 시작되던 때, 또는 예의 그 정책들이 처음 실행되었을 당시에는 지금의 먹거리체계가 양산한 숱한 결과들이 초래되리라는 사실을 우리 자신이 미리 알지 못했을 수 있다. 그러나 의도하지 않게 초래된 이 결과들을 오늘날 더 이상 무시해서는 안 될 것이다.

우리의 먹거리체계가 초래한 의도하지 않은 다른 결과들은 다음과 같다(이에 관해서는 제2장에서 상세히 다룰 것이다).

• 먹거리의 품질 저하. 과일과 채소가 생산된 뒤 장거리 수송되거나 장기 보존되어야 하는 경우 생산자에게는 제품의 고형도固形度(모양, 통일성, 외형을 유지할 수 있는 성질)가 맛이나 영양보다 더 중대한 요소가 된다. 연구 자료에 따르면 수확되고 나서 많은 시간(때로는 몇 주)이 지난 뒤에 먹는 과일과 채소는 하루나 이틀이 지난 뒤에 먹는 과일과 채소에 비해 그 영양이 현저히 낮다는 사실을 보여준다. 또 맛 측면에서도 마찬가지여서 텃밭에서 바로 따왔거나 농민장터에 나온 토마토와 보통 식료품점 판매대에서 집어드는 토마토를 비교했을 때 누

구라도 즉시 맛의 차이를 간파할 수 있을 것이다.

- 식품 안전 훼손. 중앙화된 먹거리체계의 한 가지 약속은 병원균 정기 검사 같은 식품 안전 보장체계가 표준화될 수 있고, 포장 또는 가공이 어느 한 지점에서 실행될 수 있다는 것이었다. 하지만 이 체계가 지나치게 중앙 통제식이거나 체계 안에서 어떤 돌발 사고가 발생하면, 이 사고 여파는 급속히 널리 퍼질 수 있다. 또한 유독성 식품의 원인을 알아내는 데 몇 주(또는 몇 개월)가 걸릴 수도 있다. 안전 문제로 말미암은 식품 리콜 사례는 점점 더 많아지고 심각해지고 있다. 얼마 전에 캔탈로프 안에서 치명적인 리스테리아Listeria균이 대규모로 발견된 사건이 있었다. 2010년에 아이오와에 있는 한 달걀 생산업체(우리는 아마 이 업체를 농장이라고 하지?)는 아이오와 주 다섯 개 하청 공장에 있는 암탉들이 낳은 3억 8000만 개가 넘는 달걀을 리콜받은 일이 있었다. 살모넬라Salmonella균 때문이었다. 이 달걀들은 이 단일 업체에서 생산되어 적어도 열다섯 개 브랜드, 네 개 주에 공급되었다. 만일 같은 수의 달걀들이 전국 각지에 산재되어 있는 수십 개 농장에서 나뉘어 생산되었다면 리콜 양은 그처럼 천문학적이지는 않았을 가능성이 높고, 살모넬라균이 창궐한 경우에도 훨씬 더 간단히 해결되었을 것이다.

- 동물 복지 문제. 고밀도 가축 사육시설Confined Animal Feeding Operation, CAFO에서의 대량·집중 사육 방식은 동물 복지 운동가들로서는 도저히 용납하기 어려운 수준의 생활 조건을 만들어내고 말았다. 또한 너무나 많은 동물이 너무나 좁은 구역 안에서 살아야 하는 경우 질병 전염 예방을 위한 항생제 사용량은 늘어날 수밖에 없고, 이는 곧 동물과 사람 모두에게 전염 가능한, 항생제에 내성을 갖춘 슈퍼박테리

아가 출현할 가능성을 높인다.

- 토양 침식과 고갈. 점점 더 심각해지는 작물 생산의 전문화는 단일 작물의 연작 의존도를 더욱 높이고 말았다. 이런 유형의 농법은 질병 · 해충 발생률 증가 같은 여러 가지 추가적인 문제로 이어질 수 있다. 예를 들어 단작 · 연작으로 옥수수를 생산할 경우 토양의 질과 양 모두가 훼손될 위험은 커진다. 단작 · 연작으로 최대 옥수수 생산량을 달성하는 어떤 농법(예를 들어 계절 사이에 작물 잔여물로 농지의 표면을 덮어줌과는 반대로 해마다 토양을 갈아엎어 농지 표면을 드러나게 하거나 흙밀이 판 쟁기질을 하는 경우)은 농지가 바람이나 물에 침식될 위험률을 높이는 농법이다.

- 수질 오염. 먹거리 생산이 지나치게 전문화, 집중화될 경우 작물 생산에 비료를 통한 영양 공급이 더 많이 요구된다. 비료 사용량 증가로 말미암은 한 결과는 비료 내 일부 영양소(예를 들어 질소와 인)가 농토를 통과하여 대수층帶水層에 침투함으로써 지표수(호수와 하천)나 지하수를 오염시킨다는 것이다.

- 경작과 축산의 분리. 작물과 가축이 같은 농장에서 자랄 경우 그 체계 안 한쪽의 쓰레기는 다른 쪽에 유용한 자원(거름)이 된다. 먹거리 생산체계에서 이러한 구성 요소를 분리함으로써 동물의 분뇨는 좁은 지역 안에서 밀집됨으로 말미암아 환경오염을 초래한다. 또한 작물에 투입되는 영양소를 높이려고 이전에 제공되던 가축 비료를 합성비료로 바꾸면서 (합성비료 안에 있는) 질소와 인이 하천을 추가로 오염시키는 결과를 낳고 있다.

- 농지 손실. 사람들이 점점 더 도시에 집중적으로 거주하게 되면서 생산성 있는 농지에 대한 위협은 점점 더 현실적이고 위협적인 것이

되었다. 이 문제를 해결하고자 하는 미국 제1조직인 '미국농지신탁American Farmland Trust'이 추산한 바에 따르면, 미국 농지 손실률은 1일당 거의 3,000에이커에 이르고 있다고 한다.

- 에너지 소비와 온실가스 생산. 세계자원협회World Resources Institute에 따르면, 미국의 온실가스 배출 총량 가운데 농업 생산 부문이 차지하는 비율은 6퍼센트를 약간 상회한다. 전 세계적으로는 농업이 전체 배출량의 16퍼센트 이상을 차지한다. 가공, 포장, 수송까지 포함한다면 미국 먹거리체계 전반은 미국 총 에너지 소비의 15~20퍼센트를 차지한다. 이 에너지 소비 가운데 많은 부분은 포장과 수송에 소비되었는데, 식품이 생산 장소에서 소비 장소로까지 이동하는 데 걸리는 거리가 늘어나면서 이 분야의 에너지 활용도는 전보다 훨씬 높아졌다.

- 먹거리 접근성food access과 먹거리보장food security 문제. 고도의 집중화, 중앙화를 특징으로 하는 미국 먹거리체계가 빚어낸 결과 가운데 하나는 역사적으로 소외된 도시 지역과 몇몇 지방의 수많은 거주민이 건강에 좋고 싱싱한 먹거리에 접근하기가 어렵다는 점, 또는 먹거리 불안정food insecurity에 시달린다는 점이다. 다시 말해 모든 가정이 활동적이고 건강한 삶을 영위하는 데 필요한 충분한 먹거리를 늘 얻고 있지 못하다는 것이다. 미 농무부는 '먹거리사막food desert'이라고 자신들이 이름 붙인 지역에 얼마나 많은 미국인이 사는지 연구 · 조사한 바 있다. 이 연구에서 나온 한 가지 결과는 저소득층 지역민 가운데 57퍼센트 이상이 슈퍼마켓이나 식료품점에 물리적으로 접근하기 어려운 상태에 있다는 것이다.

- 음식 관련 질병. 한편으로는 건강한 먹거리를 접하지 못하는 사태가,

다른 한편으로는 고밀도로 가공·포장된 식품이 상대적으로 저렴한 가격에 풍요롭게 공급되고 있는 사태가 비만과 당뇨를 비롯해 여러 음식 관련 질병 발병률을 높여왔다. 이는 특히 저소득층 지역에서 문제이지만, 미국에서나 전 세계적으로나 좀 더 풍족히 사는 지역에서도 점점 더 문제로 등장하고 있다. (추출되어 고밀도 가공식품의 원료가 되는) 작물의 대량 생산에 집중하고 있는 지금의 먹거리체계가 만들어낸 또 한 가지 의도하지 않은 결과는 너무 많은 사람이 이상야릇한 먹거리를 통해 너무 많은 칼로리를 섭취하면서 비만이 되고 있다는 사실, 그리하여 온갖 부차적인 건강 문제들을 빚어내고 있다는 사실이다.

- 노동자 착취. 대규모 농장과 집중화된 가공 시설물들은 대규모 노동력을 필요로 하는데, 많은 경우 농장·시설물의 운영은 이주 노동자 또는 미등록 노동자에 의존하고 있다. 이들을 착취할 수 있는 기회는 넘쳐난다. 이 노동자들 가운데 대다수는 적은 임금을 받고 있고, 의료 혜택이나 장애 보험 혜택도 못 받은 채 기껏해야 최소 수준의 숙소를 제공받고 있는 실정이다. 노동 현장에서 이들 가운데 수많은 사람의 육체가 (살충제 꼴을 한) 독성 화학물질에 노출되고 있다.

- 농가 인구 고령화. 농업의 전문화와 집중화가 가속화되면서 농장 시설을 구축하는 데 드는 비용이 급상승했다. 시설비가 너무나도 극적으로 올라간 나머지 젊은 사람들이 농업을 직업으로 시작하기란 사실상 불가능하다. 친척에게서 농지와 농기구를 물려받거나 유년기부터 가족의 일원으로서 농업에 참여해오지 않는 이상은 말이다. 이러한 사태는 농가 인구의 고령화를 불러왔다. 이 분야의 연구들에 따르면, 미국 농가의 평균 연령은 예순 살 정도다. 지난 80년 동안

먹거리·농업정책 입안자들이 의도적으로 농부들을 은퇴하도록 농가 인구 감소를 획책해오지는 않았을 터이다. 하지만 이 의도하지 않은 결과는 오늘날 우리에게 나타나 있다.

미국 먹거리체계가 초래한 의도하지 않은 결과들을 두루 살펴볼 때, 우리가 이 문제들을 하나씩 차례대로 해결하기란 불가능한 일이다. 우선 이 체계의 고장 난 부분 전부에 붙이기에 충분한 '반창고'를 찾을 수 없다. 또한 이 체계의 문제를 하나씩 고치려고 한다면, 한 문제를 해결할 때마다 새로운 문제를 만들어낼 공산이 크다. 그보다 우리는 앞으로 다가올 가까운 미래에 우리와 지구를 동시에 잘 보살필 먹거리체계를 상상한 다음, 그렇게 상상된 체계의 특징을 제도와 공공정책 양자에 어떻게 실제로 도입할지 생각해볼 필요가 있다.

먹거리체계의 부정적인 결과에 대한 대중의 인식은 점차 높아지고 있다. 지난 10년 동안 저술가들, 기자들, 요리사들 그리고 영화 제작자들의 도움으로 이러한 인식이 높아졌다. 오늘날 많은 사람이 대규모 농장에서 자란 닭을 구입하는 것과 유기농 방식으로 방목해 키운 닭을 구입하는 것의 차이를 알고 있고, 우리 모두의 소비·식사 습관을 바꿔가는 도정에 참여하고 있다. 농민장터는 전국에 걸쳐 늘어나고 있다. 식품 소매 산업 안의 판매량 측면에서 가장 빠른 성장률을 보이는 두 분야는 다름 아닌 유기농 식품과 로컬푸드다.

그러나 미국의 먹거리체계 안 유기농·로컬푸드가 차지하는 비중은 여전히 매우 작다. 텃밭을 가꾸고 지역 농부를 돕는 일은 그것대로 큰 의미가 있는 일이기는 하지만 충분히 큰 규모의 행동도, 충분히 전환적인 행동도 아니다. 이제 일종의 농경 사회로 되돌아가야

한다고 제안하려 함은 아니다. 또 오늘날 잘 작동되고 있는 먹거리
체계의 면모마저 포기해야 한다고 생각하지도 않는다. 과학자로서
필자는 지금까지 인류가 이룩한 진보 가운데 많은 부분이 퍽 긍정적
이라고 믿고 있고, 미래의 발견들이 이 먹거리체계를 지속 가능하고
평등한 방향으로 나아가게 하는 데 보탬이 되리라고 확신한다.

　하지만 지금의 먹거리체계는 그 본질에서 스스로의 기반인 자연
순환과의 조화와 균형의 궤도를 이미 벗어났다고 필자는 생각한다.
한 극단에는 전문화가 있고, 다른 극단에는 다양화가 있다고 할 때
우리는 전문화 쪽으로 지나치게 편향되어버렸다. 마찬가지로 중앙
화/탈중앙화, 집중화/분산, 세계화/지역화의 대극이 있다고 할 때
우리는 한쪽으로 치우쳐 균형을 완연히 상실하고 말았다. 이 체계를
좀 더 나은 균형 상태로 만들어놓는 데 도움이 될, 그리고 우리 모두
의 힘으로 현실화할 수 있는 정책과 실천 관행이 있을 것이다. 하지
만 우선은 지금의 먹거리체계가 초래한 문제들 가운데 일부를 좀 더
면밀히 살펴보기로 하자.

- **토론거리**

1. 무엇이 시스템인가?
2. 왜 우리는 먹거리체계를 하나의 시스템이라고 일컫는가?
3. 당신의 일상에 영향을 미치는 다른 시스템으로는 어떤 것이 있을까?
4. 전문화와 중앙화는 먹거리체계의 각 부문에, 또는 전체 먹거리체계에 어떤 식으로 영향을 미치고 있
　나?
5. 현 먹거리체계의 의도하지 않은 결과는 어떤 것이 있을까? 이 의도하지 않은 결과들은 어떤 식으로 발
　생할까?
6. 현 먹거리체계의 어떤 부문이 당신의 일상에 가장 많은 영향을 미치고 있나?

2

문제는
바로 이것

"먹거리체계의 '진짜' 문제는 바로 ○○○이다."라는 문장으로 시작하는 담론들은 그간 셀 수 없이 많았다. 그리고 이 ○○○에 다음과 같은 것들을 집어넣을 수도 있을 것이다.

- 살충제
- 기업농
- 불량 정책
- 식품의 당분 과다(또는 지방이나 염분, 과당 옥수수 시럽)
- 지나치게 가공된 식품
- 불량 식품을 어린이들에게 판매하는 모든 상인
- 학교에서의 불량 급식

- 학교 급식에 쓰일 정부 재원의 부족

- 부패 식품 수입

- 엄격하지 못한 식품 안전 기준 또는 시행

- 일급 농지를 덮어버리는 도시 팽창

- 너무 비싼 유기농 식품

- 먹거리사막

- 유전자조작 작물(GMO)

- 식품 상표(구성표)상의 불충분한 정보

- 식품 구매 보조금

- '거대 농업Big Ag' 로비스트

- 과다한 관수

- 과다한 비료 사용

- 이주민 노동

- 토양 침식

- 농장 노동자들에 대한 부당 대우

- 잘못된 선택을 하는 개인들

- 부유한 나라 안에서의 기아

- 당신만의 답변

반면에 필자는 때때로 다음과 같은 말에 대체로 동의하는 사람들과 대화하기도 한다. "시내 어느 가게에도 걸어서 갈 수가 있고, 원할 때면 거의 언제든 필요한 것을 살 수 있는걸. 또 봄부터 가을까지 주말 농민장터에 가면 농부들에게서 훌륭한 지역 작물을 직접 살 수도 있고." 이렇게 말하는 친구들에게 으레 이렇게 응수한다. "괜찮은 곳에 살면서 돈도 그다지 부족하지 않게 산다면 이 먹거리체계가 그저 잘 작동하는 듯해 보이겠지. 마치 좋은 보험에 가입되어 있고 합법적으로 의료보험에 가입되어 있는 사람들에게 지금의 의료보험제도가 아무 문제도 없어 보이듯이 말야." 그러나 지금의 먹거리체계를 면밀히 살펴본다면 그 그림은 그다지 밝지 않을 것이다.

고장 난 먹거리체계의 증후는 (환경과 관련된 것이든, 음식과 건강 또는 사회적 불평등과 관련된 것이든) 실제로 현실의 표면에 드러나고 있고, 이를 개선하려면 개별 방책이나 문제들의 개별적인 수리가 아니라 그 체계 전체의 재설계가 필요하다. 일반적으로 과학자들은 개별 증후들을 꼭 집어서 알려주는 데 매우 유능한데, 다음은 그들이 우리에게 말해줘야 할 사안들이다.

환경 관련

토양과 물

식량 생산 과정에서 가장 귀중한 자원은 바로 토양과 물이다. 이 두 자원이 없어진다면 우리 모두는 곧 굶주리고 말 것이다. 이러한 말은 너무나도 당연하여 맹숭맹숭하게 들릴지도 모르겠지만, 현재 작동 중인 먹거리체계는 (미래 세대를 위해) 이 자원들을 보호하는 일을 그다지 신경 쓰고 있지 않다. 토양부터 살펴보자.

토양 침식이란 토양 입자가 물 또는 바람 때문에 원래 있던 자리에서 다른 곳으로 위치를 옮겨 이동함을 뜻한다. 대부분의 경우 토양 입자들은 최종적으로 하천과 호수에 침적토沈積土형태로 안착한다. 사실 이런 유형의 침전물은 무게와 부피 양쪽 모두에서 가장 큰 지표수 오염물질로 취급된다.[1] 일단 토양 입자들이 농지 표면을 떠나게 되면 그 입자들은 식량 생산 기반으로서의 성질을 영원히 잃고 만다. 토양은 식물의 뿌리를 붙들어 매는 역할을 담당하고, 바로 그 힘으로 식물은 한 곳에서 자랄 수 있다. 또한 토양체계는 식물 생장에 필요한 (대기 중 이산화탄소를 제외하면) 모든 영양과 물을 식물 뿌리에 공급한다. 농지의 토양 입자가 소실된다면 식물 생산성 역시 감소되는 셈이다. 이 경우에 더 많은 화학비료를 추가로 공급하지 않는다면 작물 생산량 감소는 필연적이다.

"하지만 토양은 재생 가능한 자원 아니던가요?" 누군가는 이렇게 물을지도 모르겠다. 그렇다. 토양은 화석연료와는 다르다. 자연 과정은 늘 스스로를 만들어낸다. 문제는 소중하기 이를 데 없는 표토表土가 자연적인 생성 주기보다 빠른 속도로 소실되고 있다는 점이다. 토양이 만들어지는 데에는 수백 년이라는 시간이 필요하지만, 침식되어 사라지는 데에는 한 계절이면 충분한 것이다. 미국 농경지 토양의 평균 침식률은 1년에 에이커당 4톤 정도 된다. 시나리오를 아무리 좋게 잡아도 이는 토양 평균 생성률의 열 배를 초과하는 것이다.[2]

지난 수십 년 동안 토양 침식은 미국 최고 생산성을 자랑하는 농업 생태계들 가운데 많은 지역에서 심각한 문제가 되어왔다. 어떤 전문가들은 지난 150년 동안이라는 농업 기간 동안에 아이오와 주에서 최고 품질의 표토 절반이 토양 침식으로 사라졌다고 말한다.[3] 아이오와 주의 지형은 기복이 심하고 주로 옥수수와 콩을 생산하는 까닭에 높은 토양 침식률(1년에 1에이커당 12톤 정도)이 늘 심각한 문제가 되고 있다.[4] 이는 곧 매년 (어디에서나 볼 수 있는) 평범한 0.25에이커 농지에서 큰 손수레 열세 개 부피만 한 토양을 잃어버린다는 뜻이다. 고생산성을 자랑하는 다른 지역인 태평양 북서부 팰루즈Palouse에서는 지난 100년 동안 40퍼센트 정도의 풍부한 표토가 침식되어 소실되었다.[5]

또 한 가지 쟁점은 염류화, 다시 말해 토양 안에 소금이 쌓여 염분 농도가 짙어지는 것이다. 이는 자연스럽게 발생할 수도 있으나 작물 생산용 관수가 지나치게 많았던 일부 지역에서 심각한 문제가 되었다. 비에 의존해 작물을 재배하는 경우 소금은 토양 상층부에 쌓이지 않는다. 소금은 비에 씻겨나가므로 염류화가 그다지 문제로 대두되지 않는 것이다. 하지만 관수에 의존하는 경우에는 물이 증발하면서 남은 소금이 토양 안에 쌓이기 시작해 작물 생산성에 현저히 부정적인 영향을 끼친다. 예를 들어 캘리포니아 주의 비옥한 땅인 샌와킨밸리San Joaquin Valley에서는 농부들이 부적절한 배수를 함으로써 쌓인 소금 때문에 소중한 농경지 10만 에이커 이상을 이미 포기한 바 있다.

염류화의 영향을 받는 농경지는 증가 추세에 있어서 1987년부터 1997년까지 네 배 이상 늘어났다.[6] 관수되는 농경지 또한 늘어나고 있어서 1969년부터 2002년까지 40퍼센트 늘어났다.[7] 2002년 한 해 동안 관수된 모든 농경지는 약 5500만 에이커 또는 미국 전체 농경지 가운데 약 12퍼센트로 추정되었다.[8] 작물 관수용으로 사용되는 물은 미국 안의 주된 담수로서, 2000년 한 해 동안 농업에 사용된 물은 전체 담수 사용량의 41퍼센트였다[9](담수 사용량은 지표수나 지하수에서 빠져나간 물의 양을 말한다). 이 물의 양은 1억 5900만 에이커피트* 정

* 넓이가 1에이커인 땅에 1피트(30.48센티미터) 깊이로 들어갈 수 있는 부피를 말한다.

도에 해당하는데,[10] 이는 캘리포니아 주 전체를 1.5피트 깊이로 뒤덮는 양이다.

미국의 현 먹거리·농업체계가 얼마나 균형을 상실했는지 알려주는 극명한 사례 가운데 하나는 서부 평원 지대의 오갈랄라Ogallala 대수층 감소일 것이다. 사우스다코타에서 텍사스에 이르는 여덟 개 주의 지하 깊숙이 자리 잡고 있는 이 대수층은 미국 안에 관수되는 농지의 20퍼센트에 물을 공급하고 있다. 식품·섬유 생산에서 연간 200억 달러를 책임지고 있다고 평가되는[11] 이 대수층은 1.5피트 깊이로 미국 50개 주 전체를 뒤덮기에 충분한 양을 갖추고 있어서, 만일 이곳이 완전히 마른다면 자연적으로 이곳을 채우는 데에는 6,000년이 소요될 것이다. 오갈랄라 대수층에서 나오는 전체 물 가운데 90퍼센트 이상이 작물 관수용으로 사용된다. 이 대수층에서 물이 과다 사용되고 있는데, 그 양은 연간 콜로라도 강 열여덟 개에 해당한다.[12] 전문가들에 따르면, 이 대수층의 실질적인 평균 수명은 15~50년이라고 한다.[13] 일단 이 대수층이 관수용 수자원의 기능을 상실하게 되면 나라 전체 농지가 훨씬 더 적은 물을 필요로 하는 작물용(수수, 해바라기 같은) 농지로 전환되거나, 목초지 상태로(관수가 되기 이전의 자연스러운 상태였다.) 되돌아가거나, 또는 최악의 경우 사막화되고 말 것이다.

먹거리체계에 동원되는 수자원의 양은 큰 골칫거리다. 수자원의 품질도 또 한 가지 문제다. 담수는 비에서 생겼든, 깊은 지하수층에서 올라와 생겼든 상대적으로 순수하게 먹거리 생산에 관여한다. 이 가운데 어떤 것은 식물 생장에 직접 활용되거나 가축의 입으로 들어간다. 그런데 이 물이 자연환경으로 되돌아가게 될 경우 (많은 경우 농지에서 유출되어 나오는 형태로) 그 품질은 처음 그 체계에 들어갔을 때보다 훨씬 나빠지기 쉽다.

농업 활동에서 나오는 물의 함유물 가운데 가장 보편적인 오염물질은 제초제(잡초 제거용으로 농지에 살포된 화학물)와 영양소(식물 생장, 작물 생산에 필수물인 분자들. 화학비료 형태로 가장 많이 사용된다.)이다. 현 먹거리체계가 이러한 화학물의 활용에 점점 더 많이 의존하게 되면서 지표수와 지하수 양쪽에서 이와 똑같은 화학물은 늘어 갔다. 《식량의 종말The End of Food》에서 폴 로버츠Paul Roberts는 옥수수 생산에 널리 사용되는 제초제인 아트라진atrazine이 "심장·허파 경색, 근육 경련, 망막 퇴화, 암 같은 질병과 관련 있지만, 연방정부 및 주정부가 오랫동안 규제 노력을 했는데도 식수원 안에서 두 번째로 많이 목격되는 제초제로 남아 있다."라고 지적한다.[14]

질소 비료 역시 문제다. 합성비료 안에 포함되어 있든, 동물 배설물 안에 있든 물과 산소와 섞일 경우 질소 분자는 쉽게 질산염으로 변환된다. 일단 질소가 질산염 형태가 되면 쉽게 용해되는 성질을 갖는다. 물에 닿는 족족 질산염이 녹아버리는 것이다. 2006년 미 농무부의 한 보고서는 "미시시피 강 분지 안에 있는 농지에 뿌려진 질소 비료의 15퍼센트가 멕시코 만에 도달한다."라고 전하고 있다.[15] 질소 비료가 옥수수에 살포될 경우 실제로 식물을 통해 흡수되어 줄기, 잎, 곡물에 통합되는 비료의 양은 극미하다. 식물이 흡수하지 않은 부분은 지하수로 흘러가거나, 아니면 옆 지표수로 흘러가게 된다. 밀폐된 공장형 동물 사육 시설에서 수억 톤의 질산이 들어 있는 동물 거름이 생겨나도록 방치한다면 이 가운데 일부는 주변 수원으로 흘러 들어가게 되어 있다. 그렇다면 그 엄청난 양의 질산염은 식수용 물과 대양 환경으로, 심지어 원래 자리에서부터 먼 거리에까지 흘러 들어가게 될 터이다.

　너무 많은 양의 질소는 유산이나 암 같은 여러 건강 문제와도 관련되어 있다. 농장 지대 대부분에 위치한 공공의료 기관들은 이 문제를 잘 알고 있지만, 이 문제를 줄이는 데 소요되는 비용이 가히 천문학적이라는 점이 문제다. 예를 들어 아이오와 주 디모인Des Moines 시는 지역 안 식수 공급 라인에서 농업 부산물을 거르는 정교한 메커니즘을 갖추고 있다.[16] 하지만 이에 드는 비용은 어느 정도일까? 이 시설을 짓는 데만 400만 달러 정도가, 연간 운영비로는 110만 달러 정도가 들어간다.[17]

　2000년에 미국 지질조사국이 수행한 전국 수질 평가에 따르면, "조사된 전체 구역 가운데 37퍼센트의 지하수 구역에서 …… 널리 쓰이는 제초제 일곱 개 가운데 한 개 이상이 검출되었다."고 한다.[18] 1991년과 2004년 사이에 진행된 또 다른 지질조사국의 연구에 따르면, 샘플로 검사된 2,100개 수원 가운데 72퍼센트의 수원에서 질산염 오염이 발견되었다.[19] 또한 이 조사는 "샘플로 선택된 가정용 수원의 9퍼센트가 미 환경보호국(EPA)의 식수 기준 대비 과다 질산염 함유량을 보였고," 그 주요 원인이 농업이었다고 밝혔다.[20] 1984년에 제출된 국회 보고서에서 환경보호국은 미국 '비非단일 지점 기원 수질 오염'(이를테면 공장처럼 어느 단일한 지점으로 그 원인이 추적 가능하지 않은 오염) 최대 기여 인자는 농업이라고 보고했다.[21] 좀 더 최근의 증거 자료를 보면 이러한 결론을 뒷받침한다. 2000년에 환경보호국이 수행한 일반 수질 평가는 이렇게 결론을 내리고 있다. "농업은 48퍼센트의 하천 오염, 41퍼센트의 호수 오염 …… 그리고 18퍼센트의 하구河口 수질 훼손의 주요 원인이다."[22]

'죽음의 구역dead zone'도 있다. 이 용어는 보통 물속 산소량이 너무 적어서(하이폭시아hypoxia라고 알려진 상태) 사실상 그 어떤 생물도 살 수 없는 해안가 하구를 가리킨다. 이 구역은 질소 같은 양분이 너무 많아서 조류의 발생과 번식이 있는 지역에서 발생한다. 미국 생태학회는 이렇게 보고한다. "비록 [하이폭시아가] 때때로 자연스러운 현상이라 할지라도 최근 몇 십 년 동안 영향받은 해안 지역이 늘어나고 있다. 또한 각 사건이 지속된 시간이 길어지고 있고, 좀 더 빈번히 발생한 사건들의 원인은 인간 활동 때문이다. …… 하이폭시아가 초래하는 결과에는 어류의 폐사, 갑각류 서식지 소실이 포함된다. 이러한 소실은 해안 지역의 생태적, 경제적 건강과 안정성에 심각한 악영향을 미칠 수 있다."[23]

오늘날 미국 안에서만 150개 해안가에 이 '죽음의 구역'이 있다고 추정되고 있다.[24] 이 가운데 가장 큰 구역은 미시시피 강 하구 근처인 멕시코 만 북부에 있는데, 이는 분명 미시시피 강으로 흘러 들어가는 질소와 관련이 있다. 백악관 과학기술정책위원회에 제출된 1999년 보고서에 따르면, 농업용 질소 비료와 동물 분뇨가 미시시피 강에서 멕시코 만으로 들어가는 질소량의 65퍼센트 정도를 차지한다고 한다.[25] 이 죽음의 구역은 해마다 그 크기가 달라지는데, 2008년에 기록된 곳 가운데 2위를 차지했다. 그 크기는 매사추세츠 주 면적(거의 1만 2875제곱킬로미터)보다 큰 것이었다.[26]

아마도 죽음의 구역은 농부들이 농화학품에 280억 달러를 쏟아붓고 있고 2억 2500만 에이커 이상의 농지에 이를 살포하고 있는 먹거리체계가 초래한 가장 극명한 환경 질환의 증후일 것이다.[27]

토지 활용

건강한 체계의 특징 가운데 하나는 변화하는 조건에 맞추어 스스로를 조정해간다는 것이다. 인류의 생존에 너무나도 소중한, 그리고 사회 안에서 가장 똑똑하고 영민한 사람들 가운데 일부가 안내하고 있는 이 체계는 우리가 예측하고 있는 미래 시나리오에 맞게 마땅히 조정되어야만 한다. 몇몇 과학자가(이 사람들 수마저도 줄어들고 있다.) 기후 변화와 지구 온난화가 발생하는 진짜 원인에 관해 여전히 반박하고 있는 현실이지만, 그 누구도 전 세계적인 차원의 기하급수적 인구 증가를 부인하지는 않는다. 이는 곧 최소 30억이라는 추가 인구를 우리가 먹여 살려야 한다는 뜻이다. 그렇다면 미래 세대를 위해 가장 생산성이 풍요로운 농지를 보호하는 일이란 극히 합당한 처사가 아닐까?

그러나 통계 자료를 보면 상반된 이야기가 나온다. 미국농지신탁에 따르면, 오늘날 미국 농지는 위험한 상태에 놓여 있다.[28] 해마다 100만 에어커 이상의 대지가 잠재적, 현재적 먹거리 생산 활동에서 배제되고 있다. 원인은 여러 가지이겠지만, 그 가운데 어느 하나를 제거한들 미래 세대의 지속 가능한 먹거리 생산을 단번에 보장할 수는 없을 것이다. 농가 인구는 점점 더 고령화되고 있고, 농부들은 농사로 생계를 유지하는 데에 점점 더 어려움을 느끼는 형편이어서 어떤 사람들은 은퇴 뒤의 대비나 다른 용도를 위해 충분한 자금을 확보하는 유일한 길은 토지 매각뿐이라고 생각하고 있다.

농지 손실의 지리학적 양상 문제는 좀 더 심각하다. 도심에서 가장 가까운 농지는 개발용으로 사용되기에 최적인 지역임과 동시에 유제품의 63퍼센트, 과일·채소의 86퍼센트를 포함한 신선한 먹거리의 상당 부분을 생산하고 있는 지역이다. 로컬푸드 생산이 점점 더 (부분적으로는 장거리 먹거리 수송의 경제적, 환경적 비용 감소에) 바람직한 생산이 되고 있는 추세이므로 도시 교외 지역의 농지를 보호하는 일은 더욱더 중차대하다.

그러니까 문제는 단순히 농지 손실이 아니라, 우리가 지닌 농지 가운데 가장 생산적인 농지의 손실인 것이다. '1급' 농지로(미 농무부에 따르면 최상의 농지) 알려진 농지의 토지 전환 속도는 1급이 아닌 지방 토지 대비 30퍼센트나 빠르다. 이는 곧 질 낮은 토지가 재배용 농지로 쓰이는 사태로 이어질 수 있다. 또 질 낮은 토지를 생산성 높은 농지로 바꾸는 데에는 좀 더 많은 양의 (물이나 비료 같은) 자원이 요청된다.[29]

기후 변화

지금의 먹거리체계는 온실가스 생산에 기여하고 있다. 하지만 토양 유기물 안에 이산화탄소를 가둠으로써 대기에서 온실가스를 제거할 수 있는 잠재 능력 역시 갖추고 있다. '유기물'이란 탄소를 대량 함유한 합성물로 구성된 토양의 일부분인데, 토양 안에 있는 유기체들이 활동함으로써 생성된다. 토양 안 유기물 비율이 늘어나면 대기 중에 있는 이산화탄소는 유기물로의 전환이 가능하고, 따라서 공기 중에서 이산화탄소를 빼내 토양 안에 '포집하는' 일이 가능해진다.

농업 활동에서 배출되는 주요 온실가스는 메탄과 이산화질소다. 배출되는 메탄 가운데 많은 부분은 가축의 소화 작용과 혐기성 미생물을 통한 동물 배설물 분해의 결과물이다(배설물 구덩이나 개펄처럼 산소가 부족한 환경에서 배설물이 분해될 때 배출되는 가스 합성물 가운데 하나는 메탄이다). 반면에 이산화질소 배출의 가장 큰 원인은 질소 비료의 생산과 사용이다.[30] 메탄과 이산화질소 모두 톤 대 톤의 기준으로 볼 때 이산화탄소에 비해 훨씬 더 많이 기후 변화에 기여한다고 추정되고 있다. 미국 이산화질소 배출 총량 가운데 67퍼센트는 농업 활동에 따른 것이다.[31] 한편, 농업 자체는 이산화탄소 배출에 직접적으로 거대한 기여를 하고 있지 않지만, 먹거리 운송은 먹거리체계 전체의 탄소 발자국을 늘리고 있다.

│ 음식과 건강 │

고장 난 먹거리체계가 드러낼 수 있는 가장 뚜렷한 질병의 증후는 아마도 굶주림과 영양실조, 아사餓死일 것이다. 해마다 350만 명에 이르는 성인과 아동이 영양실조로 죽어가고 있다.[32] 굶주림으로 고통받는 지역은 단지 개발도상국만이 아니라 미국이기도 하다. 또한 여러 수치를 둘러볼 때 사태는 악화일로에 있음이 확실하다. 국제연합 식량농업기구(FAO)에 따르면, 영양 부족 상태에 있는 전 세계 인류는 1990년대 초반 8억 4200만 명에서 2009년 10억 2000만 명으로 늘어났다고 한다.[33] 만성 영양 부족에 시달리는 사람들 가운데 대다수는 개발도상국가에 살고 있지만, 2010년 기준 미국에서도 4900만 명에 가까운 사람들이 '먹거리 불안정' 상태에 놓여 있다.

먹거리 불안정food insecurity이라는 개념은 적절한 영양을 갖춘 안전한 먹거리를 무료 급식소나 자선단체에 의존하지 않고 얻을 수 있는 능력이 제한되어 있거나 불확실한 그 어떤 경우에도 적용된다. 먹거리보장은 [먹거리에 대한] 접근성만큼이나 구매 능력에 의존한 것이지만, 먹거리 불안정이 만연한 지역 대부분 또한 먹거리 접근성도 제한된 지역이다. 미 농무부 경제연구국Economic Research Service에 따르면, 2010년 미국 도시 가정 가운데 17퍼센트가 먹거리 불안정을 경험했다고 한다. 도시 외 지역 가정까지 계산에 포함시킬 경우 먹거리 불안정을 경험한 가정의 비율은 14.5퍼센트로 내려간다.[34]

건강한 먹거리에 대한 접근성

거의 모든 사람은 좀 더 건강한 음식물을 취하려면 건강에 좋은 먹거리에 접근할 필요가 있음을 직관적으로 알고 있다. 말하지 않아도 알겠지만, 그러한 접근 능력이 있는 사람들 또한 신선한 과일과 채소를 준비하는 법이나 통곡물whole grain을 요리하는 방법에 관해 좀 더 많이 배울 필요가 있을 것이다. 직장인이나 편부모인 경우에는 특히나 가족을 위해 영양이 풍부한 식사를 준비하는 데 시간을 내기란 더더욱 힘들 것이다. 하지만 값을 치를 만하고, 좀 더 건강에 좋은 먹거리에 '접근'하지 못한다면 더 나은 음식을 즐기고 좀 더 건강한 삶을 살 기회 자체가 아예 사라져버린다.

건강에 이롭고 신선한 먹거리에 접근하기 어려운 현실에 대한 증거를 찾는 데에는 많은 노동이 필요하지 않다. 그저 도시 저소득층 지역을 운전하면서 훑어보거나 그 지역 안 어디에든 있는 편의점이나 주류 판매점에 가보면 된다. 그러나 이 주제가 독립 연구자들이나 미 농무부 출판 연구물의 주제가 된 때는 최근이다. 이 분야의 선도적인 연구자들 가운데 한 사람인 마리 갤러거Mari Gallagher는 '먹거리사막'을 "식료품점이 근방이나 먼 곳에도 없는 지역 그리고 영양 풍부한 먹거리를 부분적으로만 접할 수 있는 지역"으로 정의한다. 먹거리사막이라는 용어는 보통 먹거리 불균형을 보이는 지역을 서술하는 데 사용되는데, 그러한 지역은 먹거리를 완비한 식료품점이나 슈퍼마켓과의 평균 거리가 주유소, 주류 판매점, 약국, 편의점 또는 패스트푸드점 같은 '변두리 소매점'과의 평균 거리보다 먼 지역으로 정의된다.[35] 심지어는 수입, 교육, 인종 모두를 변수에서 뺀 뒤 갤러거는 이렇게 결론 내린다. "음식에 원인이 있는 건강 문제인 경우 …… 먹거리 불균형을 보이는 지역이 훨씬 열악한 상태에 있다." 그녀는 건강한 먹거리에 대한 선택 측면에서의 극심한 불균형 상태에서 "통계적으로 볼 때 음식 때문에 일어나는 질병으로 고통받거나 병사할 가능성이 훨씬 높은" 50만 명의 디트로이트 주민들을 발견했다.[36] 또한 좀 더 균형 있는 지역과 대비할 때 시카고 안에 있는 먹거리 불균형 지역에서 두 배 이상 높은 당뇨 관련 사망률을 발견하기도 했다. 먹거리 불균형 지역들은 평균적으로 24퍼센트 높은 비만율과 27퍼센트 높은 고혈압 발병률을 보였다.[37]

'먹거리사막'이라는 용어를 필자는 그다지 좋아하지 않는다. 보통 이 용어가 정의되는 방식 탓에 오직 조심스럽게만 이 용어를 사용하고 있다. 많은 연구자가 모든 식품을 구비한 식료품점 부족을 주요 '문제'로 여기기 때문에 그러한 식료품점을 끌어들이거나 이미 존재하는 식료품점을 확장하는 일이 해결책으로 자연스럽게 등장하게 된다. 물론 저소득층 지역에 그러한 식료품점이 입점하는 데에 필자가 반대하지는 않는다. 그러나 그러한 식료품점 도입에 에너지 전부를 쏟아버린 채 건강에 이롭고, 신선하며, 지속 가능한 방식으로 재배된 먹거리에 대한 좀 더 높은 접근성을 창출할 여러 다른 방법을 망각하고 만다면, 우리는 고장 난 체계 문제를 '해결'하지 못할 것이다. 다시 말해 그렇게 할 경우 단지 우리는 주로 고밀도 가공식품들을 (교외 지역보다 더 비싼 가격에) 구매할 수 있는 기회를 저소득층 지역 주민에게 더 많이 만들어줄 뿐이다. 더군다나 그렇게 되면 돈은 지역 안에서 매우 빠른 속도로 외부로 빠져나가게 될 것이고 말이다.

일부 지역 주민이 건강에 좋고 신선한 먹거리를 접하기 어려운 현실은 연방정부의 관심사이기도 하다. 2008년에 입법된 '식품, 보전, 에너지법'(많은 사람이 여전히 농업법이라고 하고 있지만, 새로 만들어진 이름이다.)은 먹거리사막 사례에 관한 연구를 미 농무부에 요청한 바 있는데, 이 연구에서는 먹거리사막을 "값을 치를 수 있고 영양이 풍부한 먹거리에 대한 접근이 제한된 미국 안, 특히 주로 저소득층 밀집 지역"이라고 정의하고 있다.[38] 이 연구는 또한 먹거리사막을 줄이는 전략들, 예를 들어 지역공동체 경제 개발 계획community and economic development initiatives을 비롯해 슈퍼마켓, 소규모 식료품점, 농민장터를 포함한 식품 소매시장 발전을 위한 유인책이 연방 차원의 식품 구매 지원과 영양 교육 프로그램 개선 같은 전략들을 찾아내고자 수행된 것이었다.

2009년 6월에 출간된 이 연구에 따르면 전국 전체 가정의 5.7퍼센트만이 제한된 먹거리 접근성 문제에 직면해 있는 상황이기는 하지만, 저소득층 지역[40퍼센트 이상의 가정 수입이 연방정부가 정한 빈곤선의 200퍼센트(2011년 기준 2만 2350달러) 이하이거나 그 정도인 곳]을 자세히 살펴보면 상황은 훨씬 더 고약하다는 사실을 알 수 있다. 이 지역 주민 가운데 거의 22퍼센트가 식료품점에서 1.5마일(약 2.4킬로미터) 이상 떨어진 곳에 살고 있는데, 더욱이 그들은 차량을 이용할 수도 없다. 도시 저소득층 지역인 경우 주민 57퍼센트 이상이 슈퍼마켓이나 식료품점에 대한 물리적 접근을 제약받고 있다.

슈퍼마켓 또는 식료품점에 관한 산업 표준 정의(미 농무부의 먹거리사막 연구에서 사용된)는 전통적인 슈퍼마켓에서도 보였던 모든 주요 품목, 예를 들어 신선한 육류나 농산물, 유제품, 건조식품, 포장식품, 냉동식품 같은 품목들을 갖춘 소매점이다. 하지만 미 농무부 연구에 따르면, 푸드스탬프 제도 같은 영양 보충 지원 프로그램SNAP의 혜택을 승인받은 16만 6000개 업소 가운데 오직 3만 4000개 업소만이 슈퍼마켓으로 인정될 수 있다.[39] 그렇다면 사람들은 도대체 다른 어디에서 식품을 구한다는 말일까? 대부분 앞서 말한 변두리 소매점들(편의점이나 약국, 주류 판매점 같은), 그러니까 기껏해야 신선한 과일과 채소는 소량만 공급되고 정크푸드junk food는 다량으로 공급되는 곳에서일 것이다. 푸드스탬프 달러는 탄산수, 사탕, 감자튀김 따위에 쓰이고 있으며, 건강에 좋은 음식이나 건강한 삶을 보장하고 있지는 못한 것이다.

같은 연구에 따르면, 식품점 접근성과 음식 섭취 사이의 상관관계를 연구한 대부분의 연구 결과 슈퍼마켓이나 식품점에 대한 좀 더 나은 접근성이 곧 좀 더 건강에 좋은 음식 섭취를 뜻한다는 점이 밝혀졌다.[40] 다른 연구 역시 이러한 결론을 뒷받침해준다. 도심, 교외, 시골에 사는 1만 명 이상의 주민을 조사한 결과 슈퍼마켓이 있는 국세 조사 표준 구역에 사는 아프리카계 미국인이 과일·채소 권장량을 섭취할 가능성이 더 높으며, 슈퍼마켓이 하나 더 입점하게 되면

한 곳당 32퍼센트의 농산물 소비량 증가가 관찰되었다고 이 연구는 밝히고 있다. 또한 이 연구에 따르면, 백인일 경우 슈퍼마켓 하나가 늘어나면 농산물 소비량은 11퍼센트 늘어났다고 한다.[41] 슈퍼마켓에 대한 더 나은 접근성이 비만 위험 저하와 관련이 있는 반면, 편의점에 대한 더 나은 접근도는 비만 위험 증가와 관련이 있다는 점 또한 흥미로운 사실이다.[42]

음식이 원인인 질병

아동, 성인 할 것 없이 심각한 건강 문제 가운데 하나인 비만은 얻을 수 있고 섭취하는 식품의 유형 및 양과 직접적인 관련이 있다. 과일과 채소를 더 적게 먹을수록 비만과 음식 때문에 발생하는 질병이 문제로 대두될 가능성은 더 높아진다. 1980년부터 2006년까지 아동·청소년 비만율은 지속적으로 늘어나고 있는데, 미국 모든 아동 가운데 32퍼센트가 오늘날 과체중이나 비만으로 분류되고 있다.[43] 청소년 가운데에서는 소년, 소녀 모두 비히스패닉 계통의 흑인과 멕시코계 미국인이 가장 높은 비만 증가율을 보였다.[44] 질병관리예방센터(CDC)가 작성한 2008년 보고서에 따르면, 스무 살 이상 미국 성인의 3분의 1(34퍼센트)이 비만이라고 한다.[45]

또 다른 심각한 건강 문제는 당뇨병이다. 당뇨병은 혈당 수치와 관련이 있고, 비만과도 밀접한 관련이 있다. 1990년 이래 성인 당뇨병 발생률은 해마다 5퍼센트 이상씩 늘어나고 있는데, 비만 증가율과 관련 있을 가능성이 높다.[46] 2형 당뇨병type 2 diabets은 역사적으로 '성인이 되면 시작되는' 당뇨병으로 생각되었지만, 오늘날에는 아동과 청소년 사이에서 좀 더 빈번히 진단되고 있고, 이는 특히 과체중과 비만 증가율과도 관련되어 있다.

현재 당뇨병은 미국 아동들 사이에서 가장 보편적으로 발생하는 만성 질병 가운데 하나다. 그런데 우리는 체중에서 나타나는 인종 간 불평등과 매우 비슷한 형태의 불평등을 당뇨병 발생 사례에서도 발견할 수 있다. 2형 당뇨병 발생 사례는 미국 원주민에게서 가장 높고, 그다음은 아프리카계 미국인, 아시아계, 태평양 제도계, 히스패닉계 순으로서 비히스패닉계 백인이 가장 적은 발생 사례를 보인다고 추정된다. 상식적으로 생각해봐도 비만과 당뇨는 싸구려 음식과 밀접한 관련이 있고, 건강식을 접하거나 사먹을 수 있는 능력 부족과도 흔히 관련이 있을 것이다. 하지만 질병관리예방센터가 한 연구는 2형 당뇨병을 앓는 아동의 영양 섭취가 빈약하다는 사실을 분명히 확인했다.[47]

싸구려 음식과 관련이 있는 질병이 당뇨병만은 아니다. 특정 종류의 암, 고혈압, 심장병 또한 싸구려 음식과 관련된 질병들로서 우리의 보건체계에 커다란 부담을 주고 있다. 먹거리체계를 혁신함으로써 좀 더 많은 사람(특히 오늘날 이러한 음식 관련 질병에 가장 취약한 사람들)이 건강에 이로운 음식을 섭취하게 한다면, 그리하여 이러한 질병 발병 사례를 줄일 수 있다면 개인이든, 정부든 얼마나 많은 비용을 줄일 수 있겠는가. 우리들 각자는 지금과는 다른 먹거리 선택을 해야 마땅하겠지만, 우선 우리 각자에게 필요한 것은 그러한 다른 선택을 할 수 있게 하는 선택의 가능성일 것이다. 그렇다면 필요한 것은 좀 더 많은 사람이 건강에 이로운 먹거리에 접근하고 구매할 수 있도록 우리의 먹거리체계 자체를 재설계하는 것이다.

식품 안전

해마다 미국에서는 7600만 건 정도의 음식 관련 질병이 발생하고 있고, 이 가운데 5,000건이 죽음으로 이어지고 있다. 이 때문에 발생되는 비용은 연간 60억 달러에 이른다.[48] 식품 관련 대형 소동 또는 리콜 관련 뉴스를(그 뉴스가 시금치의 이콜리E.Coli 대장균이든, 해마다 140만 미국 소비자를 아프게 하는 살모넬라균이든,[49] 애완동물용 수입 사료 안에 든 멜라민이든, 살모넬라균에 감염될 잠재성이 있는 5억 개의 달걀이든, 농산물 안에 남아 있는 농약이든 간에) 들을 때마다 우리는 국내 식품 검사와 규제 메커니즘을 강화하라고 요청하는 목소리를 듣는다. 그러나 이러한 각각의 식품 안전 문제들은 해결되어야 하는 또 한 가지 문제로 여겨질 뿐 고장 난 체계가 드러내는 또 다른 증상으로 여겨지지는 않는다.

이러한 식품 안전 문제 가운데 많은 쟁점은 사실상 우리의 곡물 생산 방식이나 가축 사육 방식과 그 장소가 원인이다. 예를 들어 캘리포니아 샐리나스밸리의 생산자들은 생산량 증대에 대한 압박을 엄청나게 받음과 동시에 자신들의 농지를 개발업자들에게 팔도록 압력을 받고 있는 탓에 그 주변 언덕으로까지 농지를 확대해왔다. 샐리나스밸리의 평지와는 달리 이 언덕 지대는 소 목장과 유제품 업체들이 대대로 점거해온 지역이었고, 멧돼지 같은 야생동물의 서식지를 포함하고 있다. 샐리나스 지역에서 2007년 발생된 이콜리 시금치 소동과 관련하여 폴 로버츠는 이렇게 결론 내린다. "급식용 시금치 가방 안에서 발견된 이콜리 대장균 유전형질의 원인으로 지목된 시금치 밭은 샐리나스밸리의 소 방목지 바로 옆에 있었을 뿐만 아니라, 불과 몇 년 전까지만 해도 그 밭 자체가 소 목초지였다는 사실은 아마도 우연의 일치는 아닐 것이다."[50]

　다른 사람들은 미국 내 식품 가공 시설 업체들의 규모 자체가 문제의 원인이라고 지적한다. 미국 역사상 최대 규모의 이콜리 대장균 감염 사건(어린이 네 명이 죽고 수백 명이 심각한 질병에 시달린 바 있는, 1993년 잭인더박스 햄버거의 비극)에 관한 책을 쓰고 있는 제프 베네딕트Jeff Benedict 기자는 결론으로 이렇게 적고 있다. "오늘날 우리가 쇠고기, 돼지고기, 닭고기, 달걀 그리고 수많은 다른 식품에서 보는 바와 같이 대규모 생산을 하는 경우라면 언제라도 문제가 발생하기 마련이다. …… 거주하고 있는 지역 안에서 생산된 과일, 채소, 육류를 소비하는 형태에서 우리는 너무나도 멀리 와버렸다. 지금의 먹거리체계는 너무 비대해지고 복잡해진 나머지 사람들 대부분은 자신들이 먹는 것들이 어디에서 왔는지, 농장에서 포크까지 어떤 식으로 이동해왔는지에 관해 무지하다. 사실 오늘날 먹거리 가운데 다수는 농장에서 오지 않았다. 그것들은 '공장'에서 왔다. 누가, 언제, 어디에서, 어떻게 우리가 먹는 식품을 생산했는지 알게 된다면 위험은 줄어들 것이다."[51]

　식품 안전이 그토록 추적하기 힘든 문제처럼 보이는 한 가지 이유는 아마도 누가 생산자를 규제할 수 있는 사람인지, 누가 책임자인지가 불분명하기 때문일 것이다. 앞서 말했지만, 미국 안에서 유통되는 육류나 유제품의 상업적 공급이 안전하고, 온전하며, 제대로 표기·포장되는지를 확실하게 할 연방 차원의 책임은 미 농무부 소속 공공보건국과 식품안전검사국에 있다. 식품의약청(FDA)은 불순하고, 안전하지 않으며, 위장 표기된 식품으로부터 소비자를 보호할 책임을 맡고 있다. 식품의약청은 조직 안에 있는 식품안전응용영양

센터Center for Food Safety and Applied Nutrition를 통해 식품안전검사국이 규제하는 육류, 유제품 이외의 다른 식품들을 규제한다. 한편, 질병관리센터는 식품이 원인이 된 질병에 관한 자료를 모으고, 그러한 질병의 감소를 위한 예방 · 통제 조치 효과를 관찰하는 연방 차원의 조직이다. 연방 차원의 모든 기구 이외에 주정부들과 지방정부들 역시 지역의 식품 안전에 책임이 있다.

항생제 내성

'참여하는 과학자 모임The Union of Concerned Scientists'에서는 인체 내 항생제 내성을 '늘어나고 있는 위기'라고 여긴다. 이 모임은 미국 안에서 사용된 모든 항생제 가운데 70퍼센트가 가축 생산 시설에서, 특히 밀폐된 동물 사육 시설에서 활용되었다고 추산하고 있다. 이러한 시설에서 항생제는 동물 사료와 물과 혼합되어 동물의 성장을 촉진하고, 밀집된 생활공간에서 급속히 확산될 소지가 있는 질병을 예방하기 위해 사용된다.[52] 이보다 낮은 수치의 평가(동물건강협회의 수치는 30퍼센트 정도[53])를 내놓은 곳도 있지만, 사람에게 영향을 미치는 박테리아의 항생제 내성 유전형질이 증대하고 있다는 데에는 큰 이견이 없다. 사실을 말하자면, 미국 전염병학회는 오늘날 우리가 항생제 내성 전염병을 겪고 있다고 발표한 바 있다.[54] 미국 병원에 있는 200만 명 정도의 환자가 해마다 박테리아 관련 질병에 시달리고 있고, 이 가운데 9만 명 정도가 이 질병으로 사망하고 있다.

이러한 사례들 가운데 약 70퍼센트 이상의 사례들에서 감염에 원인을 제공한 박테리아의 유전형질은 적어도 최초 항생제 치료에 내성을 나타냈다. 박테리아 유전형질은 반복되는 치료에도 점점 더 내성을 보이고 있다.[55] 가축에 항생제를 주입하는 일이 가축 성장률을 왜 촉진하는지 그 구체적인 이유는 확연히 밝혀진 바가 없다. 그런데도 지난 50년 동안 항생제 주입은 수많은 가축 생산업체에서 자행하는 보편적 양태가 되어버렸고, 양식업과 일부 작물 농업에서도 사용되기 시작하고 있다.

이제는 의회도 이 문제에 주목하고 있다. 의료용 항생제 예방법The Preservation of Antibiotics for Medical Treatment에 따라 식품의약청은 가축 사육용 항생제 사용 승인 사례 전부를 재검토하고 있다. 안전하지 못하다고 판단되는 모든 행태에 승인 취소가 있을 것이다. 말할 나위도 없지만, 항생제를 투입할 필요가 없는 대안적인 육류 생산법은 많다(이 책의 뒷장에서 이러한 다른 접근법을 성공리에 시행하고 있는 일부 목축업자 사례를 제시할 것이다). 이 법안은 아직 통과되지 못한 상태이지만, 이 사안은 점점 더 중요하게 검토되고 있고, 법안 역시 2011년에 국회에 재상정되었다.[56]

| 사회적 불평등 |

먹거리의 생산과 가공, 서비스업에 종사하는, 대개 우리 눈에 띄지 않는 노동자들이 없다면 우리들 가운데 대부분은 굶주림에 시달리게 될 것이다. 그런데도 이 노동자들은 마치 쓰고 버려도 되는 소모품 취급을 받고 있다. 이는 우리의 고장 난 먹거리체계가 보이는 또 다른 증후가 아닐 수 없다.

농장 안에서의 사회적 불평등

농업 노동자들이 상대적으로 우리 눈에 띄지 않는 이유 가운데 하나는 오늘날 농장에서 실제로 일하는 사람의 수가 과거에 비해 훨씬 줄어들었기 때문이다. 미국 인구통계국에 따르면, 1950년 당시 농업 분야에 종사하는 노동력은 12.5퍼센트였다고 한다. 2006년이 되면 이 수치는 1.5퍼센트 이하로 줄어들게 된다. 우리의 먹거리를 생산하는 일을 하는 사람들 가운데 약 3분의 2는 농민들과 그 가족이며, 나머지 3분의 1은 고용된 농장 노동자들이다. 미 농무부는 고용된 농장 노동자들의 지위를 독특하게 여긴다. 왜냐하면 "이들은 상대적으로 열악한 위치에 있고, 때로는 이주 노동자들이 포함되어 있으며, 상당히 많은 사람이 미국 안에서 합법적으로 노동할 자격을 결여한 사람들"이기 때문이다.[57] 고용된 농장 노동자들이 열악한 위치에 있는 까닭은 이들의 나이가 어리고, 교육받은 기간도 짧으며, 임금을 받는 피고용자 일반에 비해 영어 능력이 낮을 공산도 크기 때문이다. 계절을 타는 노동의 성격 탓에 농장 노동자들의 실업률은 크게는 임금 노동자들의 두 배에 이른다. 2008년 풀타임 농장 노동자의 주당 평균 수입은 400달러였고, 농장 노동자가 아닌 경우에 비해 주당 50시간 이상 노동할 확률이 두 배 높았다. 농장 노동자 가운데 오직 2퍼센트만이 노조원이었는데,[58] 임금 노동자일 경우는 노조원 비율이 12퍼센트가 넘는다.[59]

좀 더 비싼 임시 숙소 비용을 지불할 능력이 없는 많은 농장 노동자는 고용주가 제공하는 숙소에 의존하는데, 이 숙소는 기준 이하로 비좁고 낙후된 위생 시설을 갖춘 곳이기 십상이다. 게다가 이러한 건물 가운데 25퍼센트 이상이 살충제가 이미 살포된 농지 바로 옆

에 있기 때문에 이 노동자들이 화학물질에 노출될 위험까지 있는 형편이다.[60]

농장 노동자들이 겪을 수 있는 또 다른 건강상의 위험으로는 식수 부족에서 오는 탈수증과 일사병, 목욕물 부족에 따른 비위생적인 상황이 초래하는 위험 따위가 있다. 한편, 비노동 관련 사고나 질병에 대비한 의료보험을 갖고 있는 농장 노동자는 극소수뿐이다. 반면에 75퍼센트 정도의 농장 노동자가 노동 관련 사고에 대비한 의료보험을 갖고 있고, 이 가운데 절반은 그 사고 때문에 노동에 지장이 생겼을 경우 고용주에게서 보상을 받고 있다.[61]

가공 공장에서의 불평등

이러한 종류의 어려움을 겪는 사람들은 농장 노동자들만이 아니다. 식품 가공 공장에서 일하는 사람들 역시 열악한 대우를 받기는 마찬가지다. 식품 가공업계는 고용률 성장을 기록하고 있지만 (1972년과 2000년 사이에 가금류 가공 산업에서만 150퍼센트의 고용 성장이 있었다.), 노동자들에게 돌아가는 실질임금(인플레이션에 따라 조정되어 지급되는 임금)은 전혀 변함이 없는 실정이다. 이전에 슈퍼마켓, 정육점, 식품 생산 공장에서 일하던 도시에 기반을 둔, 노조를 갖춘 숙련 노동자들은 1950년 이후 대부분 대규모 가공 공장에서 일하는, 시골에 살고 노조가 없으며 미숙련 노동자들로 대치되어왔다.[62] 또한 육류 가공 노동자들의 삶의 여건과 노동 여건은 농장 노동자들과 비슷하기 십상이다.

식당에서의 불평등

식당에서 우리가 먹는 음식을 준비하거나, 식탁에 음식을 놓고 치우거나, 접시를 닦는 일을 하는 노동자들의 노동 여건에 관한 자료는 턱없이 부족하다. 이에 관해서보다는 유명 요리사와 고급 음식점 운영자에 관한 이야기를 우리는 더 자주 듣는다. 대부분의 경우에 우리가 저녁 외식을 하는 동안 만날 수 있는 사람은 지배인이나 웨이터이지 '뒤'에서 고된 노동을 하는 사람들이 아닌 것이다. 이들에 대해 우리가 아는 바가 거의 없다는 이 현실, 이것이 음울한 그림을 더 음울하게 한다. 식당 노동자의 노동 여건 향상에 전력을 기울이고 있는 단체인 '식당기회센터(ROC)'는 뉴욕 시 식당 노동자들을 대상으로 설문 조사를 한 바 있다. 그 결과 2000년 한 해 동안 이들의 평균 연봉이 2만 달러보다 약간 낮은 수준이었는데, 이는 민간 기업 종사자들 평균 연봉의 절반 이하인 수치였다. 저임금(설문 대상 가운데 20퍼센트만이 생계 임금, 그러니까 시간당 13.47달러 이상을 지급받는다고 이야기했다.)을 받으면서 장시간 노동하는 것 말고도 응답자 가운데 다수는 의료보험이나 유급 휴가 또는 병가, 심지어는 법적으로 보장된 시간 외 수당 같은 직장 혜택을 받지 못했다.

전체 노동자 가운데 90퍼센트가 직장 의료보험 혜택을 받지 못하고 있었고, 거의 4분의 3에 가까운 사람들이 그 어떤 종류의 의료 혜택도 받지 못하고 있었다. 이 설문 조사는 아시아계와 히스패닉계 노동자들이(이들 가운데 3분의 2는 미국 밖에서 태어난 사람들이다.) 대부분인 어느 산업의 꼴사나운 풍경을 생생히 보여주고 있다. 직장 내 노동 사고는(노동자들 가운데 46퍼센트가 노동 도중 절단 사고를, 38퍼센트가 직장 안에서 화상을 당했다고 보고하고 있다.) 노동법 위반 사례

만큼이나 잦은 실정이다.[63]

좀 더 최근 일로, 뉴욕에서 시작되어 전국 조직이 된 식당기회센터 연합회는 뉴욕, 뉴올리언스, 시카고, 디트로이트 시내에서 일하는 500명의 식당 노동자들에게 노동 경험에 관해 물은 바 있다. 몇몇 '좋은'(좋은 임금과 노동 조건) 식당 일도 있었지만, 대부분의 경우 매우 낮은 임금에 빈약한 혜택, 적은 승진과 임금 인상 기회를 드러냈다. 음식 준비와 서비스에 종사하는 전국 노동자들의 시간당 평균 임금은 팁을 포함해 8.59달러에 불과했는데, 이는 곧 전국 식당 노동자들 가운데 절반이 이보다 적게 받는다는 사실을 뜻한다.[64] 설문에 응답한 노동자 가운데 90퍼센트 이상이 직장 의료보험 혜택을, 78퍼센트가 유급 휴가 혜택을, 90퍼센트가 유급 병가 혜택을 각각 받지 못한다고 보고했다. 2008년 기준 이들의 평균 연봉은 고작 1만 2868달러였는데, 전체 민간 기업 종사자들의 평균 연봉은 4만 5371달러였다.

또한 노동자들은 차별 고용, 차별 승진, 징벌 체험을, 아울러 백인 노동자(평균치는 14.70달러)와 유색인종 노동자(평균치는 11.50달러) 사이의 시간당 임금 차이가 3달러라는 사실도 보고했다. 오늘날 식품 구매의 절반 정도는 집 바깥에 있는 식당이나 그 밖에 다른 요식 업체에서 발생한다.[65] 따라서 오늘날 우리 식당 노동자 및 식품 산업 노동자들이 대접받는 양태는 그저 터무니없을 뿐만 아니라 장기적인 안목에서 볼 때 더 이상 지속 가능하지 않은 것이다. 그곳이 농장이든, 가공 공장이든, 또는 식당이든 우리의 먹거리를 손으로 다루는 일군의 사람들에게 적정 수준의 임금과 안전한 노동 조건을 제공하지 않는 먹거리체계가 건강하다고 상상하기란 어려운 일이다.

우리의 먹거리체계를 바꿀 필요가 있다는 점, 이 점이 필자에게 자명한 만큼이나 독자에게도 자명했으면 좋겠다. 만일 우리가 정말로 미래 세대를 위한 풍부하고 건강한 먹거리를, 그리고 이를 생산하는 데 필요한 토양과 물을 원한다면 이 체계의 심각한 결함을 보여주는 증후들을 마냥 두고 봐서는 안 될 것이다.

다시 설계된 먹거리체계는 정확히 어떤 모습이어야 할까? 우선 그 체계는 자연 생태계를 돌보는 방식으로 생산된, 건강하고 영양 풍부하며 안전한 먹거리를 모든 사람에게 제공해야 할 것이다. 좀 더 공평한 자원 분배에 기초하여 그 체계는 자연체계의 지혜를 존중하는 한편, 자연체계의 일부에서 발생된 쓰레기는 다른 곳에서 사용할 수 있게 재순환시키는 방식으로 다양한 가축과 곡물을 생산할 것이다. 그 먹거리체계는 (부인할 수 없는) 지구 온난화의 위협이 되고 있는 온실가스 배출량을 실제로 감축시킬 수 있을 것이다. 동시에, 다가오고 있는 기후 변화에서 우리 자신을 보호해주는 완충 작용을 할 것이다. 그리고 아마 가장 중요한 점일 텐데, 이 먹거리체계는 민족적, 인종적, 문화적 다양성의 장점을 인식하는 한편, 오랜 세월에 걸쳐 건강한 먹거리에 누가 접근할 수 있는지를 결정해온 구조적 인종주의와 차별주의에 도전해야 할 것이다.

중앙화된 먹거리체계를 설계하는 실험들이 있기는 했지만, 대부분은(예를 들어 구소련의 국영 집단농장) 실패로 돌아갔다. 전문 설계자들이 있어서 이들이 '이상적인' 체계를 만들어내면 된다고 기대해서는 안 될 것이다. 그렇게 하기에는 기후, 토양, 지형, 문화적 선호 같은 변수들이 너무나 많다. 좀 더 나은 방법은 재설계된 먹거리체계 형태를 결정할 때 어떤 설계 '원칙들'이 필수 요소인지를 생각해보고, 이러한 원칙들이 이미 어디에서 효과적으로 실행되고 있는지 사례를 찾아본 뒤 그 사례를 적용하는 일일 것이다. 새롭고 공정한 먹거리체계는 지금의 체계가 지닌 긍정적인 요소들, 이를테면 효율성, 높은 작물 생산량, 편리성 같은 특징을 유지한 채 이것들과 새로운 원칙들 사이에 균형을 맞출 필요가 있을 것이다. 필자가 생각하기에는 실용적이고 지속 가능하며 새로운 먹거리체계에 가장 중차대한 네 가지 원칙으로는 공평성과 다양성, 생태학적 온전성 그리고 먹거리 공급사슬의 참여자 모두를 이롭게 하는 경제적 활력을 들 수 있겠다.

이러한 것들이 '올바른' 원칙인지 아닌지 궁금해할 수도 있겠다. 이것들보다 더 나은, 또는 더 중요한 다른 원칙도 있지 않을까? 그럴지도 모른다. 하지만 만일 우리가 지금의 먹거리체계에 다시 균형을 잡아주고, 이 체계를 한 방향으로 극단적으로 몰고 간 중앙화, 집중화, 전문화, 세계화 같은 특징들을 제어하고자 한다면 이 네 가지 원칙이 필요하다. 우리가 먹거리체계 안의 공평성과 다양성, 생태학적 온전성, 경제적 활력을 현실화하기 위해 노력한다면 어떤 원칙들이 여기에 추가될 수 있을지 시간을 가지고 충분히 생각하는 동시에 우리에게 요청되는 균형을 잡기 시작해야 할 것이다.

이어지는 장들에서는 미래에 우리의 먹거리체계가 어떤 모습을 보일지를 예화로써 드러내는 프로젝트와 사람들을 소개하려고 한다. 모든 사례에 이 네 가지 원칙 전부가 구현되고 있지는 못하다. 하지만 만일 우리가 지금의 먹거리체계에 균형을 다시 가져오고 그 설계를 새롭게 하고자 한다면, 공평성과 다양성 같은 특징을 약동하게 하는 모델들에 주목할 필요가 있다. 앞으로 여러분은 페어푸드 체계에 요청되는 특징들에 기반을 두고 새로운 형태의 농장, 식품 사업, 유통 양식을 고안하고 실천하고 있는(이러한 모델을 자신들의 지역공동체에서 현실화하고 있는) 선구자들을 만나게 될 것이다.

예를 들자면 지금으로부터 거의 20년 전에 자신이 키우던 소들을 다시 방목하고, 유제품 직판을 시작했던 조지 셰틀러George Shetler가 소개될 것이다. 셰틀러의 농장에는 작은 부지에 몇 마리 안 되는 소들이 있는데(전문가들은 가능한 프로젝트라고 이야기한다.), 이것으로 세 가족 살림을 잘 꾸려가고 있다. 물론 앞으로 모든 낙농업체가 셰틀러식 농장이어야 한다고 생각되지는 않는다. 하지만 더 많은 가축업자는 셰틀러의 사례를 따라 좀 더 환경 친화적이고 공동체 본위의 농장체계를 창조할 수 있을 것이다. 동시에 자신들의 생계도 잘 꾸려가면서 말이다. 또한 다른 도시, 마을, 농촌의 더 많은 소비자는 자기 집에서 더 가까운 곳에서 생산된 먹거리를 구매함으로써 이러한 종류의 체계에 일조할 수 있을 것이다. 미래의 페어푸드 체계는 어느 특정한 공식이나 해법에 의존하지 않는다. 그것은 이 분야에 이미 존재하고 있는 창조성과 혁신에서 진화되어 나오는, 좀 더 밝은 미래를 열고자 애쓰는 혁신적인 사람들이 주도하여 창조되는 체계일 것이다.

소규모의 개인적인 모델에서 '체계 변화'와 비슷한 무언가를 어떻게 이끌어낼 수 있을까? 체계 변화에 관한 필자의 이론을 두 가지 방식으로 서술해보고자 한다. 하나는 은유적인 방식이고, 다른 하나는 시스템 이론System Theory에 근거한 방식이다.

1988년에 베를린 장벽 붕괴를 예상했던 정치 평론가를 찾아내기란 거의 불가능에 가까웠을 것이다. 그러나 그로부터 1년 뒤에 베를린 장벽은 실제로 붕괴되고 말았다. 실로 모든 사람을 놀라게 한 사건이었다. 그렇다면 어떻게 이런 일이 일어날 수 있었을까? 필자는 오랜 세월 동안 동독의 비효율적인 정치체계를 무너뜨리고자 노력한 동독의 모든 정치운동가를 생각해본다. 은유를 빌려 말하자면, 그들 모두는 각자 손에 작은 정과 망치를 쥔 채 각자 자기만의 방식으로, 많은 경우 서로의 존재조차 모른 채 날마다 베를린 장벽을 깨고 있었다고 볼 수 있을 것이다. 그리고 실제로도 [1989년에] 정과 망치를 손에 들고 이 장벽의 돌을 세차게 내리치기 시작한 사람들은 바로 이들이었다. 충분히 많은 운동가가 자신들의 도구로 작업을 해오던 1989년에 장벽의 토대와 정치적 인프라가 충분히 약화된 어느 한 순간이 도래했고, 그리하여 마침내 그 장벽은 붕괴된 것이다.

　이와 마찬가지로 우리의 먹거리체계 운동가들은 오랜 세월 동안 고장 난 먹거리체계를 정과 망치로 내리쳐왔다. 무수히 많은 농부, 텃밭 운영자, 사회 지도자, 학생, 교사, 작가, 정치인, 사업가, 학자, 어머니와 아버지는 각자의 손에 정과 망치 같은 무언가를 쥔 채 지금의 먹거리체계에 차근차근 도전하고 있는 것이다. 누군가가 앞으로는 농민장터에서 먹거리를 구매하겠다고 결심하고, 자그마한 유기농 논밭을 만들고, 또는 새로운 지속 가능한 먹거리 공급사슬을 개발할 때마다 그 사람은 지금 체계의 변화를 시도하고 있다고 봐야 한다. 한 번에 한 단계씩 말이다. 누가 어떤 벽돌을 제거해 베를린 장벽의 붕괴를 촉발했는지는 결코 알 수 없듯이 우리는 어떤 특정한 혁신이 먹거리체계를 바꿀 발화점으로 작용할는지 알지 못한다. 하지만 이러한 일은 조만간 일어날 것이다. 필자가 우려하는 바는 우리에게 충분한 시간이 남아 있지 않다는 점이다. 지금의 먹거리체계를 충분히 재설계하여 후손들에게 지속 가능한 미래를 확실히 열어줄 때까지 과연 우리는 한두 세대 더 기다릴 수 있을 만큼 여유가 있을까? 우리는 좀 더 직접적으로, 좀 더 힘차게 지금 바로 행동에 나서야 한다.

과학자이자 기술자였던, 지금은 작고한 벅민스터 풀러Buckminster Fuller는 이렇게 말한 바 있다. "기성 현실과 싸워서는 사태를 결코 변화시킬 수 없다. 정녕 사태를 변화시키려고 한다면, 기성 모델을 구태의연한 것으로 만들어버리는 새 모델을 창조하라." 이어지는 장에서 분명히 보여주겠지만, 새로운 모델은 이미 적용되고 있다. 하지만 개별 모델에서 출발해 체계 변화로까지 어떻게 나아갈 수 있을까? 이는 정책을 혁신함으로써 가능하다. 변화하는 작은 모델이 체계 자체의 변화나 재설계를 닮은 무엇으로까지 확대되려면 공공정책과 자유시장의 운동 사이의 상호 작용을 인식하고 강화할 필요가 있다. 이는 부분적으로는 생산 과정에서 앞서 말한 네 가지 원칙을 구현하는 먹거리에 대한 (시장 내) 수요를 촉진함으로써 가능할 것이다. 그리고 여기서 수요는 단지 개인과 가정만이 아니라 조직체들의 수요이기도 하다.

늘어난 수요가 농부, 가공업자, 수송업자, 도매업자, 소매업자에게 신호를 보내면 이는 결국 좀 더 많은 사람이 위험을 무릅쓰고 바람직한 먹거리 생산을 위한 농업을 시작하거나 또는 현재의 사업을 확장하게 만들 것이다. 공급이 계속 늘어나면 로컬푸드 품질은 향상되는 반면에 그 가격은 떨어지게 될 텐데, 이는 또 수요를 촉진하게 될 것이다. 체계 이론에서는 수요와 공급이 서로를 늘리면서 새 체계를 만들어가게 되면 스스로를 강화하는 선순환 회로가 나타나며, 이 새 모델들 모두가 확대되기 시작한다고 말해준다.

　그런데 이러한 변화 이론 가운데 한 가지 맹점이 있다는 사실이 논의되어야 한다. 예를 들어 유기농업 분야에 어떤 일이 벌어졌는지 살펴보자. 1960년대 후반과 1970년대 초반에 유기농법을 통한 이윤이 늘어나기 시작했는데, 당시 유기농법을 하던 농부들 대부분은 바람직한 먹거리체계의 원칙들 가운데 많은 원칙을 이미 구현하고 있던 소농들이었다. 유기농업은 소비자 소유의 소규모 협동조합, 지역 소유 자연식품 상점, 독립적인 식당 경영자가 활동하던 먹거리체계 안의 일부였다. 유기농산물 시장이 커지기 시작하자 좀 더 큰 규모의 농장과 수송업체와 식료품점은 이에 주목했고, 유기농 제품을 자체 안에 포함시키기 시작했다. 유기농을 하던 사람들 가운데 일부는 사업 규모를 늘렸고, 이미 대규모 농지를 거느리던 농부들 가운데 일부는 농지 일부를 유기농으로 전환하기 시작했다.

　오늘날 우리가 보는 유기농 산업은 이러한 1970년대 유기농 산업의 모습과는 확연히 다른 모습이다. 중소 규모의 유기농법 농부들이 지역 시장에 여전히 농산물을 공급하고 있기는 하지만, 오늘날의 유기농 산업은 단일 작물을 대규모로 생산하고 전 세계적으로 가공·수송하기 위해 생산하는 거대 사업이다. 오늘날의 유기농 유명 브랜드는 최대 규모를 자랑하는 다국적 식품 대기업들의 한 부문인 경우가 많다. 유기농 먹거리체계는 그 자체 안에 여전히 생태학과 다양성 같은 원칙을 구현하고 있을는지 모르지만, 유기농업 세계의 일부는 공평성과 경제적 활력이라는 원칙과의 교감을 상실하고 말았다 (이는 6장에서 다시 논의된다). 일부 예외가 있기는 하지만, 대규모 유기농 사업체에서 일하는 노동자들은 다른 대규모 식품 사업체의 노동자들과 비슷한 처우를 받고 있고, 유기농산물의 비싼 가격을 생각할 때 건강에 이롭고 신선한 식품에 접할 기회의 불평등은 증폭되고 있다.

유기농 식품 회사들이 사업에 성공하게 되면 이 가운데 많은 업체는 (그 회사들을 창업한 사람들에게 높은 보상금을 제공하는) 대기업에 매각되고 만다. 자신들의 사업체를 다국적 기업에 매각하여 돈을 버는 개인 사업자의 행태를 문제 삼을 수는 없다. 이는 많은 사업자가 흔히 추구하는 사업 모델인 것이다. 하지만 우리가 조심하지 않는다면 먹거리체계 안의 모든 개별적 혁신 사례에서 같은 일이 벌어지고 말 것이다. 일단 새로운 사업이 번창하면 그 경제적 성공이 지역공동체와 개별 사업자 모두에게 혜택을 줄 수 있도록 먹거리체계 안의 소유권 구조를 확실하게 할 필요가 있는 것이다.

이러한 이론을 생생한 것으로 이해시키는, 필자가 아는 가장 좋은 방법은 몇몇 실제 사례를 공유하는 것이다. 혁신된 먹거리체계의 핵심 원칙 각각에 대해 손에 정과 망치를 든 채 새로운 길을 내고 있는 먹거리체계 '모델 생산자들'을 통해 자세히 살펴보면서 시작하기로 하자.

• **토론거리**
1. 현 먹거리체계가 실패하고 있음을 말해주는 환경적 증후로는 어떤 것이 있을까?
2. 시민들의 육체적 건강과 관계 있는 먹거리체계의 증상으로는 어떤 것이 있을까?
3. 고장 난 먹거리체계가 드러내고 있는 사회적 불평등으로는 어떤 것이 있을까?
4. 고장 난 먹거리체계의 증상 중 당신의 일상에서 가장 뚜렷이 느껴지는 것은 무엇인가?
5. 고장 난 먹거리체계의 증상 중 당신을 가장 놀랍게 하는 것은 무엇이고, 이유는 무엇인가?

2부

페어푸드 체계의
원칙

3

페어푸드 / 체계

앞서 지적한 바를 다시 생각하면서 시작해보자. 우리의 체계 가운데 어떤 것이든 일단 고장 나는 사태가 발생할 경우 그 누구보다도 (또 최악으로) 고통을 느끼는 사람들은 으레 기회와 접근성에서 줄곧 배제되어왔던 지역의 주민들이다. 이들은 미국 사회에서 보통 도시내 저소득층 지역 주민들이며, 또한 유색인종이기 십상이다. 예를 들어 2007년의 연방 식품 구매 보조금 수혜자들 가운데 대부분은 (80퍼센트에 가까운 사람들) 도시 빈민 지역 주민들이었다.[1] 하지만 만일 제대로 제품을 갖춘 식료품점이나 농민장터, 지역공동체 지원 농업(이하 CSA)*, 지역산 유기농 식재료를 사용하는 식당이 있는 지역에 거주하고 있는 사람이라면, 그리고 그럴 만큼 부유하다면 현 먹거리체계가 고장 났다는 발언 자체를 미심쩍어하기 쉬울 것이다.

공평성 또는 평등성은 바람직한 먹거리체계의 한 가지 중요한 원칙이다. 건강에 이롭고 안전하며 싱싱한 먹거리에 접근할 권리는 만인에게 동등하게 주어져야 마땅하다. 우리가 거주하는 곳이 우리의 먹거리 선택권을 좌우해서는 안 된다. 만인이 훌륭한 교육을 받고 질 높은 의료 혜택을 받을 권리를 동등하게 지녀야 한다는 생각에 동의하는 사람이라면 좋은 먹거리를 접하고 섭취할 권리 역시 만인에게 있다는 데에 응당 동의할 수 있을 것이다. 사실 건강에 이로운 식품에 대한 동등한 접근권 보장은 의료체계 평등에 (그 체계 내 어떤 개선보다도) 많은 기여를 할 수 있다. 또한 공평성이라는 가치는 처음부터 전제되어야 마땅한 가치다. 그러니까 우리는 줄곧 소외되어 온 지역의 주민들 스스로가 자신들이 먹는 먹거리의 원천 자체를 통제할 수 있는 권한을 갖도록, 인근 지역 주민들과 같은 종류의 먹거리를 접할 권한을 갖도록, 제한된 선택이나 접근 또는 구매력 탓에 그들의 건강이 훼손되지 않도록 해야 마땅하다.

우리는 '하향식(낙수 효과trickle-down)' 경제 이론이 잘못되었음을 알고 있다. 우리 가운데 가장 부유한 극소수 몇몇이 돈을 더 많이 번다는 사실이 밑바닥 사람들이 더 많은 혜택을 입는다는 의미는 아니기 때문이다. 또한 좀 더 부유한 사람들이 풍부한 건강식품 선택지를 더 많이 접하게 된다는 사실이 곧 좋은 먹거리가 어떤 식으로든 도시 빈민 지역 주민들에게 '떨어진다'는 의미는 아니기 때문이다.

---

* 지역공동체에 기반을 둔 먹거리·농업 경제 모델로서 회원, 다시 말해 지역의 농업을 지원하려는 의지를 가진 지역 주민은 전체 예상 수확량 가운데 자신이 챙겨갈 부분에 대한 비용을 파종기에 우선 결제하며, 수확기에 그만큼에 해당되는 먹거리를 받게 된다.

이제는 '상향식trickle-in' 접근법을 시도해야 할 때다. 다시 말해 경제 사다리의 밑바닥에 있는 사람들이 좋은 먹거리에 접근하게 할 수 있다면, 아마도 만인을 위한 좀 더 건강한 먹거리체계를 창조할 수 있는 가능성은 한층 더 높아질 것이다.

먹거리체계에서의 공평성은 좋은 먹거리에 대한 접근 이상을 뜻한다. 이는 또한 이 체계 안에서 일하는 노동자들이 생계를 꾸려가게 하면서도 동시에 그들의 건강에도 이로운 직업에 평등하게 접근할 수 있게 됨을 뜻한다. 더불어 농부들이 생계를 유지하고 로컬푸드 체계가 번창하는 데 필수 자원인 토지와 물에 대한 좀 더 평등한 접근권을 뜻한다. 이러한 다른 관점에서 볼 때 먹거리체계의 공평성이란 구체적으로 어떤 것인지 탐구해보겠다.

건강에 좋은 먹거리에 대한 평등한 접근

자기 자신의 개인적인 먹거리체계를 재창조하려는 사람들에게 농민장터와 구매자 모임bying club은 훌륭한 대안이다. 그런데 사람들 대부분은 소매 식품점이나 슈퍼마켓에서 식료품을 얻고 있다는 현실을 함께 지적해야겠다. 또한 이제껏 줄곧 소외되었던 지역에서 식품 소매점이란 주류 판매점이나 편의점을 의미하기 십상이다. 이러한 업소 소유주들을 독려하여 좀 더 다채로운 종류의 신선식품, 특히 과일과 채소를 구비하게 만드는 노력이 현재 진행 중이다. 이러한 노력을 선도하는 조직은 바로 필라델피아 시에서 활동하는 푸드 트러스트Food Trust다.

1990년대 초부터 푸드트러스트는 아동과 성인의 건강을 증진하고, 영양 식단을 홍보하며, 좀 더 많은 사람이 영양 풍부한 먹거리에 접할 수 있게 하는 일, 나아가 향상된 공공정책을 옹호하는 일에 힘써왔다. 필라델피아 북부에 사는 아동들(이들 가운데 대부분은 푸드스탬프의 지원을 받고 있다.)에게는 오후 간식으로 흰 식빵으로 만든 캡틴크런치Cap'n Crunch 샌드위치 먹기나 비만과 당뇨를 일상사로 생각하는 일이 극히 평범한 것이다. 건강한 먹거리 선택지가 거의 없고 경제적 수단도 제한된 까닭에 이 지역에서 영양에 관한 개념은 숨이 막히고 말았다. 하지만 푸드트러스트에서 진행하는 프로그램을 접하면서 이 지역 아동들은 이제까지와는 완전히 다른 시각으로 음식을 바라보기 시작했다. 농장에서 곧바로 배달된 신선한 먹거리를 접하면서 다섯 살에서 열아홉 살까지의 5만 명이 넘는 아이들은 극적으로 변화된 먹거리 선택지를 체험하고 있는 것이다.

저소득층 지역에서 애초 '농민장터'로 시작된 일이 지금은 지역 학교 내 영양 프로그램으로 진화했다. 최근 지역공동체 기반의 영양 · 먹거리체계 프로그램을 평가한 푸드트러스트의 보고서에 따르면 이 프로그램 시행 결과 과체중 아동 수가 절반으로 줄었다고 하는데, 이는 실로 전대미문의 성취다. 그러나 먹거리 접근성 평등화 노력은 레크리에이션센터에서 열리는 농민장터 이상으로 나아갈 필요가 있다. 푸드트러스트가 현재 관심을 쏟고 있는 사안은 '구멍가게corner store 건강 발전안'으로, 이 발전안에는 필라델피아 북부에 있는 40개 업소들이 최초로 연대한 한 네트워크가 포함되어 있다. 푸드트러스트는 이 프로그램을 개발하여 좀 더 많은 주민이 건강에 좋은 먹거리를 접하게 하는 한편, 건강한 간식에 관한 아동 교육을 진행하고 있다.

푸드트러스트 자체에서 연구한 바에 따르면, 이 조직이 운동을 진행하고 있는 지역 안에서 4~6등급의 칼로리 섭취 가운데 많은 부분(하루에 600칼로리 정도)은 구멍가게에서 구매한 제품에서 나온다. 이 지역 주민들은 평균적으로 하루에 두 번 이런 가게를 방문하고, 그때마다 2달러를 소비하는데, 이는 곧 이 업소들이 연간 1600만 달러라는 경악할 만한 수준의 수입을 얻고 있다는 뜻이다.

이러한 연구 결과에 대한 한 반응으로서 구멍가게에서 볼 수 있는 것들과는 다른 먹거리가 있다면 젊은이들이 무엇을 선택할지, 이 새로운 먹거리에 얼마나 많은 돈을 쓸지를 알아보는 설문 조사가 실시되었다. 이 설문 조사 이후 지금은 신선한 과일 샐러드와 생수 한 병도 1달러에 판매되고 있다. 구멍가게는 1달러당 40센트의 이윤을 얻는데, 어떤 가게 주인은 스스로 과일을 정리·포장하며 공급자 역할도 함으로써 더 많은 이윤을 챙기기도 한다. 이러한 운동은 '필라델피아 건강 구멍가게 네트워크' 결성으로 이어졌는데, 이 네트워크는 구멍가게 소유주와 공무원, 지역 농부를 서로 연결해 건강한 구멍가게를 개업, 유지하게 하고 있다. 구멍가게 소유주는 무료로 이 네트워크에 가입할 수 있고, 일단 회원이 되면 과일 샐러드 저장용 소형 냉장고를 지급받으며, 건강식품을 비치할 수 있는 공간 증대를 위한 인테리어 조성에도 도움을 받을 수 있다. 또한 새로운 건강식품 홍보를 위한 홍보 자료물과 사업 상담, 훈련도 받을 수 있다.

이 아이디어는 필라델피아 이외에 다른 많은 지역에서도 커다란 호응을 일으키고 있다. 한 예로서 미시간 대학교의 대학생 그룹은 '신선 구멍가게 카페'라는 프로젝트를 디트로이트 시에서 시작했는데, 이는 시내에 있는 열악한 지역의 구멍가게에서 건강하고 신선한 즉석 식사를 판매하는 프로젝트다. 처음 이 프로젝트가 사용한 홍보 문구는 "신선한 디트로이트를 잡으세요"였다. 그 첫 사업은 모둠 채소 팩의 포장과 배달이었다. 하지만 이들은 곧 이 사업에 필요한 수요를 창출하기에는 구멍가게에 대한 소비자들의 인식이 너무나도 부정적이라는 사실을 알게 되었다. 이들은 일단 이 사업에서 발을 뺀 뒤에 500명 정도를 대상으로 한 설문 조사와 인터뷰를 실시했다. 그리고 그 결과 구멍가게 고객들은 사실상 건강하고 신선한 식품보다는 편리함을 더 선호한다는 사실에 눈뜨게 되었다. 현재 이 그룹은 구멍가게마다 자신들이 제공한 냉동고 안에 신선한 샐러드, 랩wrap*, 수프를 저장해놓고 판매하고 있다. 판매량이 늘어나면서 이들은 여러 종류의 지역산 과일 컵이나 요구르트 파르페, 곡물 샐러드, 건강을 위한 대안 디저트, 모둠 채소 팩을 메뉴에 포함시키면서 자신들의 꿈인 '시내 모든 구멍가게에서의 참다운 카페 체험'을 현실화하고 있다. '신선 구멍가게 카페'는 2012년 말까지 디트로이트 시내에 있는 구멍가게 네트워크 100개를 통해 매월 1만 5000개의 건강식품을 판매하겠다는 포부를 품고 있다.

푸드트러스트는 펜실베이니아 주의 '신선식품 자금 조달 계획Fresh Food Financing Initiative'이 출발하는 데 주요 동력이 되기도 했다. 이 자금 조달 계획은 필라델피아 북부 지역처럼 소외된 지역 안에 있는 식료품점에 건강식품 선택지를 개발·확대하는 사업에 지원금과 융자금을 제공하는 첫 번째 펜실베이니아 주정부 정책이다. 2004년

---

* 샌드위치와 비슷한 종류의 음식이다.

이 조달 계획이 시행되면서 펜실베이니아 주정부는 이 프로그램에 3000만 달러를 투자했는데, 이로써 9000만 달러에 이르는 경제 개발 투자와 개인 투자가 추가로 이어졌다. 이제 갓 6년이 지났을 뿐인데도 이 조달 계획은 좀 더 건강에 좋은 먹거리 선택지를 제공하는(이는 자금 혜택을 받기 위한 필수 요건이다.) 85개 소매점이 새롭게 시내에 자리 잡도록 도왔다. 이 조달 계획 덕분에 새로 생겨났거나 유지된 직업의 수는 모두 5,000개 정도로 추산되는데, 대부분의 지역 주민들이 이 직업에 종사하고 있다. 필라델피아 시 같은 경우에 현재 40만 명의 주민들이 식품 소매점을 통해 건강식품을 좀 더 쉽게 접하고 있다.[2] 신선식품 자금 조달 계획은 필라델피아 '먹거리사막' 지역 안에 있는 식품 소매점에 건강식품 선택지를 되살려놓았는데, 이 조달 계획이 너무나 성공적이어서 전국 차원의 '건강식품 자금 조달 계획'(현재 연방정부의 자금으로 운영된다.)의 모델로 활용되고 있다.

새로 만들어진 소매점과 직업의 수도 인상적이지만, 좀 더 경이로운 점은 이 새 소매점들 가운데 일부가 그 지역공동체의 사회·경제적 소생에 새로운 희망의 거점이 되고 있다는 점이다. 필자는 최근에 필라델피아를 방문하여 '신선식품 자금 조달 계획'이 어떤 결과로 이어지고 있는지 관찰한 바 있다. 새로운 식품점만이 아니라 그 가게들 주위로 각양각색의 소매점이 활발히 들어서고 있었다. 그리고 그 식품점들은 디트로이트나 웨스트오클랜드에서 봤던 상점들처럼 페인트칠이 벗겨진 낡아빠진 가게들이 아니라 청결한 실내와 조명 기구를 갖추고 각종 식품 또한 완전히 갖춘 가게들이었다. 나아가 이 가운데 일부는 이 지역에서 가장 높은 수입 실적을 보이고 있는 실정이다. 필라델피아에서 3대째 식품 소매상을 하고 있는 제프 브라운Jeff Brown은 펜실베이니아 신선식품 자금 조달 계획정책 시행을 책임지고 도운 사람이다. 그는 동원할 수 있는 자금을 운용하여 필라델피아 빈민가에 새로운 숍라이트ShopRite* 가게를 짓고, 확장하기도 했다.

그러나 정말로 주목할 만한 혁신은 브라운이 이 새로운 가게들을 그 지역 청(소)년들의 창업 기회로 연결시켰다는 점이다. 그는 이 사업을 '울트라 로컬'이라고 부른다. 브라운은 각 가게들에서 세 블록이 채 떨어지지 않은 곳에서 청(소)년들과 공터를 발견했다. 그는 이 땅의 토질을 검사하고, 비영리 기구들과 함께 이 '극소 텃밭'들을 정리했는데, 다른 한편으로는 청(소)년들에게 이곳에서 직접 채소를 재배해준다면 그 일체를 자기 가게에서 구매하겠다고 약속했다. 또한 그는 자기 가게에서 수요가 가장 많은 유기농 채소를 그들이 재배할 수 있도록 그들과 함께 일하기도 했다. 지금까지 이 청(소)년 농부들은 큰 소득을 얻고 있지는 못하지만, 어느 정도 수입을 올리면서 차근차근 미래를 열어가고 있다.

지금 이야기한 이러한 사례들이야말로 지금의 먹거리체계 재설계를 이끌어낼 수 있는 혁신 사례들일 것이다. 이 혁신은 우리를 부엌 너머로, 지역 농민장터 너머로 데려간다. 그리고 엘리트 부티크 식품점과 고급 음식점에서 미국 안에 있는 먹거리사막 한가운데로 우리를 정확히 데려간다. 제프 브라운은 이제 필라델피아의 다른 지역

---

* 미국 북동부(뉴저지, 뉴욕, 코네티컷, 메릴랜드, 펜실베이니아)에서 활동하는 자영업자 48명이 운영하는 250개 매장을 가진 먹거리 전용 대형 마트 협동조합이다.

에서, 그리고 (디트로이트를 포함한)다른 도시들에서 이 모델을 활용할 준비를 하고 있다.

"식품점들과 슈퍼마켓들은 도대체 왜 도시 빈민 지역을 떠난 거죠?" 이런 질문을 자주 받곤 하지만, 어떻게 답변해야 할지 잘 모르겠다. 추정들assumptions은 넘쳐나지만 이런 질문을 던지는 사람들은 이미 답을 가지고 있기 마련이다. 다시 말해 높은 범죄율, 낮은 인구 밀도, 저하된 구매력 그리고 믿을 만한 숙련 노동자의 부족이 원인이라는 것이다. 이 분야의 한 전문가는 이와는 완전히 다른 관점에서 이 문제에 접근한 바 있다. 그가 주장하는 이론에 따르면, 식품 소매점들이 도시 빈민 지역에 정착하기를 꺼리는 까닭은 넓은 부지를 찾기 어렵고, 매장 안전 비용이 높으며, 도시 교외 지역에 비해 노동자를 숙련시키는 데에도 (특히 처음 1년은) 많은 비용이 들어가기 때문이라고 한다.[3] 필자가 추정하는 바 가운데 하나는, 대형 식품 소매점으로서는(대부분은 지역 또는 전국 차원의 체인이다.) 대형 할인 매장 모델(교외에 위치한, 많은 주차량과 방문객 수 모델)을 따르는 편이 이윤 창출에 더 도움이 된다는 것이다. 그리고 이 모델은 부지 규모가 작고 많은 사람이 대중교통에 의존하고 있는 도시 빈민가보다는 교외에 더 적합한 모델이다. 이유야 무엇이든 간에 확신하건대 활기 넘치는 식품점을 도시 빈민가에 재도입해야 할 필요성은 분명 있다. 이 식품점 가운데 일부는 지역 주민이 소유하는 독립적인 사업체일 테고, 다른 일부는 지역 주민이나 노동자들이 공동으로 소유하는 사업체일 것이다. 그리고 이 가운데 일부는 지역적, 전국적 체인들일 것이다.

디트로이트 시를 예로 들어보자. 지난 한 해 동안 필자는 이 시장에 다시 들어가려고 고민 중인 식품점들을 만날 수 있었다. 이들 가운데 가장 흥미로웠던 사례는 '홀푸드마켓Whole Food Market'이었다. 필자의 친구들 가운데 어떤 사람들은 홀푸드마켓을 값비싼 대안 식료품점쯤으로 이해하고 있다. 따라서 지난 10년이 넘도록 국내 식품점이 들어선 적이 없던 디트로이트에 홀푸드마켓이 새 지점을 연다는 사실은 놀랍기만 하다. 하지만 이 놀라운 일이 곧 일어날 것이다. 홀푸드의 중역들은 단순히 새 식품점의 개장만을 원하는 것이 아니다. 그들은 미국에서 가장 극단적인 먹거리사막인 이곳에 건강한 식품 생태계를 건설하려는 광역 차원의 공동체적 노력에 참여하고 싶어 한다.[4] 홀푸드의 의도는 단순히 건강한 먹거리를 제공하는 독보적인 소매점이 되는 것만은 아니다. 그들은 지역공동체의 개인과 단체가 사용할 수 있는 소규모 부엌과 강의실도 만들려고 하고 있다. 나아가 디트로이트 중심부 지역의 한 지점과 미시간 주 남동부의 다섯 개 지점에 공급될 지역산 가공식품 공급자들의 수입을 늘리는 데 일조하겠다는 의지 또한 지니고 있다. 홀푸드의 중역들은 자신들이 추진하는 프로젝트가 성공하기 위해서는 먹거리체계의 인프라 자체가 변화되어야 한다는 점을 인식하고 있다. 디트로이트에서 이는 곧 이 지역의 먹거리 허브hub인 '이스턴마켓Eastern Market' 같은 공동체 기반 단체들과 연대하는 일, 그리하여 지역 생산자들과 가공업자들, 대규모 소매점들 사이의 좀 더 탄탄한 연대를 창조하는 일을 의미한다.

만약 3년 전에 누군가가 필자더러 디트로이트로 돌아올 최초의 대형 국내 식품 체인이 홀푸드일 것이라고 말했다면, 필자는 그 사람에게 지금 무슨 정신 나간 소리를 하고 있냐고 되물었을 것이다! 고급 제품, 자연산, 유기농 제품 그리고 건강한 먹거리에 어울리는 건강한 가격을 제공해오기로 유명한 어느 기업이 이상적인 후보지들을 부끄럽게 만들면서 어느 도시 빈민가에 지점을 연다? 그럼직해 보이지 않는 일이다. 하지만 제프 브라운이 필라델피아에서 최근 보여준 성공 사례(그리고 오리건 주 포틀랜드Portland에서 뉴시즌스마켓New Seasons Market의 성공 — 이에 대해서는 다시 상세히 논의할 것이다.)는 먹거리체계를 재창조하는 새 방법론에 관해 무언가를 우리에게 벌써 일러주고 있다.

최근에 필자는 홀푸드의 중역들과 대화를 한 뒤 그들이 디트로이트 빈민가에 들어설 지점들에 관해 종래의 지점 모델을 완전히 다시 생각하고 있음을 확연히 알 수 있었다. 그러니까 지점의 고객 수에서부터 상품 진열, 지역산 제품, 고부가가치 제품(아발론 베이커리의 제품들, 맥클루 피클, 가든 프레시 살사 앤 칩스 같은 것들)에 이르기까지 그 모든 것을 말이다. 그 지점은 앤아버Ann Arbor에서 필자가 만나던 홀푸드마켓과는 판연히 다른 모습일 것이고, 다른 모습이어야 할 것이다. 디트로이트는 색다른 수요를 지닌 색다른 장소인 것이다. 그런데 장기간 지속 가능하고, 만인에게 건강하고 신선한 식품을 제공하는 먹거리체계를 재창조하는 데 필요한 '격외'의 사유와 행동들이란 바로 이러한 것들이다. 그리고 현재 디트로이트에서 새로운 지점을 개발 중에 있는 식품 체인은 홀푸드만이 아니다. 미시간에 기반을 둔 지역 식품 체인인 '메이저Meijer' 또한 이 도시에 새로운 지점 두 곳을 열려는 계획을 가지고 있다.

이러한 새로운 식품 소매점들과 식품 가공업체들은 대체 어떤 식으로 지역산 식품을 찾아 공급할 수 있을까? 필라델피아에서 제프 브라운이 채택한 접근법과 비슷하게 디트로이트 출신의 사업가 존

한츠John Hantz는 풍부한 지역산 식자원을 찾으려고 고심 중이다. 한츠는 디트로이트 시내에 5,000에이커의 공공부지가 공터로 남아 있다는 사실에 놀라게 된다. 미시간 주립대학교 과학자들에게 도움을 받아 그는 이 공터 가운데 일부를 미국 내 최대 규모의 도시 농장ubban farm으로 탈바꿈시키는 사업을 진행 중에 있다. "한츠 농장은 이 지역을 살아 숨 쉬는 아름답고 지속 가능한 지역으로 탈바꿈시킬 계획이죠. 이 도시 농장은 지역에 먹거리를 공급하고, 과세 표준을 올리며, 고용을 창출할 겁니다. 또한 최근 인구의 심각한 감소를 경험한 바 있는 이 지역의 삶의 수준을 크게 향상시킬 겁니다." 어느 기자회견에서 한츠는 이렇게 말한 바 있다. 어느 부유한 사업가가 자신들이 사는 도시 한가운데에 지난 100년을 통틀어 가장 규모가 큰 도시 농장을 만들려고 한다는 소식에 모든 사람이 다 매력을 느끼지는 않을 것이다. 하지만 한츠의 계획은 우리가 생각하기 시작해야 할 해결안의 기준점이 무엇인지를 분명 일러주고 있다.

홀푸드와 한츠 농장은 디트로이트 안에서 먹거리체계와 관련하여 일어나고 있는 여러 변화 가운데 단 두 가지 사례에 불과하다. 이 책의 뒷부분에서 이 지역을 변화시키고 있는 또 다른 공동체 기반 프로젝트들(예를 들어 디트로이트 먹거리정책위원회Detroit Food Policy Council, 디트로이트 공동체텃밭community garden의 녹색화)이 좀 더 상세히 논의될 것이다.

식품 구매 보조금과 지역 농부

농민장터는 소외 지역 주민에게 건강하고 신선한 먹거리를 공급하는 또 한 가지 방법이지만, 이 둘을 언제나 연결시키기란 어려운 일이다. 많은 경우에 농민장터는 주로(또는 전적으로) 교외 지역이나 부자 동네에 사는, 상대적으로 부유한 가정을 위한 것이었기 때문이다. 저소득층 가정과 지역에 농민장터가 들어선 때는 최근이었던 것이다. 이 둘을 연결시키고 있는 한 사람은 매사추세츠 주 농업환경부 장관과 세계은행 간부 그리고 클린턴 정부 당시 농무부 농업 부문 차관으로 활동한 바 있는 오거스트 거스 슈마허August 'Gus' Schumacher다.

슈마허는 농촌 출신이다. 그의 아버지가 처음 농사를 짓기 시작한 곳은 뉴욕이었다. 토지 가격이 지나치게 올라가자 그의 가족은 보스턴 교외 지역으로 옮겨 도시인들에게 건강한 먹거리를 제공하는 사업을 이어갔다. 1980년 어느 토요일, 거스 슈마허는 보스턴 시내에서 열린 농민장터에서 배를 파는 동생을 돕게 된다. 그날 아침 그는 실수로 배 한 상자를 떨어뜨렸는데, 그 가운데 일부가 배수로 쪽으로 빠지는 바람에 손상되고 말았다. 나머지 상자들을 장터의 진열대로 옮기던 중에 그는 한 여성이 무릎을 굽혀 배수로에 남아 있던 상한 배들을 주워 가방 안에 넣는 광경을 목격했다. 소스라치게 놀란 그는 그 여성에게 깨끗한 배들을 골라주었다.

이 사건은 슈마허의 뇌리에 줄곧 남게 된다. 또한 이 사건을 통해 그는 수입이 적은 노인일 경우 신선한 식품을 구매하고 싶어도 그럴 수 없다는 현실을 간접적으로 알게 된다. 1988년에 매사추세츠 주의 식농위원회 위원장으로 재직할 때 그는 '노인을 위한 농민장터 영양 프로그램'을 만들었다. 이 프로그램은 작은 규모로 시작되었지만, 그의 집중력과 설득 능력 덕분에 현재는 해마다 2000만 달러의 예산이 지원되는 연방 프로그램으로까지 발전했다. 이 프로그램은 연방 예산으로 운영되지만 운영은 주정부에서 맡는데, 일반적으로는 영양 보충 지원 프로그램SNAP*을 다루는 행정 부처에서 주관한다. 저소득층 노인들에게는 1인당 28~50달러만큼의 쿠폰이 교부되는데, 이 쿠폰으로 농민장터나 농장 직판장에서 판매되는 지역산 과일이나 채소를 구입할 수 있다. 이 프로그램은 저소득층 지역 주민들이라는 특정 집단을 돌보는 프로그램이지만, 슈마허의 여정은 여기서 멈추지 않는다.

필자가 켈로그 재단의 프로그램 책임자로 재직할 당시에 슈마허는 프로그램의 핵심 컨설턴트였는데, 우리는 농민장터에 인센티브를 제공하여 저소득층 주민들이 자신들이 받은 식품 구매 보조금을 지속 가능한 방식으로 재배된 지역산 신선식품에 쓰도록 유도한 바 있다. 이 시도는 그 뒤 난관에 봉착하게 되는데, 이는 푸드스탬프 프로그램이 (농부들이 어느 장소에서나 받을 수 있고 현금화할 수 있는) 종이 쿠폰에서 전자 쿠폰electronic benefit transfer(이하 EBT) 방식으로 바뀌었기 때문이다. 지난 10여 년 동안 연방 식품 구매 보조금 수혜자들은 본질적으로는 먹거리 직불카드에 의존해왔다. 매달 그들에게 돌아갈 돈은 그들의 은행 계좌로 입금되고, 먹거리를 구매할 때 직불카드처럼 EBT 카드를 사용함으로써 이 자금을 사용할 수 있다. 어느 업소든 EBT 카드를 승인하기 위해서는 주정부 영양 보충 지원 프로그램 담당 부서에서 정한 특정 요구 사항을 만족시켜야 한다.

지금은 농민장터들의 EBT 승인도 점차적으로 인정되고 있다. 대부분의 경우 EBT 승인 권한은 농부 각자에게 있지 않고(다시 말해 농

---

* Supplemental Nutrition Assistance Program. 푸드스탬프 프로그램을 일컫는 다른 이름이다.

부 개개인이 EBT 카드 기계를 갖추어야 함이 아니라) 농민장터 관리 조직이 EBT 거래를 시행하는 권한을 갖는다. 영양 보충 지원 프로그램 고객들이 농민장터에서 식품 구매 보조금을 사용하려면 EBT 카드 기계가 설치된 곳으로 가서 카드를 그은 뒤 장터 관리자에게 그날 얼마만큼 쓰고 싶은지를 통지하면 된다. 그러면 관리자는 그 소비자에게 장터 먹거리 구매용 토큰이나 쿠폰을 전달한다. 장이 종료되면 농부들은 (고객들에게서 받은) 토큰이나 쿠폰을 관리자에게서 현금으로 바꾼다.

일부 농민장터는 미 농무부 자금 지원을 통해서 또는 주정부를 통해서 EBT 승인 권한을 얻고 있다. 350개에 가까운 농민장터를 여는 곳이자 농민장터 EBT 승인 비율이 최고인 주 가운데 한 곳인 미시간 주가 이 영양 보충 지원 프로그램의 길을 선도하고 있다. 또한 미시간 주는 해마다 농민장터의 영양 보충 지원 프로그램 판매율에서 큰 상승세를 기록하고 있기도 하다. 그렇기는 하지만 농민장터에서 저소득층 소비자에게 판매되는 먹거리의 총량은 이곳의 전체 구매력 가운데 매우 낮은 비율이다.

디트로이트에서만 해도 주민들은 2010년 한 해 동안 4억 8100만 달러에 이르는 영양 보충 지원 프로그램 혜택을 받았고, 이 혜택 가운데 75퍼센트 정도가 이 도시 안에서 현금으로 교환되었다. 나머지 25퍼센트는 행정구역상의 시 바깥, 대부분은 시 교외 지역 식료품점에서 사용되었다.[5] 2010년에 이 도시에서 사용된 3억 6100만 달러 정도의 영양 보충 지원 프로그램 혜택 가운데 농민장터에서 사용된 부분은 20만 달러 이하로서, 이는 전체의 0.06퍼센트에 불과하다. 디트로이트 시민을 위한 좀 더 건강한 먹거리 환경을 조성하고, 동시에 지역 농부들을 이롭게 하는 방법은 농민장터에서 사용되는 영양 보충 지원 프로그램 달러의 양을 늘리는 일일 것이다. 필자가 창립한 비영리 기구인 '페어푸드 네트워크(FFN)'가 하나의 거대한 실험에 나선 까닭도 바로 이 때문이다. 이 실험은 농민장터 안에서 식품 구매 보조금 사용을 고무하기 위해 디트로이트 영양 보충 지원 프로그램 고객들에게 인센티브를 제공하는 것이다. 이 아이디어의 첫 실험으로서 켈로그 재단은 메릴랜드 타코마파크Takoma Park에서 열리는 농민장터에 소규모 지원금을 제공했고, 그 인센티브는 더 많은 저소득층 주민들이 농민장터를 찾게 하는 듯했다. 2007년에 시작된 이 실험은 뉴욕, 보스턴, 홀리요크Holyoke, 샌디에이고 같은 다른 지역으로도 확산되었는데, 이는 저명한 요리사이자 먹거리 체계 운동가인 미셸 니샨Michel Nischan이 만든 비영리 기구인 '홀섬웨이브Wholesome Wave'의 도움에 힘입어서였다. 건강식품 접근성 문제는 디트로이트에서는 너무나도 절박한 사안이고, 또한 이곳은 대규모 농민장터인 '이스턴마켓'의 고향인 까닭에 대규모 인센티브 프로그램을 시도하기에 안성맞춤인 곳처럼 보였다.

이 프로그램의 운영 방식은 간단하다. 소비자들이 농민장터에서 영양 보충 지원 프로그램 혜택을 사용할 경우 그에 상응하는 토큰을 교부받아 이를 '미시간에서 생산된' 과일과 채소 구매에 사용하기. 우리는 하루에 최대 20달러까지 쓸 수 있는 '돈을 두 배로 늘리기' 혜택을 주기로 결정했다. 농민장터에서 20달러어치의 영양 보충 지원 프로그램 혜택을 사용할 경우 소비자가 40달러어치의 신선한 로컬푸드를 가지고 집에 돌아갈 수 있게 한 것이다. 홀섬웨이브 외에 미시간 남동부의 두 지역 재단이 이 프로그램에 재원 지원을 하기로 했다. 그리하여 우리는 2009년 가을에 자그마한 실험 프로젝트를 시작했다. 디트로이트의 이스턴마켓과 시 안에 있는 다른 네 곳(이 가운데 한 곳은 디트로이트 지역을 집집마다 방문하면서 과일과 채소를 배달하는 이동식 트럭이다.)의 농민장터에서 시작된 '더블업 푸드 벅스Double Up Food Bucks'라는 프로젝트였다. 모든 농민장터에 EBT 기계가 구비되었기 때문에 영양 보충 지원 프로그램 소비자들은 자신들이 가지고 있는 EBT 카드를 쉽게 사용할 수 있었다.

이 실험 프로그램이 디트로이트에서 진행될 때의 일이다. 몇몇 재단 관계자과 몇몇 주정부 국장이 참석한, 랜싱Lansing에서 열린 모임에 페어푸드 네트워크의 대표자로 초대된 일이 있었다. 이 모임의 목적은 조지 소로스George Soros가 설립한 '오픈 소사이어티 재단Open Society Foundations'(뉴욕 소재)에서 운영하는 '빈곤 퇴치를 위한 특별 자금' 관계자들과 아이디어를 공유하는 것이었다. 우리 세대의 훌륭한 박애주의자들 가운데 한 사람인 소로스는 이 재단의 일부 재원을 (최근 경제 침체의 타격을 심하게 받은) 우리 주를 돕는 데 쓰겠다는 결정을 내린 바 있었다. 페어푸드 네트워크의 '더블업 푸드 벅스'는 지원받을 세 프로젝트 가운데 하나로 선정되었는데, 여기에는 두 가지 조건이 붙어 있었다. 하나는 앞으로 3년 동안 이 프로그램을 전국화해야 한다는 것, 다른 하나는 소로스의 재단이 지원하는 자금에 필적하는 성과를 내야 한다는 것이었다. 페어푸드 네트워크는 재단 자금에 필적하는 성과를 냈고, 현재 미시간에서 600만 달러 규모의 프로젝트를 진행 중이다. 또한 '더블업 푸드 벅스'를 전국으로 확산하려고 노력 중이다. 이 프로그램의 초반 성과를 검토해본 결과 농민장터 안에서 저소득층 소비자들에게 세 배까지 자금 지원을 했음이 확인되었는데, 이는 농민장터에 나온 지역 농부와 저소득층 소비자와 그 가족들 모두를 이롭게 할 것이었다.

2011년 한 해 동안 '더블업 푸드 벅스'는 미시간 주의 54개 농민장터에서 시행되었고, 지역 농부들은 130만 달러 이상의 수입을 얻을 수 있었다. 4만 명 이상이 '더블업 푸드 벅스' 토큰을 받았고, 이들 가운데 4분의 1 이상이 농민장터에 처음 발걸음을 해본 사람들이었다.

이 프로젝트를 진행할 때 겪었던 두 가지 사건을 통해 이 프로젝트가 수많은 사람들의 삶을 개선할 수도 있음을 알게 되었다. 한 사건은 이러하다. 이스턴마켓에 나와서 딸기류와 다른 과일을 판매하던 한 농부가 일부러 필자를 찾아왔다. 필자를 보자마자 그 농부는 청바지 양쪽 호주머니에서 '더블업 푸드 벅스' 토큰을 꺼내 양손 가득 보여주더니 그날 농민장터에 가져온 물품 전부를 다 팔아치웠다고 하면서 이런 일은 평생 처음이라고 고백했다. 그날의 엄청난 판매가 다 이 프로젝트 덕분이라는 것이었다.

또 다른 사건은 이러하다. 이날 오후에 장터를 어슬렁거리며 걷고 있었는데, 방문자 안내 센터에서 본 적 있던 꼬마를 데려온 한 젊은 남자와 다시 마주쳤다. 그는 필자가 방문객들에게 이 프로그램의 취지를 설명한 프로젝트 지도자 가운데 한 사람임을 금세 알아챘다. 그는 필자를 보자마자 채소가 하나 가득 든 가방을 내려놓고는 대뜸 손을 잡았다. 그러고는 이렇게 신선한 먹거리를 집에 가지고 가게 해줘서 고맙다며, 이것들이 어디에서 왔고 누가 재배했는지를 난생 처음으로 생각해보게 되었다고 했다. 생각해보라. 그는 '더블업 푸드 토큰'을 사용하기 위해 어느 농부가 미시간에서 재배한 작물을 판매하는지를 확인해야 했다. 안내 표지는 분명히 있었지만, 그가

안내에 주목한 적은 이번이 처음이었다. 이 프로그램은 분명 변화를
만들어내고 있었다!

좋은 노동 조건과 직업에 대한 공정한 접근

우리 가운데 대부분은 미국의 농장 노동자나 식품 산업 노동자의
고충에 대해 어느 정도는 들어서 알고 있을 것이다. 저임금, 의료보
험과 교육 혜택 부족에 대해서 말이다. 벌써 한 세대 이전에 농장 노
동자들을 조직했고, 이들이 노조 설립권을 갖도록 소비자 보이콧 운
동을 이끌었던 세자르 차베스Cesar Chavez 덕분에 상황은 부분적이기
는 하지만 나아졌다. 하지만 이러한 노력은 오늘날에도 지속되고 있
고, 여전히 요구되고 있는 실정이다. 오늘날 농장 · 식당 · 식품 산업
노동자 가운데 노조 조합원이거나 단체협상권을 지닌 노동자는 소
수일 뿐이다.

농장인 경우

단체협상권이 아예 없는 상황에서조차도 용기 있는 농장 노동자
들은 학생들과 연대해 좀 더 평등한 권리를 먹거리체계 안에서 조
금씩 만들어오고 있다. 이들이 힘을 모은 결과 '페어푸드 캠페인
Campaign for Fair Food'을 창설했는데, 2001년 이래로 이 캠페인은 플로
리다 토마토 농장 노동자들을 시작으로 하여 200만에서 300만 명에
이르는 미국 내 이주 농장 노동자들의 권익을 옹호해왔다. 이들의
운동 방식은 통상적인 노조 지도자들의 운동 방식과는 다르다. 페

어푸드 캠페인은 농장주와 합의하기 위해 투쟁하기보다는(어떤 운동가는 이러한 운동을 "부스러기나 얻으려는 투쟁"이라고 말한 바 있는데, 농장주 역시 농산물을 저가에 판매하도록 소비자들에게서 압력을 받기 때문이다.) 약간 유연성을 갖춘 전체 먹거리체계의 일부, 다시 말해 소매 부문에서부터 양보를 얻어내는 전략을 취하고 있다. 플로리다 농장에서 토마토를 구매하는 일부 회사들의 중역과 담판을 지음으로써 역사적인 합의를 만들어내는 것이다.

이 캠페인을 운영하는 조직인 '페어푸드연합The Alliance for Fair Food'에는 현재 190개가 넘는 단체가 공식 참여하고 있다.[6] 이 캠페인은 상당 부분 '이모칼리 노동자연합the Coalition of Immokalee Workers, CIW'과 그 지도자인 루카스 베니테스Lucas Benitez에 힘입은 바 크다. 베니테스는 10대 때 가족과 함께 미국으로 이주하여 농장 일을 시작했던 사람으로, 영어 소통 능력이 없는 노동자들이 농장에서 어떤 취급을 받는지 자신의 눈으로 생생하게 목격한 바 있다. 그들의 고된 노동과 터무니없는 가격으로 농장주가 임대한 다 무너져가는 트레일러 안에서 살아가는 인간 이하의 삶을 말이다. 어떤 노동자들은 피고용자라기보다는 노예처럼 취급되기도 한다. 20대 초반에 베니테스는 자신이 평생 해야 할 일이 토지가 아니라 농장 노동자들을 위한 봉사라는 사실을 깨닫게 된다.

이모칼리는 플로리다 주 중부에 위치한, 토마토 농장들에 둘러싸인 자그마한 마을이다. 2005년에 필자는 자동차를 몰고 초목이 무성한 마이애미 지역에서 에버글레이즈Everglades 습지를 지나 이모칼리의 평평하고 뜨거운 토마토 농장 지대로 들어갔다. 베니테스를 만나기 위해서였다. 스페인어로 쓰인 안내판들이 먼지가 폴폴 날리는 길에서부터 낡아빠진 마을회관에 이르기까지 즐비하게 늘어서 있었다. 당시 베니테스는 서른 살 가까이 되었는데, 이미 우리가 만났던 마을회관이자 사무실이자 식료품점에서는 꽤 경험 많은 정치인이었다. 말은 거의 하지 않은 채 그는 필자에게 마을 이곳저곳을 안내해주면서 그러한 여건에서 살아간다는 것이 어떨지 직관적으로 깨닫게 해주었다. 그는 자랑스러워하는 목소리로 필자에게 가구라고는 거의 없이 텅 빈 라디오 방송국의 콘크리트 실내를 보여주었는데, 이곳에서 농장 노동자들에게 뉴스와 정보를 방송하고 있었다. 또 어느 작은 가게에서 주식主食을 대량으로 구매해 더 작은 봉지에 나누어 담은 뒤 노동자들과 그 가족들에게 최대한 싼값에 판매하는 경제학을 설명해주기도 했다.

베니테스는 마지막 안내 장소를 의도적으로 먼지 날리는 주차장으로 잡았다. 그는 거기에서 녹슬고 긴 트레일러들 가운데 하나를 손으로 가리키면서 그 트레일러 밖에 몇 켤레의 신발이 있는지 세어보라고 했다. 모두 열네 켤레였다. 그 트레일러에 살고 있던 남자들이 열네 명인데, 내부 시설로는 바닥에 깔린 열네 개의 매트리스와 작은 욕실 하나 그리고 요리용 철판 하나가 고작이었다. 이 트레일러 사용료로 그들은 각자 한 달에 100달러씩 지불하고 있었는데, 이는 결국 이 트레일러의 한 달 임대료가 1,400달러라는 말이다. 당시 필자의 딸은 세계에서 가장 임대료가 비싼 지역 가운데 한 곳인 맨해튼의 뉴욕 대학교를 다니고 있었는데, 거의 비슷한 크기의 공간 임대료로 월 200달러도 안 되는 돈을 내고 있었다. 차를 몰아 다시 북쪽으로 향할 무렵에 필자는 루카스 베니테스라는 사람의 인내와 힘을 감지할 수 있었다. 심지어 가장 절망적인 상황에서조차도 용기를 가지고 도약의 한 걸음을 내딛어야만 하는 당위를 알고 있는 한 남자를 말이다.

농장주에게서 노동 조건과 생활 조건 또는 공정한 임금에 관해 양보를 이끌어내지 못하자 베니테스는 토마토가 농장을 떠난 뒤 이동하는 경로를 추적해보기로 결심한다. 토마토를 포장하는 공장, 물류 네트워크 그리고 최종 사용자인 식당과 식품 소매점들 말이다. 그는 이 여정에 무려 4년이라는 세월을 쏟았는데 결국 2005년에 타코벨Taco Bell과의 합의에 성공했고, 2년 뒤에는 맥도날드와의 합의에도 성공한다. 두 회사 모두 플로리다에서 재배한 토마토에 1파운드당 1페니를 추가 지급하기로 합의한 것이다. 이는 농장 노동자들이 공정한 임금을 지급받을 수 있고, 노동자와 농장주가 합의한 기준으로 노동자들의 노동 · 생활 조건을 향상시킬 수 있으며, 노동자연합이 농장주의 기록을 열람할 수 있게 하기 위한 조치였다.

좀 더 최근에는 미국 31개 주에 400개의 점포를 지니고 있으며 해마다 (대부분은 신선한 토마토를 포함하는) 1억 2200만 끼의 식사 서비스를 제공하고 있는 식품 서비스 기업인 본아페티Bon Appétit 역시 이모칼리 노동자연합 및 토마토 농장주들과 서면 합의에 이르렀다. 본아페티 이후 콤파스Compass, 아라마크Aramark, 소덱소Sodexso 같은 식품 서비스 기업들 역시 합의문에 서명했다. 현재 총 아홉 개의 미국 식품 기업들이(홀푸드마켓을 포함하여) 베니테스가 고안해낸 '파운드만큼의 페니'안案에 서명한 상태다.

이 기업들은 왜 이러한 양보 협의안에 동의했을까? 이모칼리 노동자연합은 미 전역에 있는 대학 캠퍼스에서 학생운동 그룹과 연대하여 좀 더 공정한 임금과 노동 · 생활 조건을 위한 (이모칼리 노동자연합과의) 협상에 임하지 않는 식품 기업에 대해서는 보이콧 운동을 벌이겠다고 압박을 가했다. 결국 변화를 이끌어내는 데 이 대학생들이 한몫한 셈이다. 지난 한 해 동안 일부 토마토 농장주들은 노동자들에게 늘어난 생산량만큼 임금을 높여 지급하는 일에 자발적으로 참여했다. 그리고 2010년 10월 '태평양토마토농장연합Pacific Tomato Growers'은 노동 여건을 향상하고 노동자들에게 늘어난 생산량만큼 임금을 더 지급하겠다고 서약했는데, 이러한 조치는 노동자들의 연봉을 1만 달러에서 1만 7000달러까지 인상할 수 있다.[7] 이 합의의 혜택을 받을 수 있는 노동자는 5,000명 정도일 것이라고 추산된다. 4억 달러 규모의 플로리다 토마토 산업에서 일하는 이주 농장 노동자는 최소 3만 명인데, 이 지역에서 미국 전체 토마토의 95퍼센트가 (10월과 6월 사이에) 생산된다. 오늘날 토마토 농장주와 노동자 사이에서 만들어지고 있는 이 모델은 작은 것에 불과할지도 모른다. 하지만 이 모델은 다른 작물이나 다른 조직에 적용될 수 있다. "페어푸드 캠페인은 21세기 농장 노동자 정의를 위한 청사진이 될 것이다." 어느 캠페인 운동가가 한 말이다.[8] 많지 않은 수의 젊은 농장 노동자와 대학생이 공조해 이모칼리 노동자 전체를 위한 좀 더 평등한 먹거리체계를 창조해낸 것이다. 그렇다면 다른 분야에서 일하는 저임금 노동자들이 이 운동에 참여하여 운동을 발전시키고, 이 노동자들이 생산, 가공, 서비스 같은 각 부문을 초월해 연대하기 시작한다면 어떤 일이 벌어지겠는가.

식당인 경우

수많은 식당의 주방에서 음식 준비를 하고 접시를 닦는 노동자들은 주방 뒷문으로 들어오는 식재료를 심고 수확한 농장 노동자들만큼이나 열악한 대우를 받고 있다. 그러나 외식과 식품 서비스는 규모가 큰 산업이다. 이 산업에 포괄되는 미국 노동자는 300만 명 정도에 이른다. 2007년 한 해 동안 외식 산업은 5150억 달러가 넘는 수입을 55만 개가 넘는 업소에서 창출하여 판매와 고용 양자를 통해 국내총생산에 기여한 바 있다. 최근 경제 침체와 느린 회복세를 나타내는데도 외식 산업은 지속적인 성장세를 보이고 있고, 고용률 역시 경제 전체 고용률을 상회하고 있다. 식당 일 대부분은 정식 자격증이 필수 요건이 아니어서 이주 노동자들이 식당에 취업하기는 그리 어렵지 않다. 그런데 이들이 미국 밖에서 쌓았던 직업 기술과 경력은 다른 미숙련 노동자나 이제 막 고용 시장에 뛰어든 젊은 노동자들과의 형평성 보장을 이유로 인정되지 않는 경우가 잦다.' 수많은 이주 노동자가 지급받는 임금은 불행히도 평균보다 훨씬 낮은 수준이다.

먹거리체계가 가지고 있는 한 가지 역설은 다른 사람들에게 좋은 음식을 만들어주려고 애쓰는 노동자 자신은 저임금 직업이라는 경제적 한계 탓에 정작 자기 가정을 위해서는 건강한 먹거리에 접하지 못하기 쉽다는 점이다. 하지만 앞서 본 농장 노동자들이 그러하듯이 강한 정신력을 지닌 개인들과 단체들은 이러한 현실을 바꾸려고 애쓰고 있다. 브루클린 출신의 젊고 패기 넘치는 변호사인 사루 자야라만Saru Jayaraman도 그 가운데 한 사람이다. 필자가 그녀를 만났을 때, 그녀는 브루클린 대학교 법학전문대학원의 강사로서 '식당기회센터Restaurant Opportunities Center, ROC'를 매개로 노동자들을 조직하고 있었다. 현재 그녀는 샌프란시스코 베이에어리어Bay Area에 살고 있지만 디트로이트, 시카고, 뉴올리언스, 메인Maine 지역의 식당기회센터 지역 일꾼들을 조직하는 업무를 여전히 적극 지원하고 있다.[10]

자야라만의 열정은 크게 주목받고 있다. 윤기 넘치는 긴 검은 머리에 귀여운 외모를 가졌지만 불 같은 열정을 보이는 그녀는 공정한 임금과 건강한 노동 여건은 먹거리체계에서 일하는 모든 노동자가 마땅한 가져야 할 절대적인 권리이며, 이러한 권리 성취는 충분히 실현 가능하다는 신념에 한 치의 양보도 없는 사람이다. 또한 비관론자들에게 그들이 범하는 오류를 보여줌으로써 이 투쟁에 그들 역시 참여하게끔 인도하는 일 또한 자신이 해야 할 일이라고 믿고 있다. 그녀는 비영리 기구인 식당기회센터의 창립자로서 이 단체를 통해 팁도 받지 못하면서 저임금에 시달리며 노동하는 식당 노동자들을 교육하고, 그럼으로써 이들이 적정 수준의 임금을 지급하는 식당 내 다른 직종으로 전환할 수 있도록 돕고 있다. 동시에 식당기회센터는 식당들이 옳은 길을 가도록, 다시 말해 모든 노동자에게 적정 수준의 임금을 지급하고 합당한 노동 여건을 마련하도록 압박하고 있다.

2001년 9월 11일, 세계무역센터 안에 있던 세계적인 식당들의 창문이 다 날아가버렸을 때 목숨은 건질 수 있었던 이곳 노동자들은 그 대신에 직장을 잃어버렸다. 이때 이 용기 있는 여성 변호사는 그들이 먹거리 세계에서 다시 직장의 발판을 마련하도록 도와주었다. 하지만 그녀는 그들이 또 다른 저임금 직업을 찾도록 도와주지는 않았다. 그녀는 그들이 맨해튼에 있는 최첨단 지역인 노호NoHo에 노동자 소유 식당인 '컬러스Colors'를 개업하도록 도왔다. 좋은 노동환경을 갖춘 세련된 식당에서 열정적으로 일하는 직원들은 오직 저녁 식사를 위해서만 준비하고 서비스한다. 낮에는 노동자 교육 센터 역할을 하는데, 이곳에서 식당 노동자들은 웨이팅, 바텐딩, 호스팅 같은 기술을 습득하여 산업 내 고임금 직책으로 이동하는 길을 마련하고 있다. 개업 초기에 이룬 성공에 힘입어 컬러스는 할렘 가로 사업 확장을 꾀했고, 2011년 가을에는 뉴욕 시에 있는 것과 비슷한 교육 센터를 구비한 새로운 컬러스 식당이 디트로이트 시에 개업했다.

필자는 2008년에 있었던 어느 모임에서 처음으로 자야라만의 적극성과 에너지를 목격했다. 우리는 버몬트의 한 산정에서 열린 수련회에 초대되었는데, 이 수련회의 목적은 먹거리정의food justice에 대한 토론이었다. 이 프로그램은 아침 명상과 그 뒤의 일대일 토론으로 구성되어 있었는데, 1960년대에 태어난 어떤 사람들은 이러한 프로그램 일정을 편안하게 받아들였지만, 그녀는 명상용 매트를 깔아야 할 때마다 눈에 띄게 소란을 피웠다. "할 일이 이렇게 태산같이 쌓여 있는데 어떻게 고요히 앉아 있을 수 있단 말이죠?" 이런 불평을 터뜨리면서 말이다. 우리 가운데 어떤 사람들은 먹거리정의를 먹거리 접근성 또는 농장 노동자 권익과 동일하다고 이해했다. 반면에 자야라만은 식당 및 식품 산업 노동자들의 고통을 토론 내용에 포함시키는 일이 중요하다는 점을 우리에게 일러주었다.

그로부터 채 한 달이 지나지 않아 필자는 먹거리정의와 페어푸드 체계 창조에 관한 미국 슬로푸드 회의Slow Food Nation conference의 패널을 선정하는 일에 관여하게 되었다. 브루클린 출신의 이 젊은 변호사가 필자의 생각에 끼친 영향은 지대했기 때문에 그녀에게 회의에 참석해달라고 요청했다. 샌프란시스코 베이에어리어에서 개최되어 수천 명이 참가한 이 행사에 그녀는 모습을 나타냈고, 참가자들에게 현실적인 조언을 해주었다. 중산층 이상 계급인 참가자들은 어떻게 하면 최상급 예술품으로서의 음식과 최고급 와인을 접할지에 관심을 쏟고 있었지만, 그녀는 일부 슬로푸드 애호가들이 먹거리체계의 불평등이라는 현실을 이해할 수 있게 정신 번쩍 들게 하는 이야기를 전해주었다. 이 회의 개최 이후에 샌프란시스코는 지속 가능한 방식으로 생산된 지역 산물로 먹거리를 조달할 필요성과 식품 산업 노동자들의 건강과 복지 보호를 명문화하도록 시장이 직접 지시한, 미국 최초의 주요 지방자치단체가 된다.

또한 샌프란시스코 회의를 후원한 '미국슬로푸드위원회Slow Food USA'는 현재 식품 산업 노동자를 위한 사회정의와 먹거리정의를 자신들의 주요 활동에 포함시키고 있고, 그 지부들이 지방과 중앙정부 정책에 페어푸드 조항을 옹호하도록 독려하고 있다.

물과 토지에 대한 평등한 접근

도시의 먹거리사막에 사는 사람들에게 건강한 먹거리에 대한 접근성은 살아가는 데 주된 관심거리다. 한편, 식품 산업에 종사하는 노동자들에게 주된 관심거리는 적정 수준의 임금을 지급하는 직장에 평등하게 접근할 수 있는 권리다. 하지만 훨씬 더 시골에 외떨어져 사는 사람들이나 생계 수단으로 소농을 유지하려고 분투 중인 사람들에게 주된 관심거리는 비옥한 토지와 물에 접근할 수 있는 공평한 권리다. 미국 서부 지역의 인구가 증가하는 기간에 댐을 만들어 물을 저장하고 방출하는 연방정부의 프로젝트는 그 인구 증가에 발맞출 수 있었다. 좀 더 최근에는 지하수 공급이 도시 인구 증가와 관수 농업에 따른 추가적인 물 수요를 충족시킬 수 있었다. 그러나 비정상적인 강수량과 인구 증가 탓에 미 서부 지역 전체가 불충분한 물 공급이라는 현실에 처해 있다. 도시와 교외 개발을 목적으로 물이 필요한 경우 그 물은 전통적으로 농업용수의 수원이었던 곳에서 공급되어야 할 것이다. 대부분의 경우 이러한 물 사용 권리는 소유권자에게서 새로운 사용자에게로 이양되어야 한다. 이러한 일을 관리·감독하는 곳은 대개 정부 기관들인데, 이 기관들의 결정권자 가운데 많은 사람이 가장 많은 부를 창출하는 기업이나 단체에 물이 할당되어야 한다고 주장하고 있다. 이는 곧 소농을 운영하는 사람들의 필요가 무시되기 쉬운 상황임을 뜻한다.

우리 사회는 물을 하나의 경제 상품, 다시 말해 최고의 입찰가를 제시한 사람에게 판매해야 할 상품으로 볼 것인지, 아니면 기본적인 권리로 볼 것인지를 결정해야 한다. 소규모 농업을 지원하는 식의 전통적 물 사용을 존중할 것인가, 아니면 소농들이 물 접근 권리를 잃고 결국에는 죽어나가도록 방치할 것인가?

소농들의 전통적 물 사용권을 보호하려는 핵심적인 단체 가운데 하나가 폴라 가르시아Paula Garcia가 이끌고 있는 '뉴멕시코 아세키아 연합New Mexico Acequia Association'이다. 그녀는 뉴멕시코 주 모라Mora 지역 태생인데 여전히 그곳에서 남편과 어린 아들과 함께 살고 있다. 필자가 그녀를 찾아 뉴멕시코 주 북쪽 구석에 위치한 이 지역을 방문했을 때, 그녀와 (그녀의 멘토인) 안토니오 메디나Antonio Medina는 그 지역 소농들의 생계 분투기를 들려준 바 있다. 앨버커키Albuquerque 개발이 확산될수록 개발업자들과 도시 계획업자들은 새로운 수자원 발굴에 목이 바싹 마른 상태가 된다. 이 지역 농부들은 시간을 쪼개어 일부 시간은 작물 재배와 가축 사육을 하는 일에, 다른 일부 시간은 뉴멕시코 주정부 법 때문에 전통적 물 사용권을 빼앗기는 사태를 막는 정치 활동에 써야 한다. 지금까지 이들이 벌이고 있는 캠페인은 켈로그 재단과 다른 재단들에 힘입어 성공적으로 진행되고 있다.

아세키아란 아프리카 북부 무슬림 지역에서 시작되어 스페인, 멕시코 그리고 뉴멕시코 주로 오랜 세월에 걸쳐 번져온 수자원 사용권과 공동체 관리에 관한 제도다. 이 제도는 사막 지대에서 특히나 귀중한 물을 그 지역 농민들에게 할당하는 제도로서 그 할당은 계절마다 눈이 녹아 흘러내리는 물의 양, 개별 농부가 소유한 농지의 양, 농부가 필요로 하는 물의 양 그리고 그 물이 필요한 시기를 고려하여 진행된다. 이 제도는 농부들이 서로 협력하여 각자 필요한 만큼을 얻으면서도, 동시에 그들에게 가장 소중한 자원을 책임지고 관리하는 방법이다. 하지만 뉴멕시코 주정부 헌법은 시민들의 물 사용 권한을 법적으로 보장하면서 물 사용권을 대지 자체에 연결된 것으로서가 아니라 일종의 사적 재산으로 취급해왔다. 뉴멕시코 주의 물 부족 사태 때문에 개발업자들이 (공공연한 반대를 만들어내며) 물 사용권을 구매하고, 시골 지역과 농업 공동체에서 그 사용권을 양도받으려고 한 것은 1980년대와 1990년대에 들어와서였다.

아세키아는 그들의 본래적 권리에 대한 이러한 침해에 서서히 항거하기 시작했고, 결국 법적 행동에 나섰다. 이는 공동체가 물 사용권을 책임지게 하며, 물 사용권 양도는 개별 토지 소유자가 아니라 규제 권한을 지닌 정부와 아세키아를 통해서만 가능하게 하는 시험적 법안을 마련하기 위한 행동이었다.

2008년 가을에 뉴멕시코 주 대법원은 '뉴멕시코 아세키아 연합'이 물 사용에 관한 결정권을 가지며, 그 지역공동체의 미래를 결정하는 데 목소리를 낼 수 있다고 판결했다. 법원의 판결은 아세키아 운동가들에게 개발업자들(신청자)에 대한 물 사용권 양도를 거부할 수 있는 권리를 인정한 것이다. 이로써 물 사용권은 공동체의 자원으로 취급되는 동시에 시장에서 그 판매나 구매가 불가능하게 되었는데, 이는 아세키아의 중요 문화 가치를 인정하는 법적 선례를 만들어내는 일이기도 했다. 이 판례는 뉴멕시코 주 법원이 통과시킨 2003년 법률의 적법성을 재확인한 것이었다. 2003년의 법률은 소농이 사용하는 물의 권리를 누가 지니는지를 아세키아가 전적으로 판단·결정하기 위해 노력해온, 10년에 걸친 법정 투쟁의 정점이었다. 그리하여 현재 물의 할당과 관련한 모든 결정권은 지역 아세키아가 가지고 있다. 그 누구도 지역 아세키아의 지원 없이는 대지와 물의 연관 관계를 잘라낼 수 없게 된 것이다.

법정에서의 승리는 폴라 가르시아의 훌륭한 지도력 아래에 있는 아세키아 연합을 고무시켰다. 이에 힘입어 그녀는 800개에 이르는 지역 아세키아들이 이 새로운 법적 허가를 활동 원칙으로 자리매김할 수 있도록 좀 더 강력한 지역 조직 기반을 만들어가고 있다. 그녀는 지금 지역 아세키아들(한 명당 최대 100가구의 물 사용권을 책임진다.)과 함께 이 새로운 권력을 시행하는 데 필요한 관리 원칙을 업데이트하고 있고, 미래에 닥칠지 모를 법적 도전에 맞설 준비를 하고 있다.

가르시아의 말투가 비록 부드럽기는 하지만, 그녀는 전통적으로 남성 중심의 농민단체들 속에서 훌륭한 공동체 조직가가 되려는(그리고 그 남성들의 신뢰와 존중을 얻으려는) 굳센 의지와 강단을 지닌 사람이기도 하다. 그녀는 법이 자신이 속한 공동체의 미래를 보장해줄 수 있는 전부는 아니라는 점을 알고 있으며, 자신이 소중하다고 여기는 가치들, 이를테면 공동체의 자기 결정권이나 사람과 그들의 거처에 대한 사랑, 물에 대한 경의 같은 가치들을 다음 세대가 체득할 수 있도록 교육하고 있다. "그들은 물의 수호자가 되어가고 있지요." 그녀가 한 말이다. "우리 젊은이들은 스스로 좋다고 생각하는 문화적 정체성의 소유자들임을, 자신들이 대지와 거처와 물에 연결되어 있음을 자랑스러워하지요. 비록 그들이 자라면서 마을을 떠나 교육받아야 한다는 생각을 자연스럽게 받아들이곤 했지만, 지금은 이에 대해 완전히 다른 관점을 가지고 있답니다."[11]

뉴멕시코 주 북부의 사례에서 본 바와 같은 지역공동체의 물 통제권은 뉴멕시코 주 전체에서, 또 콜로라도 주 일부와 아메리카 원주민 지정 거주지에서도 발견되고 있다. 아세키아 연합의 접근법이 널리 확산되지는 않았지만, 이는 한 가지 대안적인 사례일 것이다. 그도 그럴 것이, 오늘날 가르시아는 자신의 성공 사례를 배우고 싶어하는 사람들이 많은 탓에 이곳저곳에서 강사로, 교육자로 초청받고 있는 것이다.

미국 남서부 지역의 소규모 토지 소유자들이 물에 대한 접근권에 관심을 두고 있는 반면, 남부 지역에 사는 수많은 아프리카계 미국인 농부들은 농지의 소유권과 농지에 계속 접근할 수 있는 권리에 초점을 맞추고 있다. 남부 지역의 농장 수와 흑인 소유 농장 수는 지독할 정도로 급감하고 있다. 1920년 당시 흑인 농부 소유 농장은 92만 6000개로 1600만 에이커의 대지에 자리 잡고 있었다. 오늘날 미국에서 흑인 소유 농장은 700만 에이커 대지에 있는 2만 9690개가 고작이다. 이는 흑인 소유 농장 수가 97퍼센트 줄어든 것이며, 농촌의 '블랙 벨트black belt'에 사는 거의 모든 흑인 남성과 여성, 아이의 삶에 영향을 미치고 있다.[12]

직접적인 영향을 받고 있는 사람들 가운데 다수와 수년 동안 이들을 지원해온 사람들(켈로그 재단을 포함하여)은 불평등한 농지 접근권과 흑인 농부들의 (심각한 수준의) 농지 상실 원인이 지역 주민의 태도와 정부 서비스의 구조적 인종주의라는 데 동의하고 있다. 흑인 농부들은 남북전쟁 직후부터 비옥한 농토에 대한 접근을 체계적으로 거부당해왔는데, 이는 연방정부의 공공연한 차별정책 그리고 흑인에게 토지 판매를 거부한(그렇지 않으면 공동체 내 다른 사람들에게서 폭행을 당했기에) 백인 지주들 때문이었다. 그 결과 흑인 농부들은 물과 기찻길 같은 중요한 자원은커녕, 농지로서는 가장 보잘것없는 땅에 대한 소유권조차 간신히 지킬 수 있었다.

농촌 지역의 빈곤 역시 아프리카계 미국인 공동체에 심각한 타격을 주고 있는데, 이 빈곤 문제는 다른 많은 부가적 문제, 이를테면 불충분한 의료보험, 영양, 주거 같은 문제들을 야기하고 있다. 2000년을 기준으로 미시시피 주 델타 지역 마을의 88퍼센트에 이르는 가정이 1인당 미국 평균 수입인 2만 3044달러 이하의 수입을 얻었다고 조사되었다.[13] 이러한 가혹한 빈곤과 더불어 질 좋은 교육을 접할 기회 역시 부족해서 흑인 아동의 기본적인 영어 능력 습득조차 흔히 가로막아왔다. 농부들 가운데 영어 능력을 충분히 갖춘 사람이 부족하고, 컴퓨터 능력을 갖춘 사람은 아예 없거나 거의 없어서 높은 수준의 컴퓨터 활용 능력과 기술을 요구하는 정부 지원 프로그램에 이들이 접근하는 데에는 높은 장벽이 놓여 있다. 다시 말해 그 프로그램 자체가 그 '지원'이 가장 필요한 사람들을 후보군에서 체계적으로 제거해버리고 있는 것이다.

이 모든 요소가 결합되어 정부 지원, 예를 들어 신용, 보조금, (자원 따위의) 보존 같은 지원이 제공될 때 차별을 야기했다. 미 농무부 정책 적용 시의 불평등한 관행은 사태를 평등하게 만들기는커녕 흑인 농부들에게 부당한 피해를 입혀왔고, 가정 생계유지의 원천이었던 농토마저 빼앗고 말았다.

미국 남부 농촌 지역에서 대물림되는 빈곤에 관한 1981년의 혁신적인 연구는 흑인 가정 소유 농지가 개발업자와 정부를 통한 토지 횡령에 더욱 취약하다고 지적한 바 있다.[14] 연방정부 역시 미국 내 흑인 농부와 흑인 소유 농토의 감소에 주된 책임이 있음을 시인하고 있다.[15] 1946년에 의회가 창립한 '농민가족부Farmers Home Administration'는 법적으로 모든 농부가 의지할 수 있는 "최후의 방책을 제공하는 대출 기구"의 역할을 하기로 되어 있었지만, 수많은 흑인 농부에 대하여 그 책무를 다하지 못했다.

공평성이 새로운 먹거리체계의 진정한 한 가지 핵심 원칙이라면, 이러한 상황을 초래한 구조적 인종주의를 어떻게 넘어설 수 있을까? '협동조합/농토보조기금 남부연합Southern Cooperatives/Land Assistance Fund'과 '토지손실방지 프로젝트Land Loss Prevention Project, LLPP'(1982년에 노스캐롤라이나 흑인변호사협회가 창설했다.)의 운동가들은 이 문제를 해결하고자 분투해온, 사려 깊고 활기 넘치는 운동가들의 일원이다.

역사적으로 소외된 지역공동체와 농민들이 토지를 잃지 않고 자신들의 농업 활동을 지속할 수 있게 하려면, 모든 사람이 쓸 수 있는 자원들 역시 똑같이 활용할 수 있게 해야 한다. 그 자원들 가운데 핵심이 되는 것은 다른 농민들이 이미 활용하고 있는, 농무부가 제공하는 운용 자금과 신용이다. 또 하나는 신용, 보조금, 그 밖의 정부 프로그램에 지원할 때 필요한 기술에 관한 교육에 흑인 농민이 평등하게 접근할 수 있는 권리다.

1967년에 창설된 '협동조합/농토보조기금 남부연합'의 창립 목적은 바로 이러한 기술과 자원을 농부들이 얻도록 지원하는 일이다. 이 연합은 1985년에 '긴급토지기금Emergency Land Fund'과 합병했는데, 이후 토지 자원을 보호하고 농촌 협동조합을 창립하여 농부들을 지원하는 업무를 더 잘 수행할 수 있었다. 농촌 협동조합은 신용조합, 사업 교육, 주택 보조, 농장 경영에 대한 기술 지원과 부채 조정을 포함한 다양한 분야의 중요한 서비스들을 제공해왔다.

'토지손실방지 프로젝트'의 상무이사인 새비 혼Savi Horne은 '토지손실방지 프로젝트'와 '협동조합/농토보조기금 남부연합'이 벌여온 권익 옹호 활동이 눈에 띄는 결실을 맺었다고 말한다.[16] 예를 들어 1990년에는 흑인 농부들에게 기술 지원을 제공하게 하는 새로운 법안인 '소수농민권리법the Minorty Farmers Rights Bill'(섹션 2501)의 의회 통과하도록 성사시킨 바 있다. 1992년에 있었던 흑인 농민들의 '워싱턴으로 가는 순례Caravan to Washington' 역시 대중과 농무부, 의회가 이 문제에 주목하게 만들었다.[17] 2004년 이래로 '토지손실방지 프로젝트'의 공정 대출 및 가족 보호 프로젝트는 농부들과 그 가족들이 가계 부채 조정을 통해 농업 활동을 지속할 수 있도록 돕고 있다.[18]

'협동조합/농토보조기금 남부연합'과 더불어 '토지손실방지 프로젝트'의 변호사들은 과거 농무부의 불평등한 처사에 대해 보상을 요청한 소송 사건을 해결해온 주요 인물들이다. 1990년에는 흑인 농민 전체를 대신해 연방정부를 상대로 한 첫 번째 법정 소송이 진행되었다. 두 번째 법정 소송인 '피그포드 대 글릭먼Pigford v. Glickman' 사건에서는 흑인 농민들이 법적인 의미에서 하나의 '계급class'으로 최종적으로 명시되었고, 양측 법정대리인은 다수의 흑인 농부들에게 이전까지 지급이 거부되어오던 보상금 일체를 제공한다는 안에 합의했다. 새비 혼과 '협동조합/농토보조기금 남부연합'에서 일하는 그녀의 동지 셜리 셰로드Shirley Sherrod는 흑인 농민들이 토지권을 다시 획득하도록, 또 경제적 성공과 지속 가능한 미래를 여는 데 필요한 지원 체계(삼림 관리 조언자, 윤작과 지속 가능한 방식의 토지 비옥화를 위한 지원에서부터 부동산·자산 관리와 농작물 공동 마케팅을 지원하는 협력적 마케팅체계에 대한 접근에 이르기까지)에 접근할 수 있도록 분투하고 있다.

농부들이 생계유지에 필요한 토지, 물, 신용, 자본에 대한 접근을 거부당하는 일은 중대한 사회 문제일 것이다. 하지만 단순히 이러한 물질적인 자원들에만 접근할 수 없는 것이 아니라, 자신들의 음식 문화와 전통 자체와 단절되어버린 민족도 있다. 바로 아메리카 원주민들이다. 고유한 음식 문화 및 전통과 단절된 결과로 그들은 당뇨병 같은 음식 관련 질병에서 천문학적 수준의 높은 발병률을 보이고 있다. 그들의 공동체나 부족 가운데 애리조나 주 남부의 토호노 오댐Tohono O'odham족은 전체 인구에서 50퍼센트 이상의 당뇨병 발생률을 기록하고 있는데, 이는 세계 최고 발병률이다. 이 지역 안에 있는 6~8학년 학생들 가운데 76퍼센트 이상이 비만이나 과체중이다. 전통적인 먹거리체계의 붕괴가 이 사람들, 특히 이 지역 아동들에게

이처럼 지독한 영향을 미친 기간은 가공식품이 이 지역에 도입되기 시작한 불과 6년 동안의 일이었다.[19]

투손Tucson에서 애리조나 남부 토호노오댐족 지정 거주지로 뻗어 있는 텅 빈 고속도로를(고속도로 양쪽으로 메마른 사막이 끝없이 펼쳐져 있었다.) 운전해가서 필자는 마침내 그 부족이 먹거리를 얻고 있는 한 식품점에 도착했다. 이 주유소 겸 식품점의 '농산물' 코너에는 거의 다 말라버린 토마토 몇 개와 곰팡이 핀 양파들이 있었을 뿐이고, 감자튀김과 흰 식빵 그리고 다른 가공식품들만 즐비했다. 토호노오댐 공동체 행동Tohono O'odham Community Action(이하 TOCA)의 두 지도자 트리스탄 리더Tristan Reader와 테럴 듀 존슨Terrol Dew Johnson을 만난 곳은 바로 여기에서였다. 이후 그들은 필자를 자신들의 작은 사무실 뒤뜰로 초대해 토호노오댐 부족의 전통음식으로 저녁 식사를 대접하기도 했다.

TOCA는 이 인디언 지정 거주지 안에 있는 유일한 비영리 기구인데, 이 단체를 이끌고 있는 두 사람은 지역 주민의 육체적, 정서적, 영적 건강을 증진하려면 지역 안 먹거리체계 자체를 혁신해야 한다는 사실을 잘 알고 있었다. "토호노오댐국國 안에 건강하고 지속 가능하며 문화적으로 활기찬 공동체"를 건설하기가 그들의 목표였다.[20] 본질적으로 말해서 이들은 자신들의 거주지에서는 이미 소실되었을지 모르지만 기억 속에서는 소실된 적이 없는 과거의 음식 전통으로 회귀함으로써 미래 전망을 열어가고 있다. 트리스탄 리더는 이렇게 말한다. "지난 20년 동안 진행된 몇몇 과학 연구는 나이 든 사람이라면 누구나 알고 있던 사실을 확인해주었지요. 그러니까 테퍼리tepary 콩, 메스키트mesquite 콩, 도토리acorn, 선인장 싹눈 같은 토호노오댐족이 먹던 음식이 혈당을 조절해주며, 당뇨병과 당뇨에서 오는 합병증 모두를 크게 줄인다는 사실 말이에요."[21]

1930년에 토호노오댐족은 2만 에이커 농지에 전통 농법으로 농사를 짓고 있었는데, 이러한 농법 덕분에 범람한 강물을 자연스레 농업 관수로 활용할 수 있었다. 1936년에 이들은 720톤 정도의 테퍼리 콩을 수확할 수 있었다. 하지만 2000년에 이르면 콩 수확량은 45킬로그램 이하로 떨어진다. 이에 따라 리더와 존슨은 테퍼리 콩, 옥수수, 호박, 당근 따위를 심은 4분의 1에이커 크기의 자그마한 지역공동체텃밭을 시작하게 된다.[22]

TOCA가 자그마한 공동체텃밭을 시작한 때는 2003년이었고, 2007년에는 '먹거리체계와 건강' 프로그램을 만들어 전통음식의 재도입을 통한 공동체 내 육체적, 경제적, 문화적 건강 지원 활동에 나서게 된다. 켈로그 재단에서 나온 보조금으로 이 부족 공동체는 생산량을 증진하는 한편, 전통음식 생산에 필요한 기본 도구와 기계들을 구입할 수 있게 되었다. 이들은 현재 130에이커의 토지를 임대하여 230톤 정도의 전통 작물을 수확하고 있는데, 이를 통해 토호노오댐 무역 회사Tohono O'odham Trading Company라는 이름으로 운영되는 사막의 비 카페Desert Rain Cafe와 사막의 비 갤러리Desert Rain Gallery(이 부족이 운영 주체다.)에 필요한 식재료 대부분을 공급하고 있다.[23]

지난 3년 동안 TOCA는 교육 사업에 매진해왔다. 이들이 개발한 교과 과정은 학교 제도를 통해 전통음식 (공동체 내)재도입을 시도하는 내용이었다. 2009년에 실험 프로젝트 하나가 만들어졌고, 이 프로그램을 통해 부족의 전통음식은 학교 점심의 일부로 제공되었다. 2010년에는 유아에서부터 고등학생까지의 아이들에게 총 4만 끼의 음식을 제공했다. 소노란Sonoran 사막 지대의 생활 조건은 열악했지만, 이 음식을 통해 아이들의 신체 발달과 공동체 구성원의 신진대사에 좋은 영향을 미칠 수 있었다. 이러한 음식들은 지역공동체에 긍정적인 영향을 미쳐왔고, 그 성과는 가시화되고 있다.

이들이 시행하는 먹거리 프로그램은 지역 안 젊은이들과 그들의 조상을 건강하게 해주었던 음식을 다시 이어주고 있다. 이와 동시에 학교, 병원, 노인을 위한 점심 프로그램에 전통 작물을 판매함으로써 공동체의 수입원 역시 늘리고 있다. 이러한 경제 활동 일체는 지역 내에 일자리를 제공하고, 지역공동체의 자급자족 능력을 늘리고 있다. 다시 말해서 이들은 다른 지역에서도 그대로 적용할 수 있는 훌륭한 모델 하나를 창조하고 있는 것이다. 게다가 이들이 이 프로그램을 실행하고 있는 방식은 자신들에게 문화적으로 적절한 해결 방안을 창조해가는 집단적 기억을 만드는 것이라는 점 역시 지적해야 하겠다.

하지만 토호노오댐 부족 공동체의 사례는 예외적인 것이 아니다. 필자는 '퍼스트네이션 발전기구First Nations Development Institute'*의 마이크 로버츠Mike Roberts와 함께 일하며 토착음식 재도입에 초점을 맞추고 있는 아메리카 원주민 부족들의 프로그램이 이 밖에도 많이 있다는 사실을 알게 되었다.

이렇게 우리가 먹거리체계 변화를 위해 채택할 수 있는 모델은 건강한 먹거리, 좋은 직장, 건강한 노동 조건, 토지와 물에 접근할 수 있는 평등권 운동에서부터 쇠락한 음식문화 복원에 이르기까지 다

---

* '퍼스트네이션'은 캐나다 내 원주민 공동체연합을 의미하며, 소속된 원주민 수는 70만 명 정도에 이른다.

양하다. 더 많은 먹거리체계 지도자들이 '먹거리정의'란 이 모든 차원에서의 평등임을 점점 인식하고 있고, 이에 따라 좀 더 많은 사람과 단체가 상호 공조하여 좀 더 강력한 운동을 만들어낼 가능성이 열리고 있다. 이러한 먹거리체계 지도자 가운데 다수는 먹거리체계 안에 있는 모든 부문이 다양성 원칙 또한 수용해야 함을 알고 있다. 이 원칙에 관해서는 다음 장에서 논의하겠다.

• 토론거리

1. 먹거리체계 내 공평의 원칙이란 무엇을 뜻하나?
2. 공평의 원칙은 먹거리체계의 각 단계에 (생산, 가공, 유통, 판매, 쓰레기 처리) 어떻게 적용 가능할까?
3. 지금의 먹거리체계를 보다 공평한 것으로 만들고자 애쓰고 있는 지역 내 단체를 아는가?
4. 먹거리체계를 보다 공평한 것으로 만들기 위해 당신이 할 수 있는 일은 무엇일까?

4

다양성이
주는 활력

자연의 원칙 중 한 가지는 보다 다양성을 갖춘 체계가 좀 더 활력 있고 위기를 잘 견뎌낼 수 있으며, 장기적으로는 더 지속 가능하다는 것이다. 다양성은 먹거리체계 혁신의 한 가지 원칙이 되어야 할 것이다. (개인 농장이나 농업 관련 사업장에서)우리가 기르고 있는 것들과 그것들을 기르는 방식에서 좀 더 많은 다양성이 요구된다. 하지만 이것만이 전부는 아니다. 다양한 경제 구조와 소유 구조 역시 필요하다. 나아가 우리는 그렇게 함이 옳기 때문이 아니라 그렇게 함으로써 우리의 먹거리체계를 좀 더 강력하고 활력 넘치게 만들 수 있기 때문에 사회적 다양성(다문화주의) 또한 더 많이 수용해야 한다.

환경 보호에 관심을 둔 생물학자들은 열대우림과 지구 생태계의 생물종 멸종에 대한 경고 메시지를 전하고 있다. 그 생물종들이 멸종함으로써 지구 생태계가 더욱더 불안해지고 있기 때문이다. 지난 몇 세대 동안 먹거리체계가 지금의 형태로 진화하는 과정에서 우리는 극히 적은 동식물에 의존한 채로 먹거리 대부분을 공급받게 되었다. 2003년에 국제연합 식량농업기구는 전 세계에서 섭취되는 식품 칼로리의 40퍼센트 이상이 단 세 종의 작물, 그러니까 밀과 옥수수, 쌀에서 나왔다고 보고한 바 있다. 2008년 미국 농지의 50퍼센트 이상에서 자란 작물은 겨우 두 종, 그러니까 옥수수와 콩이었다. 또 이 옥수수와 콩은 거의 100퍼센트가 거대한 단일 경작으로 생산되었다. 대부분의 농부들은 한 경작지에서 단일 작물을 키울 때에는 오직 3~5년에 한 번만 생산해야 한다는 윤작 원리를 알고는 있다. 하지만 주로 정부 정책이 좌지우지하는 지금의 경제체계는 농민들을 단일 경작 생산으로 이끌고 있다. 전체 농산업 역시 단일 작물만 자라는 거대 농지가 아니라면 부적절할, 대규모 농기구와 농화학물이 수반되는 단일 경작 생산 위주다.

적은 종류의 작물을 (대부분 합성비료와 제초제와 함께) 대규모 농지에서 재배하는 방향으로 돌진해가면서 우리는 작물 다양성보다 아마도 훨씬 더 중요할지 모르는 어떤 다양성, 다시 말해 토질 자체에 영향을 미치는 토양 내 미생물의 다양성 역시 줄이고 있다. 우리가 계속해서 지표 위 작물의 다양성을 제한하는 식농체계를 지원한다면 우리는 토양 다양성 또한 제한하는 셈이고, 장기적으로 볼 때 이는 훨씬 더 무시무시한 결과로 이어질지도 모를 일이다. 모든 농지마다 대단한 수준의 작물 다양성을 보이는 먹거리체계를 해마다 만들자고 주장하는 바는 아니다. 하지만 우리는 먹거리체계 안에 작물 다양성 수준이 지금보다 높아지는, 일종의 균형 상태로 이동할 필요가 있다.

농민들과 함께 그들 주변에서 일하면서 필자는 그들이 가장 자율적이며 혁신적인 사업가임을 알게 되었다. 작지만 중대한 정책을 바꿈으로써 (생산상의) 좀 더 많은 작물 다양성과 생물 다양성을 촉진하는 동력을 만들어낸다면, 농업 현장에서 다양성과 창의성이 폭발하리라고 필자는 믿는다. 동시에, 정책이 바뀌기만을 마냥 기다리지만은 않는 선구적인 일부 농민도 있다. 이 농업 영웅들은 다양성이라는 가치를 포용하며, 창의성과 성실한 노력으로 무엇이 가능한지를 세상에 보여주고 있다.

│ 다양성체계에서의 경작과 축산 통합 │

농경제학자로서 지속 가능한 농업체계에 집중했던 젊은 시절에 필자는 미국 여러 지역에서 혁신 농업을 실험하던 농민들을 만날 기회가 있었다. 그때 그 농민들 가운데에는 딕 톰슨과 샤론 톰슨Dick and Sharon Thompson 부부도 있었다. 당시 톰슨 부부는 미국 최초의 지속 가능성·유기농 연구소 가운데 하나인 로데일 연구소Rodale Institute와 협력하여 좀 더 지속 가능한 방식으로 옥수수와 콩을 생산하고, 소·돼지 축산과 작물 농업을 병행하던 농가들에 대한 연구를 이미 시작한 상태였다. 한여름날에 아이오와의 디모인에서부터 분Boone까지 운전을 하고 있는 동안 눈에 띈 것이라곤 농지에서 자라던 옥수수와 콩뿐이었다. 하지만 톰슨 부부네 도로 진입로에 주차를 하고 나서 주위를 둘러보자마자 반가운 미소로 필자를 반겨주던 이 부부와 함께 깔끔한 바둑판 모양의 논밭에 자라던 다채로운 색깔을 띤 작물들이 눈에 들어왔다. 평상시처럼 작업복을 입고 있던 딕 톰슨의 얼굴과 목소리에서는 풍상을 겪어본 뒤 편안해진 사람의 분위기가 풍겼는데, 이는 곧 그가 고된 노동을 마다하지 않은 사람이라는 사실을 넌지시 일러주고 있었다. 샤론 톰슨은 그들의 농업 실험을 순서대로 적어놓은 포스터들이 있는 창고를 보여주었는데, 그녀 역시 윤작과 혼합 영농(축산과 작물 생산을 병행)이라는 선구적인 작업에 대단한 열정을 지니고 있음이 그대로 느껴졌다.

아이오와에서 옥수수와 콩을 재배하는 농민들 대부분은 언제나 똑같은 작물을 재배한다. 그러나 톰슨 부부는 옥수수를 한 줄 한 줄 심거나 옥수수와 콩을 해마다 번갈아 심는, 이른바 '이랑 농법'이라는 체계를 성공적으로 실험하고 있었다. 작물을 심기 전에 평평한 농지 전체를 갈아엎으면 이 뒤집힌 토양에 새로운 잡초 씨앗이 발아하게 되어 나중에 잡초 제거를 따로 해야 한다. 이러한 평범한 방법을 채택하는 대신에 그들은 (농지 전체에 뻗어 있는) 기다란 이랑 위의 아주 좁고 자그마한 토지만을 경작하는데, 이를 위해 특별한 장비까지 개발해냈다. 그들은 이 이랑들의 길고 가는 농지에 씨앗을 조금만 심고, 이랑이 아닌 농지에는 아무것도 심지 않고 자연 그대로 둔다. 이렇게 하면 토양 속 유기체들은 환경적 침해 없이 번성할 수 있고, 새로운 잡초 씨앗 역시 발아하지 않는다. 그들은 또한 아이오와 농가 대부분이 실행하고 있는 한정된 작물만의 윤작을 넘어 재배하는 작물을 다양화해왔는데, 귀리나 보리 같은 작물 역시 자신들의 재배체계에 포함시키고 있다.

딕 톰슨은 필자에게 이렇게 이야기했다. "예전에는 옥수수를 재배하던 농지에 곡물을 조금만 심으면 제초제를 사용하지 않고도 잡초를 억지할 수 있었지요." 그 소량의 곡물이 이른 봄에 자라려고 하는 잡초를 이겨내어 잡초가 성장할 기회를 아예 차단해버리기 때문이다. "다양한 작물은 토양 속에서 다양한 영양분을 빼내기 때문에 비료를 줘야 할 필요성이 좀 더 자연스러운 방법으로 해결되는 거죠." 그는 콩과식물legume을 피복작물cover crop로 심어 토양의 비옥도를 유지하고 있다. 이 피복작물은 한 작물을 수확한 뒤 다음 작물을 심기 전에 심는데, 이는 다음에 심을 작물을 위해 토질을 만들어내고 토양 속 영양도를 향상시키려는 목적에서다. 콩과식물은 특히 피복작물용으로 좋은데, 이것들이 대기 중에서 질소를 빨아들여 토양 속에 고정시키는 데 우수하고(체내 가스 가운데 70퍼센트 이상이 질소다.) 식물의 성장에 절대적으로 필요한 영양소인 질소를 식물에 공급하기 쉬운 형태로 만들어주기 때문이다. 일단 콩과식물이 토양 속에 자리를 잡으면 토양 속에서 좀 더 안정된 형태로(다시 말해 지표수나 지하수를 질산염으로 오염시킬 가능성을 낮추어) 다음에 심겨질 작물에 질소를 제공할 수 있게 된다. 이렇게 톰슨 부부는 지하수나 강에 질산염을 내보내는 농업체계 대신에 비용도 절약하면서 환경도 보호하는 농업체계를 만들어냈다. 우리 가운데 다수가 그럴 필요를 인식하기 오래전에 벌써 그들은 미국 중서부의 주된 작물 농법체계 가운데 하나를 성공리에 재설계해가고 있었던 것이다.

다양성이라는 관점에서 볼 때 톰슨 부부의 실험은 작물에만 해당되지 않는다. 대부분의 농가가 작물 생산에 전문화되어 가축을 (농가에서) 더는 볼 수 없게 된 지경에 이른 시대에 그들은 자신들의 농가에 소와 돼지를 다시 들이기로 결정했던 것이다. 딕 톰슨은 이런 말도 했다. "옥수수와 콩으로 가축을 먹이고 그 가축을 팔면 옥수수와 콩으로 더 많은 돈을 벌 수 있는 셈이죠. 또 가축에서 나오는 분뇨는 풍부한 유기농 비료를 작물에 제공해줍니다. 그러니까 비료를 따로 살 필요가 없죠. 모두에게 좋은 것 아니겠어요."

물론 대다수 농부가 특정 작물의 생산을 전문화하고 대다수 농가에서 가축을 포기한 결과, 고밀도 가축 사육시설에서 가축을 키우는 데에는 이유가 있다. 제1장에서 논의한 '규모의 경제'가 한 가지 이유일 것이다. 또한 다양성의 농법에 관한 정보가 토지 공여 대학교와 그 밖의 서비스 기관에서 부족한 사실도 이유일 것이다. 하지만 오늘날 농가에서 그토록 다양성이 적어지게 된 주된 이유는 단일 경작체계를 유지하는 농가에 제공하는 정부의 지원 없이는 농업 활동 자체가 위험해짐을 농부들 스스로가 알고 있기 때문이다. 요컨대 공공정책이 농업체계를 이 방향으로, 그러니까 소수의 농부가 대형 농장을 운영하는 집중화로 몰아간 것이다. 하지만 우리는 협력과 공조를 통해 변화를 만들어낼 수 있다.

작물 다양화와 소비자 다양화

톰슨 부부보다 훨씬 작은 규모의 농장을 운영하면서 여러 가지 농산물을 생산해 소비자에게 직판하고 있는 또 다른 농부가 있다. 그의 이름은 애리 커츠Ari Kurtz. 매사추세츠 주 링컨Lincoln에 있는 '린든트리 농장Lindentree Farm'을 운영하는 실력자이자 우연하게도 필자의 처남이기도 하다. 그는 월든Walden 인공 연못을 걸어갈 수 있는 거리의 고즈넉하고 멋진 곳에 터를 잡고 12에이커 규모의 농장을 아내, 아들과 함께 경작하고 있다. (대개는 그 자신의 숙련된 목공 기술 덕에 새롭게 수리된) 200년 된 뉴잉글랜드식 전통 창고와 집을 소유하고 있기는 하지만, 그들이 경작하는 농지의 상당 부분은 링컨 시 소유다. 오래전 일인데, 보스턴과 케임브리지 인근 지역 개발에 대한 강력한 요구를 감지한 시 관계자들은 일부 토지를 구매하여 그곳을 '보전 지역'으로 영속화하기로 결정한 바 있다. 따라서 그 '보전 지역'은 개발 용도로는 절대 판매할 수 없다. 링컨의 보전 지역 가운데 일부는 공용도로와 산악자전거 도로로 사용되고 있고, 다른 일부는 애리 커츠가 임대한 토지처럼 농업용으로 사용되고 있다.

20년도 전에 애리 커츠를 처음 만났을 때 그는 기초에서부터 서까래까지 창고 재건축 공사를 막 끝내고 난 뒤 그 외벽에 재활용 온실을 조심스럽게 연결하고 있었다. 그는 이른 봄에 파종할 때 이 시설에서 태양광을 활용할 작정이었다. 그의 집과 창고 옆 농지는 해를 거듭해 감미종 옥수수를 재배해온 동네 농부가 임대해 쓰고 있었다. 이 농부가 활용하던 농업체계는 단순했다. 그러니까 감미종 옥수수를 심기 이전에 화학비료와 제초제를 뿌리고, 해충이 옥수수를 침범하면 농약을 뿌리며, 작물 생산에 충분할 정도로 비가 내리기를 기원하고, 늦여름에 작물이 익으면 지역 식료품점이나 노상에서 판매하는 것이다. 이 체계는 그 농부가 농사를 짓는 대부분의 기간 동안 이윤을 창출해주기는 했지만, 그와 동시에 토양을 황폐하게 만드는 방법이기도 했다.

애리 커츠는 집 옆에 소규모 텃밭을 일구고 있었고, 동네 다른 소농가에서도 일하고 있었다. 그는 농장이라고는 눈을 씻고 봐도 찾을 수 없는 곳인 피츠버그 출신으로서 어릴 적에는 채소를 싫어했는데, 이는 오직 깡통에 든 채소만 먹어본 탓이었다. 하지만 동시에 그는 들판에서 노는 일에 매혹되기도 했는데, 이 때문에 텃밭에서 채소 기르는 법을 배우기도 했다. 이웃 농가에도 눈독을 들여오던 중에 앞서 소개했던 감미종 옥수수 농부가 사고로 더 이상 농사를 짓지 못하게 되자 그는 링컨보전위원회에 청원해 그 땅을 임대받게 된다.

화요일이나 목요일 오후가 되면 차를 타고 사람들이 도착하기 시작한다. 이 가운데 어떤 사람들은 넥타이 없는 정장을 입은 채 보스턴에서 일을 마치고 집으로 돌아오는 길이다. 다른 사람들은 갓난 아기나 유아를 품에 끼고 웃는 젊은 엄마들인데, 애리 커츠의 아내가 허브 농장에서 재배한 향기로운 총천연색 꽃밭에서 첫 번째 꽃망울이 터지기만을 애타게 기다리는 사람들이기도 하다. 이들 모두는 도착하자마자 지하 창고로 내려가는데, 그날 수확한 작물이 그들을 기다리고 있기 때문이다.

그들은 그 창고에서 무엇을 하는 걸까? 린든트리 농장은 미국 지역공동체 지원 농업(이하 CSA)의 일부로 운영되고 있다. 미 농무부에 따르면, 2007년 현재 미국 안에 1만 2000개 이상의 농가가 CSA를 통해 마케팅을 하고 있다고 한다. 이 제도가 공동체 지원 농업이라고 일컬어지는 이유는 충분히 규모가 큰 지역공동체가 농장에 재정적, 물리적 지원을 제공해야만 농장 운영이 가능하기 때문이다. 매년 겨울, CSA 회원들은 정해진 가격에 다음 해 수확량의 배당을 먼저 구매한다(린든트리 농장의 경우 650~800달러다). 이 선불금(이는 사실상 농가의 운영 자금이다.)으로 각 농장은 주당 수확량을 공유한다. 이 요금을 지불하는 일 말고도 다수의 CSA 회원들은 작물 재배 기간 동안 파종, 잡초 제거, 수확 같은 농장 노동을 하루에 몇 시간씩 자발적으로 제공하기도 한다. 봄에 수확이 시작되면 각 회원에게 농작물을 배당하는데, 농부에게는 매주 생산되어 꾸려진 '꾸러미share'를 각 회원들에게 공평히 분배할 책임이 있다.

수확량이 많은 주나 계절에 회원들은 품질 좋은 채소들을 다량으로 얻어간다. 추운 날씨와 농지의 습기, 늦은 파종 또는 (2009년에 발생한 토마토 고사병 같은) 작물 질병 탓에 그 주 수확량이 줄어들면 꾸러미 규모는 균일하게 작아진다. 회원들은 위험과 풍요를 공유하는 것이고, 아울러 대지에 다시 연결되는 삶을 살고 먹거리 생산에 직접 참여하게 됨으로써 얻게 되는 마음의 평화도 공유하는 것이다. 올해 8월의 햇살 뜨겁던 어느 날에 각 가정은 세 종류의 후추, 이탈리아 종과 일본 종 가지, 오크라okra, 네 종류의 잎채소, 깍지콩, 여러 종류의 호박, 오이, 처음 수확한 옥수수, 멜론, 나무딸기raspberry 그리고 CSA상을 차지한 린든트리 농장의 토종 토마토를 집에 가져갈 수 있었다! 회원들이 집으로 가져가는 먹거리의 이러한 다양성은 농가의 작물 다양성을 방증해준다.

애리 커츠는 모든 작물이 3~4년에 한 번 이상은 자라는 장소가 바뀌도록 조심스럽게 윤작 계획을 세우고 있다. 톰슨 부부가 잡초 관리와 토양 비옥도 유지를 위해 실천하는 일을 그 역시 실천하고 있다. 작물을 건강하게 유지하는 데 필요할 추가적인 토양 비옥도를 위해 그는 콩과의 피복작물과 인근 말 농장에서 가져오는 동물 분뇨를 활용하고 있는 것이다. 그는 오랜 기간에 걸쳐 자신의 농장을 '유기농'화했는데, 이는 곧 최소 3년 동안은 합성 화학품을 사용하지 않았다는 미 농무부의 인증을 받았다는 뜻이다. 덕분에 그는 자신이 재배한 농산물을 프리미엄 농산물로 판매할 수 있고, 판매하고 남은 것은 매주 토요일에 열리는 지역 농민장터에서 유기농산물로 판매하고 있다.

애리 커츠가 생산한 건강한 채소들을 사서 먹고, 그의 농장에서 먹거리가 재배되는 실상을 배우고 있는 많은 가정에게 그는 분명 이 지역의 영웅이다. 또한 그는 이들을 기분 좋게 해주는 주간 소식지인《리얼 더트The Real Dirt》의 발행자이기도 하다. 그는 이 소식지에서 풍토, 기후, 생물 관련 여러 문제에 분투하고 있는 상황을 차례대로 기록하고 있고, 요리 레시피 또한 제공하고 있는데, 이로써 지역 주민들은 자신들이 먹는 음식이 어떤 과정으로 생산되는지를 좀 더 온전히 알 수 있다. 또한 그는 지역 푸드뱅크food bank*에게는 지역 영웅이기도 하다. 그는 해마다 농장 한 구역을 '녹색 경작지'로 분리해 둔다. 때가 되면 푸드뱅크에서 온 자원봉사자들과 CSA 회원들은 보스턴 지역 무료 급식소와 푸드뱅크를 통해 전달될 4톤 정도의 먹거리를 수확하는데, 이는 곧 구약성서에 기술된 "조금씩 모은 음식 서로 나누기"의 현대판에 다름 아니다.

미국에서 옥수수와 콩을 재배하는 대형 농장 가운데 다수는 '상업 작물 직불금'으로 알려진 수천 달러의(때로는 수십만 달러) 보조금을 지원받고 있는데, 이에 반해 애리 커츠 같은 CSA 농민들은 단 한 푼도 지원받지 못하고 있다. 이들은 우리의 다양한 자연 자원 지킴이

---

* 굶주림에 시달릴지도 모를 사람들에게 음식을 무료로 제공하는 비영리 자선단체다.

로서 활동하고 있고, 동시에 어린 세대에게 그들이 먹는 음식이 도대체 어디에서 오는지를 알려주는 사람들인데도 말이다. 만일 이들도 정부의 지원을 받을 수 있다면 얼마나 더 많은 소농이 (우리에게 필요한) 먹거리 다양성을 창출하게 되고, 토양 다양성을 보호하게 되겠는가.

농경법의 관점에서 볼 때 먹거리체계 재설계란 곧 다른 장소에 다른 접근법을 채택하는 일이다. 아이오와에서 이는 곧 기성 윤작 작물에 두세 가지 작물을 새로 도입하고, 가축 키우기와 작물 농업을 병행한다는 것을 뜻한다. 매사추세츠 주 링컨처럼 급속히 도시화되는 지역 환경에서라면, 이는 곧 오랫동안 단지 한 작물만을 재배하던 농지에 50종의 다른 작물들을 재배하는 일을, 그리고 그럼으로써 지역공동체의 한가운데에 농장을 세운다는 뜻이다. 린든트리 농장 같은 경우에 이는 곧 농경 방법에서나 재정적으로 그 체계를 다양화한다는 뜻이다. 함께 할 소비자층이 없다면 그토록 다양한 품종의 채소를 그토록 소량으로 재배하는 애리 커츠가 생계를 유지할 수 있기란 거의 불가능할 것이다. 소비자층의 다양성 그리고 작물의 다양성이 좀 더 건강한 토양과 먹거리 생산에, 좀 더 건강한 농부의 생활방식에 기여하고 있는 것이다.

│ 사업 구조의 다양화 │

먹거리체계 안의 다양성이 중요하다는 원칙은 생산 부문에만 적용되지는 않는다. 다양성과 잠재적 다양성이 자연계 안에서 얼마나 중요한지 우리는 잘 알고 있지만, 다양성은 경제 구조(기업이 어떻게 조직되고 기업 규모는 어느 정도인지) 측면에서도 똑같이 중요하다.

자연계에서 다양한 생물종의 공존은 중요하다. 하지만 경제 세계에서도 소기업과 대기업, 다국적기업과 지역경제, 공기업과 소규모 LLC* 또는 1인 기업 사이의 균형이 필요하다. 사람들은 흔히 대기업은 나쁘고 '작은 것이 아름답다'라는 말을 하곤 한다. 그러나 세계의 일부 대기업은 변화를 위한 시도를 하고 있으며, 그들의 규모를 고려할 때 그 변화는 아무리 작은 것일지라도 거대한 효과로 이어질 수 있다. 반면에 《작은 상점 혁명The Small Mart Revolution》을 쓴 마이클 슈먼Michael Shuman이 주장한 바에 따르면, 실제로 소기업들은 많은 분야에서 대기업들을 앞지르고 있다고 한다.[1] 가장 최근에 이루어진 그의 연구에서는 지역에 기반을 둔 소규모 사업들이 경쟁력을 갖춰 성공하고 있는 여러 가지 이유를 지적하고 있는데,[2] 그 가운데 일부는 다음과 같다.

- 더 빠른 혁신
- 지역에서의 직접 배달
- 소유자 로열티
- 좀 더 맛 좋고 신선한 제품들
- 좀 더 나은 노동
- 좀 더 나은 서비스
- 소비자에게 전달되는 공동체 감각

* Limited Liability Company. 일반 기업 형태와 파트너십(동업) 형태를 혼합하는 유연한 형태의 사업체로, 이윤 추구를 목적으로 하지 않는 업체도 여기에 포함된다.

오늘날 우리는 미국에 있는 어느 규모의 동네나 도시를 방문해도 로컬푸드 사업의 번창을 쉽게 찾아볼 수 있다. 예를 들면 앤아버의 '징거먼 공동체 사업Zingerman's Community of Businesses', 캘리포니아 주 네바다Nevada 시의 '플로어 가든 베이커리Flour Garden Bakery', 캐나다 밴쿠버Vancouver 시의 '스몰 포테이토 어번 딜리버리Small Potatoes Urban Delivery', 오리건 주의 '애시랜드 먹거리 협동조합Ashland Food Co-op', 필라델피아의 '세븐스타 요구르트Seven Stars Yougurt', 버몬트의 '파머스 디너The Farmers Dinner' 등이다. '지역경제 활성화를 위한 기업연합The Business Alliance for Local Living Economies, BALLE*'의 주장에 따르면, 미국의 30개 주에 2만 2000개 이상의 지역 소유 사업체가 있고 그 가운데 식품 기업은 20퍼센트에 이르는데, 이 식품 기업들은 식품 경제 다양화를 신명나게 창조하고 있다.[3] 이 업체들은 할리우드 배우나 유명 운동선수가 나와 상품을 소개하는 짤막한 광고 따위에서 볼 수 있는 업체들이 아니다. 이 업체들의 운영자는 무엇보다도 지역공동체에 자신의 사업을 뿌리내리는 데 전력하고 있는 사업가나 가족인 것이다.

이 기업의 일자리에는 대부분 지역 주민이 고용되고 있고, 손님들이 쓰는 돈은 지역경제 안에서 순환된다. 또한 그 돈의 양은 국내 또는 지역 식품 체인점이나 식당에서 사용되는 양보다 훨씬 많다. '지역경제 활성화를 위한 기업연합'에 따르면, 돈이 수중에 들어오면 대기업은 거의 그 즉시 지역공동체를 떠나지만 로컬푸드 제품에 사

---

* 약 2만 개에 이르는 미국, 캐나다 업체들을 대표하는 60개 정도의 지역 사업체 네트워크의 연합체. 소속된 모든 네트워크는 지역경제 활성화라는 뜻을 함께한다.

용된 돈은 그 안에서 순환되며, 이는 결국 구매되는 상품의 가치를 증대시킨다고 한다.⁴ 슈먼은 이렇게 이야기한다. "지역 소유 기업들이 지역 소유가 아닌 기업들보다 2~4배의 경제 이익(수입, 부, 일자리, 세금, 자선금 기부)을 거둔다고 입증하는 증거 자료들이 점차 늘어나고 있다."⁵ 지역 소유 '지역공동체 식품 사업'에 관한 좀 더 자세한 사례 연구를 읽고 싶은 독자는 '지역경제 활성화를 위한 기업연합'과 윈록 인터내셔널 월러스센터Wallace Centre at Winrock International에서 최근에 공동으로 발행한 훌륭한 보고서를 참조하기 바란다.⁶

디트로이트에서 페어푸드 체계를 만들어내기 위한 운동을 벌이는 사람들 가운데 필자가 가장 좋아하는 두 영웅을 소개할까 한다. 그들은 '아발론 인터내셔널 브레드Avalon International Breads'의 창업자이자 소유주인 재키 빅터Jackie Victor와 앤 페롤트Anne Perrault이다. 이 업체는 소비자들과 지역 주민들에게는 간단하게 '아발론 베이커리'로 알려져 있는데, 슈퍼볼* 우승자인 디트로이트 라이온스만큼이나 이들의 시작과 성공은 가히 기적이었다. 빅터와 페롤트는 둘 다 디트로이트 교외에서 자랐고, 격동의 1970년대에 미시간 대학교 학생이었다. 페롤트는 그로스아일 지역에 《디트로이트 뉴스》를 배달하는 일을 했는데, 이 일을 끝내면 도시에 가서 살겠다는 유년의 꿈을 결국 실현했다. 특유의 외향적이고 호방한 기운으로 빅터는 지나온 이야기를 흥겹게 말한다. "시위에서 벗어나 잠시 휴식이 필요할 때에는 앤아버 중심가에 있는 와일드플라워 베이커리Wildflower Bakery에 들러 빵 자르는 일을 돕곤 했죠." 그 뒤 문을 닫은 와일드플라워 베이커리는

---

* 미국 프로 미식축구의 양대 리그 우승팀이 겨루는 챔피언 결정전을 말한다.

로컬푸드 협동조합에 연결되어 있던 벤처업체였다.

빅터와 페롤트는 1990년대 초에 디트로이트 시에서 전설적인 사회운동가들인 제임스와 그레이스 보그스James & Grace Boggs와 함께 공동체 만들기 프로젝트에 참여하게 되면서 서로를 알게 된다. 두 사람 다 사업이나 제빵업 경험은 전무했지만, 그들은 어려운 시기를 겪고 있는 이 도시의 재생에 기여하는 방법을 계속해서 함께 고민하게 된다. 보그스 부부는 "자신이 만든 빵을 구울 수 있고, 자신의 신발을 고칠 수 있으며, 자신의 음식을 팔 수 있는" 곳에서 창업해보라고 사람들을 독려했고, 이에 영감을 받은 빅터와 페롤트는 빅터가 와일드플라워 베이커리에서 짧게 일한 적이 있다는 사실에 주목하여 빵집을 열기로 결정했다. 당시 너무나도 춥게 느껴졌을 어느 도시에 그야말로 '노상 화로hearth' 하나를 설치하기로 결정한 것이다.

여러 사업 경험을 가진 어느 지인은 필자에게 이런 말을 한 적 있다. "모든 사업에는 세 가지 요소가 필요하죠. 자신만의 규율, 인내 그리고 용기예요." 빅터가 자신만의 규율을 갖고 있는 사람인지는 잘 모르겠다. 특별히 인내심 많은 사람이라는 인상도 받지 못했다. 하지만 그녀의 용기는 다른 부문에서 그녀가 부족한 것을, 그것이 무엇이든 상쇄하고도 남을 것이다.

빅터는 이렇게 말한다. "어느 날 디트로이트 카스코리도Cass Corridor 먹거리 협동조합에서 별로 신선하지 않은 빵을 산 뒤로 몸과 영혼 둘 다를 풍요롭게 해줄 빵집을 디트로이트에서 만날 수는 없을까 생각하기 시작했죠. 와일드플라워 같은 곳 말이에요. 그런 빵집이라면 디트로이트 시 한가운데의 오아시스일 텐데. 어떤 이름이 어울릴까

궁리했는데, '아발론Avalon*이라는 말이 떠오르더군요." 또한 그녀는 자신이 학창 시절에 배운 물리적 기술이라고는 빵 굽기가 유일하다는 사실을 생각해냈다. 더군다나 지금은 문을 닫은 와일드플라워 베이커리의 레시피들을 그녀가 아직 간직하고 있었던 것이다.

첫 단계에서부터 두 사람의 전망은 분명했다. 사회적으로 책임지는 기업, 환경적으로 책임지는 기업 그리고 도시 재생에 도움을 주는 기업을 지역 안에서 운영하는 것이다. 그들은 카스코리도에서 빈 가게를 하나 발견했는데, 이 지역은 디트로이트 시내에서 가장 열악한 지역 가운데 하나로서 창문이 부서진 채 버려진 건물들이 즐비하게 늘어서 있는 곳이다.

빅터와 페롤트의 애초 계획은 지역 주민을 위해 빵을 굽고, 사업이 성장하면 지역 주민을 고용하며, 디트로이트 시를 에워싸고 있는 부자 동네의 고급 음식점과 고급 식료품점을 주요 고객으로 도매업을 하는 것이었다. 그들이 오븐을 가져오고 빵집의 실내장식을 시작하자 많은 주민이 호기심에, 또 무슨 일이 벌어지는지 알고 싶어서 그들을 방문하거나 실내를 슬쩍슬쩍 엿봤다. 사실을 말하자면 완공 단계에는 너무 많은 구경꾼이 몰려들었는데, 개업식 날에는 무려 750명이 넘는 사람들이 찾아와 100퍼센트 유기농 밀가루로 만든 빵과 과자들을 시식하였다. 입소문은 빠르게 전파되었고, 가장 안 될 듯한 지역에 개업한 이곳의 빵과 과자들은 개업 첫날부터 날개 돋친 듯 팔려나갔다. 현재 카스코리도와 월리스 두 곳에 있는 아발론 베

---

* 아서 왕 전설에 나오는 신비의 섬. 이 전설에 따르면 아서 왕은 상처를 치유하고자 이 섬에 찾아가게 된다.

이커리를 찾는 고객 수는 하루 500~1,000명에 육박하고 있다.

어느 영민한 경영학과 학생이(또는 경험 많은 투자가가) 새로운 유기농 빵집 창업 계획을 커피 한 잔과 케이크, 과자류를 빵과 함께 판매하는 소매점이라는 아이디어와 연결하여 만들어보라는 과제를 받는다고 가정해보자. 그러면 그 사람은 분명 홀푸드나 트레이더조 Trader Joe's* 또는 적어도 스타벅스가 있는 동네를 살펴볼 것이다. 다시 말해 디트로이트 카스코리도에 있는, 이전에 주류 밀매점이던 가게를 고르지는 않을 것이다. 하지만 아발론 인터내셔널 브레드는 달랐다. 이 기업은 이 도시의 로컬푸드 성공 사례 가운데 하나로 자리매김되고 있는 것이다.

아발론 베이커리는 현재 45명의 노동자를 의료보험과 임금을 받는 정식 직원으로 고용하고 있는데, 이 가운데 30명은 디트로이트 시내 거주자들이다. 2009년 판매량은 200만 달러에 이르렀는데, 지금은 도매 상품(지금도 날마다 세 트럭분으로 공급 중이다.)과 소매 상품 모두에서의 수요가 늘어나서 현재 규모의 세 배 되는 공간으로 확장할 계획에 있다.[7]

아발론 베이커리의 성공담은 좋은 읽을거리이기는 할 것이다. 하지만 말 그대로 이 성공 사례는 현재 미국 전체에 걸쳐 수천 개가 넘는 로컬푸드 기업들의 사례들, 다시 말해 경제적 성공 기회를 만들면서도 이와 동시에 건강에 이롭고 지속 가능한 방식으로 생산된 신선한 먹거리를 (이러한 것을 접하기 어려운 사람들에게) 제공하고 있는 사업 사례 가운데 단 하나에 불과하다.

---

* 캘리포니아 주에 본사가 있는 고급 식료품점 체인. 400개 정도의 상점을 보유하고 있다.

다문화주의의 역할

생물학적, 농경법적, 경제학적 다양성을 좀 더 많이 먹거리체계에 도입하는 체계 재설계를 생각할 때, 우리는 사회적 관점에서의 다양성도 고려할 필요가 있다. 여러 진보 운동에서처럼 페어푸드 운동의 지도자들 역시 여러 해 동안 주로는 백인이었고 중산층 출신이었다. 이 먹거리체계에서 가장 나쁜 삶의 영향을 받고 있는 사람들은 경제 사다리의 밑바닥에 있는 사람들이고, 특히 유색인종 거주 지역 주민이기 쉽다. 모든 사람에게 건강한 먹거리를 제공하는 먹거리체계로의 혁신이 진정으로 성공하려면 논의의 자리에 역사적으로 소외되어온 사람들의 목소리를 포함시키는 일을 진지하게 고려해야 할 것이다. 이를 위해 할 일은 태산같이 많을 것이다. 다행인 점은 구조적 인종주의 문제를 고민하며 다문화주의를 해결책의 일환으로 제시하는 사람들이 이 운동 안에 존재한다는 점이다.

'푸드 프로젝트The Food Project'는 다양한 인종, 민족, 계급으로 이루어진 젊은이들의 연대를 창출하는 동시에 그들의 거주 지역 안 먹거리체계 발전에 집중하고 있는 어느 조직의 운동 모델이다. 이 프로젝트는 20년 전 워드 체니Ward Cheney라는 농부가 시작했는데, 체니는 보스턴과 교외에 사는 10대들을 모아 그들의 가족이나 지역의 다른 주민들을 위한 유기농 먹거리를 재배하게 했다. 프로젝트를 운영한 첫해에 이들은 매사추세츠 주 오듀본 협회Audubon Society 소유의 2에이커 농지에서 9톤의 채소를 생산하게 되었다.

이는 청소년 계발과 지속 가능한 먹거리체계를 결합시키는 프로젝트로는 역사상 첫 번째였다. 이 프로젝트의 과제는 10대들 스스로 자신이 먹는 채소를 기르게 하고, 매우 다른 배경과 지역 출신인 다양한 청소년들이 충돌 없이 안전하게 공존하게 하는 것이었다. 이 프로젝트 출범 17년 뒤에 '푸드 프로젝트'에서 발간한 회고록에는 이렇게 쓰여 있다. "초창기에 우리는 우리만의 모델을 개발하고자 노력했다. 또한 우리는 기금 제공자, 언론, 교육자, 지역 주민에게 우리가 하고 있던 일, 그러니까 지속 가능한 농법으로 젊은이와 먹거리를 동시에 길러내는 일의 합리적 가치를 확신시키느라 고생했다. 당시는 지금과는 다른 시대였다. 유기농은 여전히 히피 문화, 나은 형편, 낮은 비용으로 조작된 입맛low cost trumped taste, 질 높은 식품 구매와 관련된 무엇이었다. 자신들이 먹는 것들이 어디서 왔는지 생각하는 사람들은 극소수였고, 10대가 소비자가 아닌 (먹거리) 생산자가 될 수 있다는 생각 자체가 새로운 시대였다." 이 회고록의 첫 장에서부터 도심, 교외, 시골 모든 지역, 경제력에 관계없이 모든 사람에게 돌아갈 좋은 먹거리를 재배하여 좀 더 건강한 지역공동체를 만들고 싶어하는 젊은이들의 마음 깊은 곳에서부터 우러나오는 호소를 필자는 읽어낼 수 있었다. 또한 이 프로젝트가 청소년에 초점을 맞추고 사회적 다양성과 지속 가능한 먹거리체계를 결합시킬 수 있는 하나의 기회였다는 점 또한 이해할 수 있었다. 그러나 당시 많은 사람은 다양한 배경을 가진 청소년들이 먹거리체계를 변화시킨다는 발상 자체가 과연 가능하기나 한지 의아해했다.[8]

출범 4년 뒤에 필자는 '푸드 프로젝트' 팀을 방문한 적이 있다. 그때로 고속 이동해보자. 청소년에 초점을 맞춘 먹거리 프로그램 가운데 대다수가 지닌 근본적인 문제점 한 가지는 그 프로그램들이 주로 '배고픔과 영양'이라는 관점에서 운영된다는 점이다. 그러니까 "아이들은 아침, 점심, 저녁에 먹을 것을 제대로 얻고 있는가"라는 질문에 초점을 맞춘다. 이 프로그램들이 지원하는 공동체 안 다른 사람들도 마찬가지이지만, 지원 대상이 되는 청소년 가운데 대다수가 인생의 첫 계단을 건강하게 오르는 데 필요한 신선한 과일과 채소를 충분히 섭취하지 못하고 있다는 인식은 분명 있다. 또 영양에 관해서 무언가를 해줄 수 있는 프로그램 대다수는 거대한 장벽들에 마주치게 된다. 그러니까 신선한 먹거리 제공에 요구되는 자금의 불충분, 음식 준비 시간의 부족, 음식 준비용 시설의 부재, 좀 더 건강한 선택지를 제공할 먹거리 조달의 어려움, (심지어 다른 모든 문제가 없는 경우라도) 신선하고 온전한 식재료로 무엇을 어떻게 해야 할지에 관한 직원들의 지식 부족 같은 장벽들 말이다.

이러한 상황을 개별적으로 해결할 수 있는 한 가지 문제라고 생각해서는 결코 그 상황을 호전시킬 수 없다. 그 상황 자체를 고장 난 먹거리체계를 드러내는 또 하나의 표지로 받아들이는 편이 좀 더 합리적일 것이다. 청소년들 또한 지속 불가능한 먹거리체계가 초래한 불평등 사태를 이해하고 있다. 이 불평등 사태는 자신들의 거주 지역에서 확연히 눈에 띄기 때문이다. 먹거리사막에 사는 청소년들은 아동 비만의 증가 그리고 당뇨와 고혈압 같은 음식 관련 질병의 증가를 피부로 느끼고 있다. 고장 난 먹거리체계는 식품점 진열대 위에 오르는 제품들에 영향을 미치고, 이는 또 청소년들의 건강과 복지를 위협한다.

'푸드 프로젝트'는 청소년들의 식단을 바꾸는 동시에, 체계적인 육체 활동과 긍정적인 청소년 계발 기회를 제공하면서 하나의 성공 사례를 만들어가고 있다. 이 같은 프로그램들의 특징은 배고픔과 영양의 관점이 아니라 먹거리체계의 관점에서 문제에 접근한다는 것이다. 이러한 프로그램을 운영하는 사람들은 건강한 먹거리의 원천과 대지에 청소년들을 연결시키는 일 그리고 그들에게 씨앗에서부터 접시에 이르는 먹거리체계 전체를 체험하게 하는 일이 사태를 실제로 변화시킬 수 있다는 점을 알고 있다. 젊은이들은 돈으로 환산할 수 없는 소중한 삶의 기술들을 익히고, 이는 그들이 인생에서 성공할(어떤 경우에는 생존할) 가능성을 높여줄 것이다. 게다가 이 프로그램을 운영하는 단체들은 먹거리운동의 차세대 주자들을, 특히 역사적으로 소외된 도시 지역에서 창조해내고 있다.

압도적으로 많은 수의 청소년 먹거리운동 단체들은 도시 텃밭 가꾸기를 하고 있는데, 현재 이 사업이 진행되는 곳은 대개 1만 1000명 이상 인구를 가진 도시 지역과 주요 대도시 가운데 40퍼센트에 이른다.[9] 이러한 텃밭 프로젝트 가운데 다수는 지속 가능한 먹거리를 주안점으로 다루기는 하지만, 청소년 지원 역시 핵심 사안으로 채택하고 있다. 그리하여 이 프로젝트들은 공동체 발전 전략으로서 청소년 지원과 먹거리체계를 통합하고 있는 공동체 발전 프로그램으로 진화하는 중이다. 지역공동체 건설의 한 가지 근본 원칙은 변화의 원천이 지역공동체 자체여야 한다는 것이다. 따라서 이러한 접근법으로 건강식 섭취와 건강한 생활 방식 유지의 중요성을 깨닫게 되는 사람은 비단 청소년만이 아니라 지역 주민 전체이기도 하다. 나아가 이러한 접근법은 가정과 지역의 변화를 만들어낼 기회를 제공해준다.

이러한 프로그램 가운데 대다수는 지역의 먹거리 불안정 문제나 지역 내 위험 청소년들의 기회 부족이라는 문제를 해결하고자 출현한 것들이다. 이런 이유로 그 프로그램들은 고도로 체계화되어 있고, 자기 규율을 강조한다. 그 결과 참여자들은 긍정적인 그룹 정체성을 지니게 되고, 많은 사람이 자발적으로 지도자 역할을 떠맡게된다. 이러한 젊은이들은 마치 자신들이 돌보는 텃밭과도 같은 사람들이어서, 성장을 거듭하면서 생산적인 삶으로 나아가게 된다.

현재 '푸드 프로젝트'는 매사추세츠 안에 있는 부자 동네인 링컨과 도시 빈민 지역인 록스베리Roxbury에 위치해 있다. 이 프로젝트는 지속 가능한 농업을 통한 개인적, 사회적 변화 도정에 청소년이서게 만드는 하나의 눈부신 국가적 모델이다. 이 프로젝트의 성공은 프로젝트만의 사명을 고수함으로써 가능한데, 그 사명은 다음과같다. "공조를 통해 지속 가능한 먹거리체계를 건축하는 지역공동체 가꾸기. 그리고 다양한 배경으로 이루어진 청소년과 성인으로 구성된, 사려 깊고 생산적인 지역공동체 가꾸기."

현재 10대들과 자원봉사자들에게 보람된 일거리를 주고 있는 텃밭은 모두 다섯 개다. 그들은 해마다 무농약 농산물을 113톤 정도생산하는데, 이 농산물들은 지역 식품점에 무상으로 공급되고, 농민장터와 CSA의 꾸러미로도 판매된다. 또한 그들은 '팜프레시 살사Farm-Fresh Salsa' 같은 자체 브랜드 제품도 생산, 홍보하고 있다.

이러한 것들은 단순히 텃밭 가꾸기만은 아니다. 이 젊은이들은 이미 사회운동의 일부다. 모든 젊은 세대는 자신의 정신에 각인되는, 그리하여 자신을 행동에 나서게 하는 사회적 대의를 찾아내기 마련이다. 과거 세대들은 시민권, 여성의 권리, 환경주의, 전쟁 반대 깃발을 펄럭인 바 있다. 필자가 느끼기로 현재 청년 세대 일부는 '먹거리정의'에서 자신들을 자율적으로 움직이게 하는 사회적 대의를 찾아내고 있다.

20년 전에 워드 체니는 다문화주의와 젊은이와 함께하는 지속 가능한 먹거리체계라는 두 가지 목표를 세웠지만, 이를 실현할 프로그램을 단 하나도 찾지 못했다. 지금은 이와 비슷한 목표를 지닌 단체들이 여럿 있고, 이들은 서로를 안내하면서 자원을 공유하기 시작했다. 또한 오늘날 이 단체들의 직원들과 젊은이들에게는 다른 지역의 동료들과 연대할 수 있는 기회가 늘 있다. 오늘날 이 젊은이들은 농민장터의 소비자들, CSA 프로그램의 회원들, 무료 급식소와 쉼터에 발걸음을 하는 사람들과 자신의 가족들에게 돌아갈 엄청난 양의 먹거리를 공급하고 있다. 이들은 건강한 식사에 관해 서로를 가르치고 있고, 동시에 자신들이 사는 지역이라는 맥락에서 먹거리정의의 의미가 무엇인지를 자문하면서 알아가고 있다. 생각해보면 청소년들을 현장에 참여하게 하는 일, 그리하여 그들이 어른이 될 때쯤이면 페어푸드 체계의 창조라는 대의가 그들의 혈관에 흐르게끔 만드는 일이야말로 장기적으로 먹거리체계를 바꿔내는 가장 좋은 방법일 것이다.

다양성은 먹거리체계 혁신의 핵심 원칙 가운데 하나다. 다양성이 없다면 생물학적으로도, 경제학적으로도 먹거리체계는 약화될 것이기 때문이다. 또한 좀 더 건강한 먹거리체계 창조란 곧 역사적으로 소외된 사람들의 목소리를 경청함을 뜻하므로 사회적, 인종적, 민족적 다양성은 이루 말할 수 없이 중요하다. 그런데 다양성의 가치를 좀 더 확연히 실현하는 먹거리체계들을 고안해갈 때, 우리는 또한 이 체계들이 환경적 온전성을 확보할 수 있게 할 필요가 있다. 이 주제는 다음 장에서 논의하기로 하자.

1. 먹거리체계 내 다양성의 원칙이란 무엇을 뜻하는가?
2. 다양성의 원칙은 곡물/가축 생산 과정에 어떻게 연관되는가?
3. 생산자와 소비자와는 어떻게 연관되는가?
4. 기업 구조와는 어떻게 연관되는가?
5. 당신이 사는 지역의 어떤 조직이 먹거리체계를 보다 다양한 것으로 만들고자 일하고 있는가?
6. 먹거리체계를 보다 다양한 것으로 만들기 위해 당신이 할 수 있는 일은 무엇일까?

5

우리를 먹여 살리는 땅 / 살리는 법

먹거리체계의 기반인 자연 자원의 토대를 희생시키지 않으면서도 늘어난 세계 인구를 먹여 살릴 정도로 충분한 식량을 우리는 생산할 수 있을까? 환경적으로 지속 가능한 식농체계 창조는 과연 가능한 일일까? 일부 전문가들은 살충제와 플라스틱을 사용하여 세계를 먹여 살리는 길이 유일한 실질적 해결책이라고 주장한다.[1] 또는 다량의 합성비료와 살충제, 아울러 (전기 트랙터나 관수용 펌프, 공장 생산 질소 비료 따위에 쓰이는) 막대한 양의 화석연료의 힘으로 실현되는 집약농을 통해서만 미래에 발생할 대규모 기아 사태를 피할 수 있다고 주장하기도 한다. 다른 전문가들은 잔존하는 열대우림 대부분이 먹거리 생산을 위해 앞으로 곧 농지화될 필요가 있다고 확신하기도 한다.

인구 증가, 경작지 감소 때문에 이제 우리가 의지할 방법이라고는 자연 자원 토대를 지금 당장 희생시키는 길뿐이라는 입장을 필자는 거부한다. 이러한 방법은 미래 세대의 먹거리 문제 해결마저도 더욱 힘들게 하거나 불가능하게 할 것이다. 오늘과는 다른 미래, 다시 말해 농업 활동이 자연과 조화를 이루며 진행되고, 자연체계를 좀 더 제대로 모방하며, 환경 악화와 오염 가능성을 줄이거나 제거하는 미래가 실제로 가능함을 일러주는 혁신은 이미 진행 중이다. 이러한 혁신을 실천하고 있는 농민, 연구자, 교육자들은 화학 자원에 대한 의존도를(그러한 의존이 있다면) 훨씬 낮추는 생산·유통체계를 창조하고 있다.

이를테면 그들은 아이오와에서 시행하고 있는 톰슨 부부의 피복작물 활용 같은 새로운 생산법, 다시 말해 양토를 보존하고 하천으로의 토양 침식을 막는 생산법을 실천하고 있다. 또한 고밀도 가축 사육시설이 아니라 방목지에서 좀 더 건강한 육류가 생산될 수 있음을 그들은 보여주고 있다. 그뿐만이 아니다. 세계의 일부 식품 기업과 농기업들 역시 이 문제들을 점차 심각하게 받아들이기 시작했고, 생태학적으로 좀 더 온전한 형태의 생산, 가공, 포장, 유통을 보장하는 먹거리 공급사슬 규정 또한 개발하기 시작했다. 연구에서부터 생산, 유통, 판매에 이르기까지 모든 무대에서 우리에게 새로운 길을 보여주는 지도자들은 분명 있는 것이다.

화학제품 사용량 감축

이미 2장에서 상세히 이야기했지만, 화학제품에 의존하는 식농체계가 환경에 끼치는 악영향은 무섭도록 심각한데, 특히 이는 하천에 흘러 들어가는 농약과 화학비료 투입 탓이다. 대규모 유기농법이 과연 우리의 식량 수요를 충족할 정도로 충분한 생산량을 거둘 수 있는지에 관해서는 과학자들과 유기농 옹호론자들 사이에서 아직 논쟁이 진행 중이다. 어느 연구 결과에 따르면, 유기농체계와 비유기농체계의 생산 잠재력은 비슷한 수준이고 실제 생산량은 토질, 기후, 윤작 여부가 좌우한다고 한다.[2] 게다가 비록 '유기농'이라고 인정되지는 않았지만, 특정 비료나 병충해 방지 화학물의 사용량을 좀 더 건전한 판단에 따라 조절해(그러니까 보통보다 훨씬 적게) 사용하는 성공적인 농업체계들 역시 많다.

이제껏 필자는 무화학농법을 실험하는 많은 농민을 만났다. 그중 가장 논리 정연한 사상을 보여준 사람이 바로 프레드 키르셴만Fred Kirschenmann이다. 자연 보호를 생각하는 농법을 오래도록 옹호하고 실천해온 농부로, 큰 키에 떡 벌어진 어깨, 독일계 강골 농경족 혈통을 지닌 그는 첫눈에 보기에도 송아지 한 마리를 번쩍 어깨에 짊어지고 옆 목장으로 옮길 듯한 외모를 가졌다. 그가 자란 곳은 자신의 부모가 1930년 황진 피해 와중에 농업을 시작한 노스다코타 주 중남부에 있는 한 농가이다. 그의 아버지는 그때 그 모래 폭풍이 단순히 가뭄과 바람 탓이 아니라 농부들이 토양을 대하는 방식 탓이기도 했음을 이해하고 있었다.

프레드 키르셴만의 아버지는 프레드가 소년이던 시절부터 토양 보존에 대한 윤리를 가르쳐주었다. 농가에서 자란 많은 청소년처럼 프레드 또한 기회가 찾아오자 교육을 받아 좀 더 품위 있어 보이는 직업을 구하고자 집을 떠나게 된다. 신학과 철학을 공부하고 시카고 대학교에서 박사학위를 받은 뒤에 그는 교사가 된다. 그는 교사 시절에 네브래스카 출신 농부의 자식이었던 한 학생에게서 유기농법 체계가 어떻게 양토를 생산해내는지 듣게 되었는데, 이 정보를 그의 아버지와 공유하기 시작했다. 1976년에 그의 아버지가 심장병으로 쓰러져 3,100에이커의 농장을 경영할 사람이 필요해지자 그는 이 일을 맡으려고 귀향을 결심하기에 이른다. 하지만 그가 무작정 귀향한 것은 아니었다. 유기농법으로 농사를 짓겠다는 약속, 그러니까 그 어떤 합성 화학물질도 작물 재배와 가축 사육에 사용하지 않겠다는 약속을 스스로에게 하고 나서 그는 귀향한다.

오늘날 가정에서 텃밭을 가꾸는 많은 사람은 유기농 채소를 길러 자급하고 있다. 또 늘어가는 유기농 수요를 충족하고자 다양한 규모의 유기농 과일·채소 생산도 점차 늘어가고 있다. 하지만 프레드 키르셴만이 귀향하던 당시만 해도 거대한 곡물용 농지를 유기 농지화하는 일에는 어마어마한 노력이 필요했다. 이는 특히 그 지역에 유기농에 대한 전문 지식이나 관심을 가진 농부가 단 한 명도 없었던 탓이기도 했다. 귀향 첫해에 키르셴만은 유기농법을 활용한 유기 농지에서 주위의 비유기 농지보다 더 많은 소출량을 냈다. 그러나 그해에 그가 몰랐던 사실이 있었는데, 그해의 기후 조건은 유독 유기농법에 이상적이었다는 점이다. 이듬해 봄 기온이 낮게 유지된 탓에 소출량이 줄어들었을 때, 그리고 제초제를 사용하지 않아서 잡초가 어린 작물의 성장을 방해하는 일이 발생하고 말았을 때 이 점은 좀 더 뚜렷해졌다.

키르셴만이 이 지역 최초의 유기 농부가 되자 그의 이웃들 대부분은 그가 시카고에 정신머리 한 조각을 남겨놓은 채 왔다고 생각했다. 이웃들은 아버지가 평생 동안 일군 논밭을 그가 망치고 있다고 걱정한 것이다. 그러나 그는 좋은 토양을 보호하는 일의 중요함도, 화학제품과 화석연료에 지나치게 의존함으로써 초래될 위험도 잘 알고 있었다. 그가 키르셴만가의 농지 전체를 완전히 유기농화하는 데에는 모두 8년이라는 세월이 걸렸다. 이웃 농가들과 비교했을 때 가장 의미 있었던 그의 실천은 같은 작물이 한 농지에서 1년 이상 재배되지 않게 하는 복합적 윤작 계획안이었다.

그는 추운 계절과 따뜻한 계절 작물을(밀 다음에는 메밀이나 해바라기를 심는 식으로), 볏과식물과 활엽식물을(호밀과 알팔파 또는 클로버를 심는 식으로), 깊게 뿌리내리는 식물과 얕게 뿌리내리는 식물을 교대로 재배했다. 이런 식의 윤작은 잡초나 병충해와 다른 식물 질병을 방지해주는 한편, 서로 다른 토층을 만들어주어 원활한 영양 공급을 돕는다. 또한 그는 농지에 자연 서식지를 만들어 유지함으로써 (예컨대 논밭 사이의 경계에 작물을 열 지어 심는 방법) 해충 포식자를 자연스럽게 키웠다. 또한 콩과식물을 윤작에 자주 포함시킴으로써 토양 속 질소 양을 유지했고, 이로써 화학비료를 추가하지 않고서도 충분히 훌륭한 작물 소출량을 낼 수 있었다. 1982년에는 퇴비 제조법도 익혔는데, 이는 다른 지역에서 퇴비 생산을 시작하던 농부들과의 유대를 통해 가능했다. 그 뒤로 농가에서 키우는 소들의 분뇨로 만든 퇴비를 정기적으로 투입하는 방식은 키르셴만 농장 생산체계의 일부가 되었다. 오늘날 키르셴만 농장은 미국 안에서 환경적으로

나 경제적으로 지속 가능한, 공인된 대규모 유기농업을 가장 잘 실천하는 농장 가운데 하나로 인정받고 있다.

그런데 키르셴만의 윤작은 단순히 토양에만 이로운 것이 아니다. 이는 또한 경제에도 이롭다. 그는 이렇게 이야기한다. "처음 유기농법을 시작했을 당시에는 유기농산물 시장이 있었는지조차도 몰랐습니다. 그러던 어느 날 한 곡물상이 저를 찾아와 고단백 유기농 밀을 생산할 수 있느냐고 물었지요." 유기농 곡물 시장에서 요구되는 바가 무엇인지를 좀 더 많이 알게 되면서 그는 자기만의 윤작법을 개발해 그 수요를 충족할 수 있었다. 예를 들어 유기농 메밀가루의 수요 탓에 그는 메밀(따뜻한 계절 식물이자 활엽식물이고 뿌리가 얕은 식물) 재배를 시작한 것이다.

대규모 유기농을 하는 농장과 충돌하게 되는, 과소평가해서는 안 되는 문제들도 있다. 이러한 문제들은 해충에서부터 정부 정책에 이르기까지 실로 모든 방향에서 나타난다. 키르셴만 농장의 농업체계에 잘 들어맞는 윤작 작물 가운데 하나는 해바라기(따뜻한 계절 식물이자 활엽식물이고 뿌리가 깊은 식물)인데, 유기농 해바라기 씨앗 시장이 이미 충분히 발달되어 있으므로 그 재배 요건은 충족되어 있는 상태다. 하지만 불행하게도 해바라기 씨앗은 찌르레기가 사랑하는 먹이이기도 하다. 노스다코타에 많이 사는 이 새는 가을철마다 남쪽으로 이동하기 위해 많은 에너지원을 필요로 하는데, 해바라기 씨앗이 이를 충족해주는 것이다. 1990년대 초까지 키르셴만의 이웃 농가들 가운데 일부는 그의 윤작 아이디어를 수용했고, 그 지역 몇몇 농가에서는 해바라기 또한 재배했다. 그리하여 이 새의 공격이 있을 경우에도 그 지역에 충분히 많은 해바라기가 있는 한 각 농가의 작물 손실률은 고작해야 5~8퍼센트에 그쳤고, 이는 경제학적으로 볼 때 감내할 만한 상태였다. 그런데 1990년대에 농업법Farm Bills이 발효되자 옥수수나 다른 '프로그램' 작물에 집중하지 않는 농장에는 정부 보조금이 제한되었다. 따라서 키르셴만의 이웃 농가들은 해바라기 재배를 포기하게 되었다. 처음부터 이러한 정부 프로그램의 일부가 되기를 원치 않았던 그는 해바라기를 계속해서 재배했는데, 그 지역 농가들 가운데 유일하게 해바라기를 재배하던 키르셴만 농장은 찌르레기 탓에 60퍼센트의 작물 손실 피해를 입게 되었고, 끝내는 해바라기 재배를 포기하고 말았다.

또 한 가지 문제는 유전자공학으로 만들어진 '라운드업레디' 카놀라canola의 출현이었다. 카놀라는 추운 계절의 활엽식물로서 윤작에 잘 맞고, 좋은 시장(유기농 카놀라유 시장) 역시 갖춘 작물이다. 하지만 곤충을 통해 수분을 하는 작물이고, 또 어떤 유전자조작 작물genetically modified organism(이하 GMO)도 유기농가에서는 사용될 수 없기 때문에 유기농 카놀라를 재배하는 농부는 자신의 카놀라 농지와 GMO 카놀라가 자라는 농지 사이에 2마일(3킬로미터 정도)이라는 완충 지대를 유지해야 한다(2마일 반경 안에서 곤충들이 머물 것이라는 가정 아래에). 최근 이 지역 농부 가운데 다수가 GMO 카놀라를 재배하기 시작하자 키르셴만 농장은 더 이상 카놀라를 윤작 작물로 재배하지 못하게 되었다. 이러한 중차대한 윤작 작물이 강제로 퇴출되었다는 점이 필자의 마음을 괴롭게 한다. 우리는 농가에서 이러한 윤작법을 ('더 적게'가 아니라) 더 많이 할 수 있도록 시장과 정부 정책과 관련하여 우리가 할 수 있는 일을 다 해야만 할 것이다. 이러한 윤작법이야말로 우리의 삶을 미래에까지 지속시킬 무언가인 것이다.

1980년대 중반에 키르셴만은 좀 더 많은 농민이 지속 가능한 농법을 실천할 수 있는 경제적 자유를 갖도록 정부 정책이 바뀌어야 한다는 당위성을 자신의 농업 경험과 함께 농부로서 또 교사로서 외부에 말하기 시작했다. 그가 한 첫 번째 대중 연설은 1985년에 농업법이 국회에서 논의된 뒤 최초의 지속 가능 농업 연구 프로그램(LISA : 저투입 지속 가능 농업Low Input Sustainable Agriculture)이 농무부에 창설되었을 당시에 워싱턴의 상원의원들을 대상으로 했던 연설이었다. 당시와 마찬가지로 지금도 그는 대지와 작물에 깊이 연결되어 있는 한 농부로서 목소리를 내고 있다. 하지만 그가 하는 연설에는 복음 전도자와 과학자라는 두 면모를 지닌 사람 특유의 고뇌가 들어 있다. 예컨대 그는 연설에서 논에 제초제를 사용하는 대신 특정 종의 오리를 풀어 키우는 일본 농부 이야기를 할 것이다. 이 오리들은 어린 벼들을 좋아하지는 않지만, 그 벼들 곁에서 자라나는 잡초들을 즐겨 먹는다. 하지만 이것 말고도 오리가 주는 다른 혜택들도 있다. 이 오리들은 중요한 비료원을 제공하기도 하며, 농부는 오리 고기라는 2차 상품 역시 판매할 수 있는 것이다. 그는 이러한 일화를 들려주면서, 만일 우리가 전체를 통찰하는 시각에서 농경지를 단일 작물 생산용 기계가 아니라 하나의 생태계로 생각하고 그렇게 볼 수 있다면 해결책은 나타난다고 말한다.

│ 소를 다시 목초지로 데려가기 │

미시간 북부에 사는 낙농업자인 조지 셰틀러George Shetler는 제도나 지속 가능성 따위의 고상한 주제보다는 가족이나 날씨 같은 주제를 화제로 선택하기를 바라는, 겸손이 몸에 밴 사람이다. 하지만 그는 자신이 키우는 소들에 대해 이야기하는 일도 즐긴다. 처음 그를 만났을 때 그는 나중에 '미시간 농업관리자협회Michigan Agricultural Stewardship Association'가 되는 지속 가능한 농업 지도자 모임에 참여한다는 서명을 한 상태였는데, 당시 그는 자신이 너무나 사랑하는 소들과 땅에서 자신을 분리하려고 하던 어떤 난관에 봉착해 답을 찾고 있었다.

미 중서부에 사는 다른 소규모 낙농업자들 대부분처럼 셰틀러 역시 농업 확대 모델을 추구한 사람이었다. 그는 40마리 정도 되는 젖소를 키웠는데, 그 젖소용 사료 가운데 일부는 자신의 농지에서 충당했다.[3] 그가 직접 생산할 수 없었던 사료(예를 들어 옥수수나 콩처럼 좀 더 남쪽에서 자라는 것들)는 구매해야 했는데, 이 구매에 매월 들어간 돈은 전체 지출 가운데 큰 부분을 차지했다. 또한 그는 작물 파종, 양토 만들기, 병충해 방지(비료와 살충제 사용), 사료 작물의 수확과 절단, 건초의 포장과 수송을 위한 숱한 장비도 가지고 있었다. 이러한 농장체계는 동물 사료 저장을 위한 넓은 공간을 필요로 했다. 그는 소들을 대개 우리나 자그마한 야외 방목장에 가둬둔 채 매일 먹이면서 하루에 두 번씩 1년 365일 소젖을 짜냈다. 또한 추가로 장비, 연료, 노동을 들여서 우리에서 나오는 분뇨와 짚을 바깥 농지로 옮겨 농지에 뿌려야 했다. 이러한 낙농체계는 과도한 노동력을 필요로 했고, 그는 (만일 찾을 수 있다면) 사람을 찾아 고용해야 했다.

1990년, 필자가 셰틀러를 만난 지 얼마 지나지 않아서 그가 자신의 농가를 잃게 될 위기에 처했다는 소식을 듣게 되었다. 우유를 공급한 대가로 (그가 공급하는 우유와 다른 지역 우유를 혼합하는) 우유 협동조합에서 얻는 수입이 그의 지출을 감당하지 못했던 것이다. 그는 곧 파산할 지경이어서 낙농업을 접고 새 직장을 구해야 하는 처지였다. 그의 얼굴에 고뇌의 그림자가 짙게 드리워진 슬픈 상황이었다.

셰틀러는 이러한 상황을 타개하고자 다른 방식, 그러니까 뉴질랜드에서 수년 동안 성공을 거둔 낙농법에 관해 배우기 시작했다. 당시 뉴질랜드는 전 세계 우유 생산량의 2퍼센트 이하를 생산하고 있었지만, 전 세계 유제품 교역량의 25퍼센트 정도를 차지하고 있었다. 대체 어떻게 이런 일이 가능했을까? 분명 뉴질랜드 낙농업자들은 새로운 사고방식을 채택하고 새로운 기술을 활용했는데, 이로써 그들은 가장 저렴한 비용으로 우유를 생산하는 생산자들이 될 수 있었다. 그 기술이란 간단했다. 한 사람의 힘으로도 쉽게 옮길 수 있는 인장력이 높은 전자 울타리가 바로 그것이었다. 사고방식의 변화는 혁명적인 변화였다. 다시 말해 그들은 관심의 초점을 소에서 대지로 바꿨고, 자신들의 농장을 낙농장이 아니라 목초지로 바라보기 시작한 것이다.

미시간 북부의 낙농업자 셰틀러 역시 같은 길을 선택한다. 전통적인 방식의 낙농업을 거의 평생 해왔는데도 그는 전혀 새로운 길에 나선 것이다. 멀리 떨어진 지역에서 사료를 구매하여 수송하고, (그가 자신의 토지에서 기른 건초와 함께) 저장하며, 소 우리의 분뇨를 농지로 이동시켜 뿌리는 농법 대신에 그는 대지 자체에서 사료를 조달하는데, 달리 말해 소들이 목초지에서 목초를 먹게 하는 데 초점을 맞추기 시작했다. 그는 전체 농지를 1~2에이커 정도 크기의 방목지들로 구획했고, 각 방목지들을 구별하고자 뉴질랜드식 울타리를 사용했다. 그러면서 사료와 분뇨를 이동시키는 대신에 소들을 이동시켰다. 가장 좋은 영양분을 보유한, 적정 상태의 목초가 깔린 새로운 방목지로 말이다. 소들은 이동하면서 부드럽고 영양 만점인 목초를 먹었고, 하루에 두 번 젖을 짜기 위해 우리로 왔다 갔다 하는 걷기 운동을 했다. 각 방목지는 소들이 다녀간 뒤로 약 30일 동안은 '쉴' 수 있었고, 그동안 목초들은 생기를 회복하여 사료 공급의 새로운 단계에 쓰일 수 있었다.

셰틀러의 새로운 낙농체계가 생태학적으로 좀 더 균형 잡힌 이유는 다음과 같다.

- 사료용 작물 생산을 위한 대규모 장비의 불필요(사실을 말하자면 그는 이 장비 일체를 판매해 수입을 얻었다.)
- 연료비 절감(그는 연료 비용을 크게 줄일 수 있었다.)
- 분뇨 살포에 드는 비용과 연료, 노동의 불필요. 소들은 목초를 뜯으면서 자신들의 분뇨를 스스로 살포한다. 날카로운 발굽이 분뇨를 밟을 때마다 그 분뇨는 토양 속으로 스며들어가게 된다.
- 목초지에서 자라는 목초와 콩과식물의 혼작. 그러니까 더 이상 단일 경작이 아니다. 질소 비율을 조절하는 콩과식물과 분뇨를 따라 저장되는 영양분 덕택에 합성비료를 사용할 필요가 사라지게 된다. 방목지 대부분에서 그는 목초와 콩과식물의 씨앗을 뿌릴 필요조차 없다. 소들이 사료를 적정 단계의 성장 상태로 유지하도록 방임하고, 각 방목지가 충분히 쉴 수 있게 함으로써 이 낙농체계에 필요한 목초들과 콩과식물들은 스스로 번식해 목초지를 채우기 시작한다.
- 살충제와 제초제 사용의 불필요. 여러 식물이 자연스럽게 혼합되고,

소들이 이 식물들을 자주 먹음으로써 화학적인 방식의 병충해 방지는 필요 없게 된다. 옥수수나 알팔파 농지에서 잡초로 분류되던 풀들은 이제 영양 만점 아침 식사가 되었다!

- 1년 작물 생산이 아닌 다년 목초지로 농지를 사용함으로써 (전 지구적인 기후 변화의 원인이 되는 온실가스인) 이산화탄소 '저장소sink'를 만들기. 목초지에서 자란 식물의 뿌리들은 이 지하 저장소의 탄소를 토양 속에 가두어 유기물로 변환시킨다. 다시 말해 셰틀러의 새로운 체계는 지구 온난화 완화에 실질적인 기여를 하고 있는 것이다.

셰틀러는 1~2년 만에 자신의 재정 상황을 확연히 흑자로 돌려놓았다. 하지만 상황 호전은 여기에 그치지 않았다. 그는 '시기별 낙농업'이라는 것을 시작했는데, 이는 해마다 송아지가 태어나는 시기를 정해 송아지를 낳기 전의 겨우내 한두 달 동안은 소들을 '마른 상태로' 둠으로써 소들에게 연중 휴가를 주는 방법이다. 1년 내내 하루도 쉬지 않고 젖을 짜내던 시절, 그는 결코 일에서 쉰 적이 없었다. 이제 그는 자신과 아내에게 해마다 새 출발을 위한 휴식을 선물로 주고 있는데, 이는 소들에게 먹이 주는 시간 사이에 간격을 두어 목초지를 쉬게 하는 것만큼이나 중대한 일이다.

다른 점에서도 상황은 더 좋아졌다. 셰틀러는 자신이 목초지에서 생산한 우유가 콩과 다른 곡물을 먹고 자란 소의 우유에 비해 확연히 다른 품질(훨씬 더 맛이 있다!)임을 깨닫게 된다. 그는 로컬푸드에 대한 수요가 희미하게나마 나타나고 있다는 사실 또한 (우리들 대부분이 인식하기 이전에) 인식하게 된다. 1998년에 그는 자신이 짜낸 우유를 (다른 지역 우유와 섞는) 협동조합을 통해 판매하는 방식을 버리고, 스스로 병에 담아 인근 가게에서 직접 판매하기 시작한다. 오늘날 트래버스Traverse 시내에 있는 대부분의 가게에서 셰틀러 목장의 우유병과(소비자는 병을 돌려주고 예치금을 돌려받을 수 있다.) 아이스크림이 판매되고 있다. 또한 그의 가족이 운영하는 목장 안 가게에서는 영양 만점인 셰틀러 목장 아이스크림을 직판하고 있다. 조지 셰틀러는 생태학적 온전성과 경제적 활력이 어떤 식으로 공존할 수 있는지를 보여주는 훌륭한 사례인 것이다.

반갑게도, 목초지 기반 낙농과 유제품의 지역 판매로 전환하고 있는 낙농업자가 셰틀러만은 아니다. 북캘리포니아의 '스트라우스 가족 유제품 가공장Strauss Family Creamery', 아이오와 페어필드Fairfield의 '프랜시스 시크 목장Francis Thicke's dairy', 펜실베이니아 체스터카운티Chester County의 '세븐스타 농장Seven Stars Farm' 같은 수많은 낙농가가 방방곡곡에서 환경과 환경 수호자 모두를 이롭게 하는 낙농법이 가능함을 증명하고 있다.

고밀도 가축 사육시설에 대한 대안들

좀 더 많은 농가가 키르셴만이나 셰틀러 같은 방식으로 농법을 전환하기 위해서는 토지 공여 대학교 과학자들에게서 좀 더 지속적인 연구들이 나올 필요가 있다. 이 과학자들 가운데 일부가 (여전히 소수이지만) 판에 박힌 사고방식에 도전하며, 먹거리 생산체계가 어떤 식으로 변화되어야 하는지에 대해 대담하고도 새로운 목소리를 내고 있다는 사실에 필자는 고무되어 있다. 이들은 생화학·유전학 실험실에, 또는 경제학 도표에 머리를 처박고 있는 데 만족하는 사람들이 결코 아니다. 이들은 토지 공여 대학교의 임무가 지역공동체와 협동하여 지역 주민들이 일상에서 직면하고 있는 문제들에 대한 실질적인 해결책들을 알아내는 데 있다고 이해하고 있다. 이러한 과학자들 가운데 한 사람이 바로 노스캐롤라이나 주립대학교의 낸시 크리머Nancy Creamer 박사다. 우리는 '대학과 공동체 협력University/Community Partnership'이라는 프로그램에 대한 켈로그 재단 보조금에 농민과 연구자들로 구성된 그녀의 팀이 지원했을 때 처음 만났다. 당시 그녀는 이 팀과 함께 노스캐롤라이나 지역에서 경제적으로 합리적인 돼지 사육 방법으로서 고밀도 가축 사육시설confined animal feeding operations, CAFO을 대신할 수 있는 방안을 모색하고 있었다.

크리머는 캘리포니아 태생으로서 오하이오 주립대학교에서 원예학을 공부했는데, 이후 노스캐롤라이나 주립대학교의 농업과에서 일하게 되었다. 이곳에서 그녀는 노스캐롤라이나 주의 주요 작물과 가축을 환경적으로 좀 더 온전한 방식으로 생산·사육하는 체계를 주로 연구하는 새로운 연구 기관(환경적 농업체계센터the Center for Environmental Farming Systems, CEFS)을 꿈꾸게 된다. 큰 키에 마른 몸매, 게다가 햇볕에 타 구릿빛 피부를 가진 그녀를 처음 만났을 때 책상머리보다는 현장에서 시간을 더 많이 보내는 사람임을 단박에 알아챌 수 있었다. 필자를 사로잡았던 것은 캘리포니아 남부 출신의 이 젊은 유대인 원예학자가 미국 최남단 지역 농민과 연구자들로 구성된 팀을 이끌면서 좀 더 생태학적이고 인도주의적인 방식의 돼지 사육법을 창조하려고 시도하고 있었다는 점이다.

미국에서 사육되는 대부분의 돼지들은 자그마한 우리에서 태어나는데, 그 우리는 어미 돼지들이 스스로 먹거나 새끼들을 먹일 때를 빼면 움직일 공간이 거의 없을 정도로 비좁다. 이러한 우리들이 끝없이 줄지어 있는 건물의 이름은 바로 '카포CAFO', 고밀도 가축 사육시설이다. 제프 티츠Jeff Tietz가 설명했듯이 돼지들은 상품 창고처럼 벽으로 나뉘어 줄지어진 공간에서 수백, 수천 마리가 함께 산다. 거기에는 햇살도, 짚도, 신선한 공기도, 흙도 없다. 암돼지들은 인공수정을 당하고, 먹여지며, 제 몸조차 돌리기 힘든 극히 좁은 공간에서 새끼를 낳는다. 완전히 다 자란 113킬로그램짜리 인공수정 수돼지 40마리는 작은 아파트 크기의 우리에 갇혀 키워진다.⁴ 새끼 돼지들은 젖을 떼자마자 하루 최대치의 몸무게 증량을 목표로 사료를 먹는데, 성장을 촉진하는 성장호르몬과 여러 마리 동물이 그토록 작은 공간에 살 때 퍼질 수밖에 없는 질병 감염을 예방하는 항생제가 이들 몸에 주입된다.

오늘날 미국산 돼지고기의 90퍼센트 이상이 카포에서 사육된 돼지로 공급되고 있다. 하지만 성장호르몬과 항생제에서 자유롭고, 신선한 공기와 목초지를 접하면서 자란 돼지로 만든 돼지고기에 대한 수요 역시 늘어가고 있다. 일례로 최근에는 버크셔Berkshires 종*의 부활을 들 수 있다. 가장 높은 품질과 부드러운 육질로 유명한 버크셔 품종은 1994년부터 2004년까지 10년 동안 그 수와 자손 생산에서 네 배의 증가율을 보인 것이다.⁵

목초지에서 방목한 돼지고기나 유기농 돼지고기를 선호하는 소비자들은 주로 육류의 품질이나 자신들의 건강에 관심을 둔 사람들이다. 하지만 이런 돼지 사육법은 중대한 생태적 효능이 있는 사육법이기도 하다. 조지 셰틀러의 목초지 낙농체계에서 발견되는 생태적 효능은 목초지에서 돼지를 사육하는 경우에도 발견된다. 노스

---

* 영국의 버크셔가 원산지인 돼지 종으로서 체질이 강건하고 기후·풍토에 잘 적응하여 사육하기 쉽다.

캐롤라이나 주는 미국의 다른 어느 주보다 돼지를 많이 생산하고 있다. 크리머 박사가 노스캐롤라이나 주립대학교(아울러 노스캐롤라이나 농업기술대학교와 노스캐롤라이나 주 농업부) 행정 당국을 만나 '환경적 농업체계센터'를 위한 자금을 확보하려고 했을 때 그녀가 바랐던 바는 생태계와 동물 권익을 생각하면서 가축을 사육하고 싶어한 노스캐롤라이나의 돼지 농가들을 위해 카포에 대한 대안을 연구하는 것이었다.

1994년에 크리머 박사 팀이 켈로그 재단 지원금을 받아 '환경적 농업체계센터'를 설립한 이래로 두 대학교의 12개 학과를 대표하는 35명의 대학생들이 그 연구 프로그램에 참여했고, 29명의 대학원생이 논문 연구를 했으며, 센터는 거의 100명의 인턴과 수습생을 훈련시켰다. 주목할 만한 프로젝트로는 대안적인 돼지우리 만들기, 환경적으로 지속 가능한 생산법으로 돼지를 사육하는 축산업자와 친환경적이고 인간적인 방식으로 사육된 돼지고기를 구매하고자 하는 노스캐롤라이나 소비자를 연계하기(예를 들어 미국 최초의 '돼지고기 공동체 지원 농업[*]') 따위가 있다.

대기업에도 필요한 지속 가능성

페어푸드 혁명을 이끄는 일부 지도자들은 소규모 농업체계에 주안점을 두지만, 다른 사람들은 좀 더 큰 사업체에도 시선을 둔다. '지속 가능한 먹거리 실험실Sustainable Food Laboratory(이하 SFL)' 프로젝

---

[*] 지역의 돼지고기 생산 목장을 지역민이 지원하는 농가 지원 프로그램 또는 그 프로그램 아래에 있는 농가다.

트에는 유럽과 북미, 남미의 비영리 기구와 영리 단체, 정부 지도자들이 두루 참여하는데, 이를 통해 그들은 서로의 관점을 배우고, 관계를 형성하며, 지속 가능한 먹거리 시장을 틈새시장에서 주류 시장으로 전환하려는 노력에 박차를 가하고 있다. 이 프로젝트는 처음부터 지금까지 햅 해밀턴Hal Hamilton이 이끌고 있다. 해밀턴은 1970년대 초반에 스탠포드 대학교를 졸업한 이후 켄터키 주에서 낙농업자의 삶을 시작한 사람이다. 1980년대의 농업 위기를 몸소 체험한 이후 그는 어쩔 수 없이 생계용 농업을 포기하게 된다. 그러나 그는 삶의 방식으로서의 가족농까지 포기하지는 않았다. 그의 작업과 지원 활동은 수많은 농민에게 영감의 원천이 되고 있다.

2003년에 해밀턴은 어떤 프로젝트 때문에 켈로그 재단 지원금을 받을 수 있는지 필자에게 문의했다. 그것이 뒷날 SFL로 발전할 프로젝트였다. 만일 재단이 이 일을 지원한다면 필자 역시 꼭 참여하고픈 프로젝트였다. 켈로그 재단은 지원금의 유효 기간 동안에만 존속되는 프로젝트들에 흔히 자금을 지원한다. 하지만 이 프로젝트는 재단 지원금이 바닥난 이후로도 오랫동안 지속될 수 있는 거대한 변화를 만들어낼 잠재력을 갖춘 프로젝트였다.

2004년 6월에 필자는 네덜란드 베르헌Bergen에서 열린 제1회 SFL 모임에 참석했다. 그런데 혼란스럽기 그지없던 첫날 모임을 끝내고 보니 이 모임에 대해 필자가 가지는 전망이 하나의 몽상은 아니었나 의심되었다. 환경을 오염시키고 노동자들을 착취한다면서 대규모 식품·농기업을 향해 거침없이 욕설을 쏟아내던 비영리 기구 지도자들의 목소리를 경청하기가 어려웠던 것이다. 또한 전 세계 민중이 기아로 죽어나가고 있는 판국에 엘리트 유기농주의에 병적인 집착을 보인다면서 비영리 기구를 경멸하듯 비난하던 기업 지도자들의 목소리도 들어야 했다. 참가자 가운데 한 사람이었던 브라질 최대 육류 회사 간부는 이런 말을 했다. "우리의 첫 번째 과제는 사람들이 굶주림으로 죽지 않게 하는 거예요. 이 단일 과제에 집중하지 않는 사람이 있다면 그 사람은 사실상 지속 가능성이라는 말의 참뜻을 이해하지 못하는 겁니다. 유기농 따윈 잊어버리세요. 우리에겐 사람들을 먹여 살릴 더 많은 식량이 필요해요."

SFL의 첫 모임에 참석했던 사람들 가운데 두 번째 모임에 모습을 드러낸 사람은 일부였다. 양측의 일부 지도자들 역시 대오에서 이탈해버렸다. 하지만 충분히 많은 사람이 모임에 계속 참여했고, 신뢰가 서서히 구축되기 시작했다. 나아가 몇몇 핵심 인물이 새로 참여하기까지 했다. 다시 말해 이 초창기 회합은 중대한 결실로 이어진 것이다. SFL은 지금도 지속되고 있는데, 이는 세계의 일부 식품·농업 대기업들(코스트코Costco, 제너럴 밀스General Mills, 유니레버Unilever, 네슬레Nestlé, 스타벅스Starbucks, 엠앤엠 마즈M&M Mars, 시스코Sysco)과 환경, 지속 가능한 농업, 농장 노동자 권익 문제에 개입하고 있는 비영리 기구 지도자들을 한자리에 모이게 하는 세계에서 유일한 현장이다. 이들은 공동으로 환경 친화적이고 사회적으로 책임 있는 상품 공급사슬을 만들기 위한 기준과 규정을 개발하고 있다.

필자는 해밀턴이 '기업이라는 적'과 너무 친하다는 이유로 비정부기구 안에 있는 그의 친구들에게서 심한 비난을 받는 반면, 비정부기구 사람들의 이상주의에 지나치게 동조한다는 이유로 기업들에서도 비슷한 비난을 받는 모습을 목격한 바 있다. 하지만 충돌하는 이해관계를 잘 조정할 줄 알고 모든 사람의 관심을 좀 더 큰 대의에 모으게 하는 그의 능력 덕분에 SFL은 오늘날 의미 있는 모임이 되고 있다. 이 모임의 중요 성과들을 통해 지금의 먹거리체계에 생태적 온전성 같은 새로운 가치들을 적용할 방법에 관심을 둔 다양한 분야의 지도자들을 한자리에 불러내는 일이 얼마나 큰 파급 효과가 있는지를 확인할 수 있다. 그 성과들 가운데 하나는 수십만 에이커에 이르는 농지에 생태적으로 온전한 병충해 관리법을 도입하려고 하는 시스코의 노력이다.

시스코의 연간 수입은 390억 달러 규모다. 미국 최대 식품 유통업체인 이 기업은 미국 내 식당, 카페테리아, 식품 서비스 관련 업소들에 운송되는 식품과 재고품의 상당 부분을 책임지고 있다. 시스코의 경영 책임자는 릭 슈니더스Rick Schnieders인데, 그는 2000년에 이 기업 총수가 되자마자 먹거리체계가 환경에 미치는 악영향과 시스코의 엄청난 탄소 발자국에 대해 동료들과 논의하기 시작한다. 동료들에게 만일 시스코가 농법 변화에서의 선도적인 지위를 동종 업계에서 얻게 될 경우, 이것이 기업에 어떤 긍정적인 효과를 미칠지 상상해보라고 주문한 것이다.

슈니더스의 결의와 관심을 듣게 된 회사의 젊은 지도자들은 행동에 나서기 시작했다. 시스코에서 품질보증 관리자로서, 그의 상관 크레이그 왓슨Craig Watson과 함께 아스파라거스 조달 업무를 해온 셰인 샘플스Shane Sampels도 이 기회를 놓치지 않은 사람이다. 두 사람은 회사 안에 거대한 환경적 이익으로 이어질 프로젝트를 만들어낸다. 1990년대 후반에 시스코는 남미에서 아스파라거스를 조달할 필요가 있다고 판단하는데, 이는 당시 미시간 주과 태평양 북서 지역에서 조달되는 물량만으로 회사의 수요를 감당할 수 없었기 때문이다.

이 두 사람은 새로운 조달지로 페루를 선택했는데, 왓슨이 이야기한 바에 따르면, 문제는 주로 무지함으로써 실행되고 있는 농지 남용과 살충제 남용에 있었다. 시스코는 현지 농부들과 공조하여 좀 더 나은 양분 관리와 수자원 관리, 좀 더 조심스러운 살충제 살포를 위해 애쓰기로 결정한다.

이들은 조언을 구하기 위해 '통합적 병충해 관리법integrated pest management, IPM' 연구로 유명한 코넬 대학교에 찾아가게 된다. '통합적 병충해 관리법'은 작물을 재배할 때 최종 수단으로서만 합성 살충제를 사용하고, 사용할 때에도 해충의 생명 주기에 맞춰 그 적용 시기를 신중히 결정, 최소한의 효과적인 분량만을 사용하게 하는 병충해 관리법이다. 이는 달력의 일정대로, 또는 예방 차원에서 살충제를 사용하는 기존의 관례화된 방법과는 상반되는 방법이다. '통합적 병충해 관리법'은 지식을 갖춘 '해충 정찰병'에 의존하는데, 이 정찰병들은 농지를 관찰하여 해충 발생의 초기 신호를 감지하는 임무를 담당한다. 병충해 억지책은 오직 해충의 수가 작물에 경제적인 피해를 초래하게 될 임계점에 이를 때에만 사용된다. 이 임계점에 이르면 정찰병은 여러 종류의 억지책을 활용하는데, 여기에는 곤충 유인용 페로몬(곤충 성호르몬)을 방출하는 덫의 사용, 해충을 자연스럽게 억지하는 익충의 도입, 최종 방책으로서의 살충제 살포 따위가 포함된다. 페루의 생산자들은 '통합적 병충해 관리법'을 활용하기 시작했고, 따라서 시스코는 자신뿐 아니라 소비자들 모두에게 이롭게끔 아스파라거스 생산 과정을 획기적으로 바꿀 수 있었다.

슈니더스는 왓슨을 '품질 보장/지속 가능한 농업국'의 부국장으로 임명했다. 그들이 페루에서 개발한 농업체계를 시스코가 미국 안에서 다루는 모든 과일과 채소 생산에 적용하는 일을 맡아달라는 것이었다. 두 사람 모두 이 혁신 프로젝트를 실행하려면 회사 외부에서 도움을 받을 필요가 있음을 알았고, 그리하여 그들은 SFL에서 만난 비영리 기구 사람들과 접촉하게 되었다. 그들은 위스콘신의 '통합적 병충해 관리법' 연구소장인 톰 그린Tom Green에게 시스코 식품 공급자들과 생산자들을 위한 표준안 개발을 도와달라고 요청했다. 현재 위스콘신의 연구소는 '통합적 병충해 관리법'이 정확히 시행, 보고되도록 식품 공급자과 생산자들을 대상으로 해마다 독립적인 감사를 진행하고 있다. 이 연구소가 운영하는 시스코 프로그램은 다음 세 층위에서 업무 평가를 시행하고 있다. ①시스코에 식품을 납품하는 사람들은 검사와 평가를 위한 서류 양식을 작성, 제출한다. 이 서류에서 그들은 어떤 식으로 살충제와 비료를 사용하고, 물과 에너지를 보존하며, 쓰레기를 재순환할지에 대해 상세히 적어야 한다. 연구소는 이를 평가하고, 공급자들은 통과 점수를 얻을 때까지 서류를 다시 제출해야만 한다. ②공급자들은 수질, 살충제 사용, 수자원 관리, 에너지 사용과 노동자 안전 같은 모든 사안과 관련된 표준안을 가지고 시행되는 제3자 감사를 해마다 받아야 한다. 공급자들은 생산자들에게서 이 모든 범주의 활동에 대한 정보를 받아야만 한다. 감사는 보통 한 공급업자당 하루 반 동안 진행되며, 가공 공장과 함께 생산자 한두 명에 대한 방문도 시행된다. ③공급자들은 표준안과 지표에 따른 그들의 활동을 자체 평가하는 평가 보고서를 해마다 제출해야 한다.[6]

시스코의 감사와 보고에는 대개 농장과 가공 공장에서의 관행 변경으로 말미암아 '사용이 기피된 살충제나 비료의 양'이 언급된다.

또한 수톤에 이르는 재순환된 쓰레기와 에너지 절감도 보고된다.

지금까지의 결과는 다음과 같다.

- 현재 90만 에이커가 넘는 농지 또는 미국 '특산 작물Specialty Crop' 농지 전체의 6.5퍼센트가 '통합적 병충해 관리법'에 따라 관리된다. 이는 곧 최소 4,900명의 생산자, 160개의 가공 공장 그리고 시스코에 과일과 채소를 납품하는 59개의 공급자가 이 관리법을 실천하고 있다는 말이다.

- 이 프로그램이 시행되는 5년 동안 906톤 이상의 살충제 살포가 억제되었다.

- 2009년에는 1,360톤 정도의 합성비료 살포가 억제되었고, 2억 2700만 톤의 유기물질이 (쓰레기로 폐기되는 대신) 농지에 쓰일 퇴비로 재순환되었으며, 13만 톤 정도의 물질들이 (매립지로 보내지는 대신) 재순환되었다.

대부분의 토지 공여 대학교들은 자신들이 위치한 주나 지역에서 재배되는 몇몇 작물을 위해 '통합적 병충해 관리법'을 쓰라고 권하고 있다. 하지만 여러 다양한 작물에도 적용될 수 있는 하나의 전국적 표준은 시스코가 이 프로그램을 개발하기 전까지는 존재한 적이 없다. 그린은 이 프로그램을 "자신들이 유통하는 식품들을 위해서 '통합적 병충해 관리법'과 지속 가능한 농업을 발전시키고자 북미 식품 유통업자들이 해온 노력 가운데 가장 규모가 큰 노력"이라고 설명한다. 시스코는 경쟁업체를 비롯한 다른 식품 기업체들에게 이 프로그램의 상세 내용을 공유하자고 제안하고 있다. 최근에 왓슨은 필자에게 이렇게 말한 바 있다. "우리는 다른 사업체들에게 이 프로그램의 세부 내용들을 사용해보라고 제안했지만 아무도 이를 받아들이지 않았지요."[7]

슈니더스와 그 추종자들은 경제적 이익이 뚜렷하지도, 직접적이지도 않은데도 왜 그토록 빠르게, 그토록 거대한 규모로 회사를 이 방향으로 끌고 갔을까? 왓슨은 이렇게 말한다. "회사가 장기적으로 생존하느냐에 관한 거죠. 머지않아 토양을 잘 다루는 농부들이나 환경을 잘 다루는 공급업자들이 번영하게 되고, 그렇지 못한 사람들은 실패하게 되는 때가 올 겁니다." 그러나 자신들의 성취에 대해 공공연히 떠벌리는 대신에 그들은 침묵을 지켰다. 왜냐하면 이는 시작에 불과하다고 생각하고 있기 때문이다. 왓슨은 몇 가지 난관에 대해서도 이야기한다. "아직 한 산업 전체가 이끄는 프로그램이 시행되지는 않았어요. 산업 내 기업체들의 강력한 공조 없이 우리가 하고자 하는 변화를 만들어낼 수 없을 겁니다. 산업 내 기업체들이 움직이게 해야 해요."

물론 그렇다. 하지만 오늘날 시스코는 지속 가능한 먹거리체계를 향한 행진에서 가만히 정지해 있지는 않다. 이 기업이 앞으로 할 다음 혁신 대상은 지역 조달품으로서, 구체적으로는 시스코 트럭을 통해 지역 식당과 카페테리아로 운송되는 지역산 과일과 채소다. 시스코는 전국 생산량의 최소 7.5퍼센트는 로컬푸드로 공급할 잠재력이 있다고 보고 있다. 시스코의 물류 크기를 고려해볼 때, 이는 곧 지역 농부를 위한 5억 달러 이상의 새로운 시장을 뜻한다. 또한 이 기업은 지속 가능한 해산물의 무대로도 나아가고 있다. 또 하나의 비영리 기구인 세계야생동물기금World Wildlife Fund과 공조하여 기업의 해산물 조달 행위가 미래 세대를 위한 해양 환경을 보전하는 데 기여할 수 있도록 합리적 목표치와 표준 시안을 평가하고 있는 것이다.

시스코가 로컬푸드 유통에서도 한몫을 담당할 수 있는 가능성도 크다. 어쨌거나 시스코는 하나의 유통업체이며, 그 전문 기술은 유통 관련 기술인 것이다. 그리고 유통이야말로 로컬푸드 체계에서 일하는 많은 사람이 '병목'이라고 지적하고 있는 영역이다. 시스코는 현재 하이브리드 트럭 엔진을 시험 개발 중이며, 현재 사용하고 있는 것보다 에너지 효율성이 훨씬 더 높은 새로운 트럭 냉동 기술을 개발 중이다.

SFL과 관련된 성과와 시스코의 성취는 기업 지도자들과 비영리 기구 지도자들이 협동할 때, 나아가 생태적 온전성을 갖춘 체계를 창조하려고 위험마저 감수한 채 함께 노력할 때 어떤 일이 나타날 수 있는지를 보여준다. 이러한 혁신들이 그저 생태적으로 온전한 데 그치지 않고 경제적으로도 활력 있는 혁신이게 하려면, 이러한 종류의 협력 관계를 창조하는 길 역시 하나의 훌륭한 방법일 것이다. 이러한 협력이 없다면 이 모델들의 수명은 짧을 수밖에 없을 것이다.

• **토론거리**

1. 생태학적 온전성의 원칙이라는 무엇을 뜻하는가?
2. 유기농법, 지속 가능한 농법이 왜 환경에 중요한가?
3. 미래의 생태학적 온전성을 생각한다면, 지금의 먹거리체계에 어떤 중대한 변화가 필요할까?
4. 당신이 사는 지역의 어떤 조직이 먹거리체계의 생태학적 온전성을 위해 일하고 있는가?
5. 먹거리체계를 보다 생태학적으로 온전한 것으로 만들기 위해 당신이 할 수 있는 일은 무엇일까?

6

녹색경제 / 살리기

공평성, 다양성, 생태적 온전성은 새로 설계된 먹거리체계의 중차대한 특징이다. 하지만 어느 체계의 재설계라도 그 성공은 그 경제적 활력이 좌우할 것이다. 그 생산 단계에서부터 가공, 유통 그리고 구입 단계에까지 먹거리를 연계하는 사슬 안에 있는 모든 연결은 자체 DNA 안에 경제적 활력이라는 유전인자를 품고 있어야 할 것이다. 이에 대해서라면 우리는 다양한 먹거리체계 안에 있는 기업들을 살펴봄으로써 많은 점을 배울 수 있을 것이고, 직접 사업을 하면서도 배울 수 있을 것이다. 필자 또한 젊은 날에 사실상 아무런 경영 교육도 받지 않은 상태에서 식품업체 창업을 시도한 적이 있다. 필자의 이런 개인적인 이야기를 여기서 하는 이유는 먹거리체계 안에서 경제적 활력을 확보하는 중요한 길은 다름 아닌 혁신이라는 점을 강조하기 위해서다.

필자가 스무 살이 되던 해에 있었던 일이다. 캘리포니아 산타크루스Santa Cruz에서 필자는 이상주의적인 유기농 농사꾼으로 일하고 있었다. 당시 이 지역은 미국 안에서 유기농, 로컬푸드의 중심지 가운데 하나로 점차 성장하고 있었다. 필자는 캘리포니아 산타크루스 대학교 농장의 젊은 식구들과 함께 변화무쌍하게 출렁이는 태평양이 내려다보이는 한 언덕배기에서 날이면 날마다 채소밭을 일구었다. 유기농 채소 생산량이 점차 늘자 우리는 우리가 먹는 양 이상을 생산하고 있음을 알게 되었다. 게다가 당시 우리가 생산하고 있지 않은 작물 가운데 종종 생활에 필요한 먹거리(이를테면 곡물, 유제품, 과일, 땅콩류와 씨앗류)가 있었다. 따라서 우리는 산타크루스 안에 있는 건강식품점들과 교역을 시작했다. 유기농 상추, 당근, 호박, 토마토를 납품했고, 대신 그에 상당하는 가치의 곡물과 땅콩류, 치즈를 얻어왔다.

그러던 어느 날 아침, '온전한 요가 연구소Integral Yoga Institute' 식품점(홀푸드가 생기기 이전 시기에 산타크루스 안에서 로컬푸드를 취급하던 식품점들 가운데 하나)의 농산물 관리자가 우리 농장에 찾아왔다. 그날 우리가 해야 하는 수확에 도움을 주기 위해서였다. 수확된 농산물 가운데 자기 몫을 식품점으로 옮기려고 준비하던 중 그 관리자는 필자의 인생을 완전히 다른 방향으로 바꾸게 될, 그러나 그 보상은 어마어마할 간단한 질문 하나를 필자에게 던졌다. 고객들 가운데 알팔파 싹눈을 살 수 있는지 물어본 사람들이 있었는데, 혹시 그 싹눈에 관심이 있다면 그것을 다른 농산물과 함께 공급해줄 수 있겠느냐는 내용이었다. 당시만 해도 건강에 민감한 일부 사람만이 부엌 찬장에 있는 저장용 유리병에서 싹눈을 길렀을 뿐, 사실상 미국 안에서 싹눈을 상업적으로 거래하는 곳은 단 한 군데도 없었다. 우리는 이 사안을 논의했고, 우리 가운데 두 사람이 커다란 플라스틱 그릇에 싹눈을 기르기 시작해서 결국 농산물과 함께 싹눈도 교환하는 일을 시작했다. 우리 중 싹눈에 관해 아는 이는 거의 없었지만, 몇몇은 작은 유리병 안에서 싹눈을 길러본 경험이 있었고, 따라서 우리는 좀 더 많은 싹눈을 기르려면 좀 더 큰 유리병을 사용하면 될 뿐이라고 생각했다. 그리고 이를 실천에 옮겼다.

몇 달 뒤에 농장 식구였던 한 젊은 여인의 출산 예정일이 찾아왔다. 그녀는 농장 한가운데에 있던 천막집에서 아이 낳을 채비를 하고 있었는데, 임박한 이 기쁜 소식을 들은 산타크루스 대학교 총장이 (그 여인을 위해) 이 천막집에서 우리가 더 이상 잠자지 못하게끔 조치를 취했다. 우리는 졸지에 다른 숙소를 찾아야 하는 신세가 되고 말았다. 시내에 있는 훨씬 더 열악한 공동 하숙 시설에 들어가게 된 뒤 젊은 농부들 가운데 대다수는 아칸소Arkansas로 이동하기로 결정했다. 그곳에서 농장 부지 하나를 구매하겠다는 희망을 품고 말이다.

그러나 캘리포니아를 떠날 엄두가 나지 않았던데다 특히 오자크 Ozark에 갈 마음은 추호도 없던 필자는 동행을 포기했다. 동료들이 트럭을 타고 떠나간 뒤 홀로 남은 필자는 초보 싹눈 사업을 떠맡는 신세가 되고 만다. 그러니까 자투리 동전을 다 털어 75달러를 만들고, 이 돈으로 알팔파 씨 한 봉지를 사서 커다란 마요네즈용 양동이에 넣고 발아시키는 신세가 되고 만 것이다. 일주일에 세 차례 자전거를 타고 싹눈들을 (이것들을 구입하기 시작한) 세 곳의 건강식품점에 배달했다.

이 신상품에 대한 수요가 점차 늘어나면서 사업 역시 아주 조금씩 성장해갔다. 머지않아 필자는 새로 구입한 1953년산 GM 픽업트럭에(아직도 가지고 있다.) 싹눈들을 싣고 산타크루스 지역 안에 있는 여러 샌드위치 가게와 식품점delicatessens으로 향하게 되었다. 판매량이 늘자 생산과 배달을 도울 지역 주민 몇 명을 고용했고, 충분한 양의 싹눈을 생산해 빠른 증가 추세를 보이는 수요를 어떻게 하면 충족시킬지 고민하기 시작했다. 그리하여 기온이 조절되는 방에서 자동 분무 기계를 사용하는 새로운 생산법을 개발하기에 이른다. 더이상 싹눈 곁을 지키면서 서너 시간마다 물을 뿌릴 필요가 없게 된 것이다(이 일을 2년 동안 해왔는데 말이다). 이 새로운 생산법을 도입한 결과 마요네즈용 양동이에서 싹눈을 키우던 때에 비해 생산량이 서너 배 늘었다.

회사가 더 확장되자 필자의 직함도 여러 개로 늘어났다. 필자는 생산 관리자이자 판매원, 미수금 관리부 직원인 동시에 연구개발부의 우두머리로 활동했다. 회사의 직원이 5~6명으로 늘어날 무렵, 싹눈을 생산하는 즉시 바로 판매할 수 있게 되었다. 자그마한 '소매' 유통을 시작하게 되었고, 소규모 식품점과 샌드위치 가게들의 최종 사용자에게 싹눈을 배달할 수 있게 되었다. 생산량이 늘자 좀 더 많은 물량을 원하는 구매자를 찾아나서기 시작했다. 그리하여 샌프란시스코와 오클랜드에 있는 농산물 도매 거래소들과 식품 체인점의 도매 창고들과도 거래를 하게 되었다.

1~2년 사이에 필자가 창업한 두 개의 소기업인 '홈그로운 스프라

우트'Ome Grown Sprouts'와 '리빙 프레시 푸드Living Fresh Foods'의 직원 수는 20명 이상으로 늘었고, 그 생산량 또한 매달 9톤 이상으로 늘었다. 판매처 역시 로스앤젤레스에서 새크라멘토Sacramento까지 여러 지역으로 확대되었다. 우리의 알팔파 싹눈은 슈퍼마켓 체인인 세이프웨이Safeway에서 판매된 최초의 싹눈이었고, 몇 년 동안 샌프란시스코 농산물 거래소에서 판매된 유일한 싹눈이었다. 우리는 제품을 로스앤젤레스 도매 시장에 운송했고, 심지어 시카고에까지 항공 운송을 요청한 몇몇 고객도 있었다(필자 생각에 이는 어리석은 일이었는데, 90퍼센트가 물인 제품의 운송에 돈을 지불한 것이다).

되돌아보건대 필자는 이와 비슷한 다른 특산 작물 개발에 투자를 몇 년 더 할 수도 있었고, 아마도 그렇게 했더라면 한몫 단단히 잡았을지도 모르겠다. 하지만 필자에게는 다른 중요한 일이 있었다. 대학에 다시 등록해 식물학과 농경제학 공부에 집중했고, 박사학위를 위한 여정에 오르게 되었다. 대학원에 입학할 무렵에 필자는 두 사업체를 지역 사업가에게 넘겼는데, 이로써 집도 한 채 사고 학자금도 얻을 수 있었다.

이 이야기가 일러주듯이 혁신이라는 가치는 거대한 연구·개발(R&D) 부서를 갖춘 대기업만의 것은 아니다. 지속 가능한 먹거리와 관련된 사업 분야에서 의미 있는 사업을 발전시킨 개인들의 사례는 애리 커츠와 그의 CSA 같은 소규모 생산자에서부터 디트로이트 아발론 베이커리의 재키 빅터와 앤 페롤트 같은 제빵업자, 앤아버 징거먼 식품점Zingermans' Delicatessen의 폴 새기노Paul Saginaw와 애리 바인즈바이크Ari Weinzweig 같은 로컬푸드 체계의 사업가 그리고 조지 셰틀러와 맛 좋은 그의 우유에 이르기까지 거의 모든 지역에서 발견할 수 있다. 이들에게서 발견할 수 있는 공통점은 다른 사람들이 알아보지 못한 곳에서 새로운 경제적 성공 가능성을 보았던 일종의 통찰력이다.

물론 식품 사업 세계에서 혁신이라는 가치가 새로운 무언가는 아니다. 우리는 새롭게 설계된 먹거리체계를 위한 사업을 창안하는 일과 마찬가지로 고장 난 먹거리체계를 유지하고 강화할 새로운 사업역시 쉽게 창안할 수 있을 것이다. 하나의 사업을 지금 상태로 유지함이 아니라 재설계된 먹거리체계의 일부로 만들어주는 것은 무엇일까? 공평성, 다양성, 생태적 온전성 같은 필수 원칙을 관철시키는일 말고 적어도 다음 두 가지를 더 생각해야 한다. 첫째, 그 사업은지역경제의 일부로서 얼마나 기능하고 있는가? 둘째, 그 사업의 공급사슬은 생산된 먹거리를 최종 소비자에게로 보내는 과정에 참여하고 있는 모두에게 필요한 경제적 활력 창조를 돕고 있는가?

한 사업이 지역경제와 공동체에 깊숙이 뿌리내린다 함은 무엇을뜻할까? 이는 그 사업이 지역에서 생산된 먹거리만 공급받아 지역에서만 판매한다는 뜻은 아니다. 그보다는 사업이 성장함에 따라 그사업의 일부 수익이 그 사업을 지원해온 지역공동체에 계속해서 축적됨을 뜻한다. 일단 사업이 성공하게 된 유기농·자연산 식품 기업들은 거대 다국적 식품 기업에 합병되기 쉽다는 사실이 오늘날 우리의 현실이다. 이를테면 제너럴 밀스에 합병된 캐스케이디언 농장Cascadian Farms과 과거에 유니레버에 팔렸다가 지금은 프랑스 기반 기업인 다농Danone 또는 벤앤제리스Ben & Jerry's가 부분적으로 소유하고있는 스토니필드 요구르트Stonyfield Yogurt의 사례가 그러하다. 자신만의 분투를 통해 많은 수익을 낸 이러한 소수 기업들에 시비를 걸 마음은 없다. 하지만 미래를 생각해볼 때 괴물처럼 몸집이 거대한 다국적 식품 기업 안에서 연구·개발 부서로 전락하는 모델이 아니라 자신들이 성장할 수 있게 도왔던 지역공동체에 수익을 기꺼이 환원하는 기업의 성공 모델이 필요하다.

사각 지대에 관심 쏟기

증대된 수익을 지역공동체에 장기적으로 축적하게 하는 기업을 만드는 한 가지 방법은 그 기업의 소유권을 공동체 기반의 비영리 기구에 부분적으로 또는 완전히 귀속시키는 방법이다. 수익 창출의 초점이 그 비영리 기구의 사명과 조화를 이루는 한 이는 비영리 기구가 그 사명 수행을 위해 투자하게 만들기에도, 동시에 지역공동체를 이롭게 하는 소유권 구조를 만들기에도 훌륭한 방법이다. 법률상 비영리 기구의 자산들은 어느 개인에게 이전될 수 없다. 다시 말해 그 자산들은 그 기구에 귀속되어야만 하는 것이다. 만일 그 기구가 문을 닫는다면, 그 자산들은 또 다른 공동체 기반 비영리 기구에 이전되어야만 하게 되어 있다.

오늘날 미국의 여러 지역에서 먹거리체계 변화를 주된 관심사로 삼는 비영리 기구들이 활동 중이다. 그 가운데 한 사례는 '애팔래치안 하비스트Appalachian Harvest'인데, 이 기업은 '애팔래치아 지속 가능 발전Appalachian Sustainable Development(이하 ASD)'이라는 비영리 기구가 소유권을 완전히 지니고 있는 두 기업체 가운데 하나다. ASD는 버지니아 애빙던Abingdon에 본사를 두고 14년 동안 활동해온 기구로서 페어푸드 운동 영웅 가운데 한 사람인 앤서니 플래카벤토Anthony Flaccavento가 창립한 단체다. 약간은 땅딸막한, 다부진 체형의 플래카벤토는 잘 웃고 단호한 몸짓으로 걷는 특징이 있다. 그리고 경제적으로 낙후된 지역인 애팔래치아의 지속 가능한 발전을 위해 헌신하겠다는 뜻을 지닌 사람이기도 하다. 대학을 졸업할 무렵 그의 희망은 사람들이 자신의 경제적 필요를 조금 더 스스로 충족할 수 있게 만드는 일에 투신하는 것이었다. 이를 위해 그는 처음에는 국제 발전 분야에서 일할 수도 있겠다 싶었지만, 정작 선택한 직업은 켄터키 동부에 있는 언덕에 위치한 가톨릭 교구에서 운영하는 사회정의 프로그램에서 일하는 것이었다. 이 프로그램을 통해 공동체 및 공동체에 필요한 것들에 대해 배운 뒤 그는 자신이 진정으로 일하고 싶어하는 분야인 지속 가능한 발전에 역량을 쏟기로 결심한다. 1995년에 그는 ASD라는 비영리 기구를 창립했는데, 이 기구의 사명은 지역경제의 소생과 환경 보호였다. 그는 이렇게 말한다. "우리가 하려는 일은 건강한 경제가 무엇인지, 경제 발전이라는 게 무엇인지 다시 정의 내리는 일이지요."

ASD의 동료들과 함께 그는 담배 보조금이 사라지게 되면서, 또 유기농 제품과 방목Free-range 달걀 시장의 출현과 함께 이윤 창출의 여건이 악화되면서 지역 내 담배 농부들이 어려움에 처해 있음을 알게 된다. ASD의 사명을 실천할 기회가 찾아온 것이다. 다른 사람들에게 이런저런 일을 해야 한다고 조언함이 아니라 그들 자신이 직접 행동함으로써 말이다. 이리하여 그들은 버지니아의 담배 농부들이 달걀과 채소 분야로 업종을 전환할 수 있게 도와주게 된다. 이러한 업종 전환에 성공하려면 농부들은 어떤 종자를 선택해야 하는지,

언제 어떻게 여러 다양한 채소를 심어야 하는지에서부터 관수법, 윤작법, (토질 향상과 병충해 저항을 위한) 퇴비 제조에 이르기까지 이제까지와는 완전히 다른 새로운 농법을 익혀야 했다. ASD는 기술 지원과 교육도 제공함으로써 농부들 개개인이 미 농무부의 인증을 받은 유기농 농부가 될 수 있도록 지원하는 한편, 그들이 고품질 농산물을 원하는 구매자들의 구미를 만족시킬 수 있게 도와주고 있다.

ASD가 하는 중요한 일 가운데 한 가지는 농부들이 업종 전환을 할 수 있도록 그들을 교육하는 일이다. 이는 쉽지 않은 일인데, 특히나 이 농부들 가운데 대다수가 농지에서 하루 종일 일하지 않고 부분적으로 다른 곳에서 다른 일에도 종사하는 사람들이기 때문이다. 플래카벤토는 이렇게 말한다. "농부들을 설득해 교육 과정에 참여하게 하는 일은 실로 어려운 문제였지요. 지금도 여전히 어렵지만, 특히 초기에는 더욱 그랬어요. 우리에겐 사실상 보장되어 있고 상대적으로 보상도 좋은 무척 큰 시장이 있고, 등급을 매기고 포장하고 운송하는 일도 모두 지원이 되며, 기술과 교육 지원 프로그램도 잘 되어 있는데도 말이죠. 제 생각으로는 이 지역 농부들은 위험을 감수하기를 유달리 싫어하는 데다가 20년 넘게 담배 농사의 대안에 대한 달콤한 약속들을 너무 많이 들어왔지 싶어요."[1]

ASD는 농부들의 업종 전환도 도왔지만, 이와 동시에 그들이 농산물을 판매할 수 있는 주말장터를 신설하기도 했다. 판매량이 늘자 ASD 사람들은 지역 안에 있는 소규모 식품점들과 체인들에 이 고품질 농산물을 공급할 길이 없는지 찾아보게 된다. 농장과 상점 사이를 연결하는 사슬에서 공백인 부분이 채소와 달걀을 세척하고 등급을 분류하며 포장하고 냉장하는 시설물임이 확연해지자 ASD는 이 시설물을 건축했다. 플래카벤토는 농지에서부터 소비자에 이르는 전 과정에 대한 하나의 통제 수단이 있어야 함을 깨닫게 된 것이다. ASD는 비영리 기구이기 때문에 기부금과 지원금을 통해 그 시설의 공사 자금을 댈 수 있었다. 그들은 현재 로컬푸드 사업체로서 수익을 창출하고 있는데, 이는 ASD가 지속 가능한 지역 발전과 관련된 교육을 지속하는 데 큰 힘이 되고 있다.

청바지에 작업용 신발을 신은 플래카벤토의 모습을 본다면, 아마도 그가 이주 농민의 아들쯤 되리라고 생각하기 쉬울 것이다. 그러나 얼마 지나지 않아 필자는 그가 뉴욕에서 자란 훌륭한 집안 출신이라는 사실을 알아차렸다. 버지니아의 전통적 소농 공동체에서 신뢰를 얻어내고, 슈퍼마켓 체인에서 가장 높은 토마토 가격을 얻어내는 등, 그가 성공할 수 있었던 이유 가운데 하나는 아마도 (성장 환경과는) 확연히 다른 환경에서도 일을 잘 해낼 수 있는 그만의 능력일 것이다. 현재 ASD 네트워크에는 65명이 넘는 농부들이 있는데, 이들 가운데 대다수는 과거 담배 농사를 지었으나 지금은 유기농산물과 방목 달걀을 생산하는 사람들이다. 이들은 깍지콩, 브로콜리, 양배추, 고추, 호박, 토마토 같은 30종 이상의 다양한 채소를 재배하는데, 이 농산물들과 달걀들은 '애팔래치안 하비스트'(이는 판매용으로 사용되는 브랜드 이름이기도 하다.)가 소유하고 운영하는 4.5제곱킬로미터의 새 시설물 안에서 등급이 분류되고 포장되고 있다. 냉동 운반 트럭 세 개가 이 은혜로운 농산물들을 여러 주요한 지역 슈퍼마켓 체인으로 수송하는데, 이 체인들의 이름을 몇 개만 대자면 잉글스Ingles, 홀푸드, 유크롭스Ukrop's, 어스페어Earth Fare, 푸드시티Food City 등이 있다.

"처음에는 공급하는 체인도 몇 안 되는 영세 규모였죠. 그런데 지금은 농산물 수확철일 경우 일곱 개 슈퍼마켓 체인에까지 공급하고 있어요. 말하자면 600여 업소에 공급하는 셈이죠." 플래카벤토는 이렇게 지적한다. "온전한 의미에서 지역 시장이 어떤 곳인지를 연구하며 결정 내린 게 있어요. 우리가 순수하게 지역 시장만을 고집하고 160킬로미터 반경 안에서만 판매한다면, 이 담배 농부들이 업종 전환을 하는 데 필요한 충분한 규모의 시장을 만들어내지는 못하리라는 것이었어요." 그는 이렇게 덧붙인다. "그들은 몇 줄의 아루굴라 arugula*만을 재배하는 걸 바라지 않았어요. 그들은 피망 밭도 1~2에이커 일구기를 바랐죠. 그게 그들에게 익숙한 방식이랍니다."

농부들은 자신들이 소유한 농지 크기에 상관없이 이 네트워크에 가입할 수 있다. 가장 작은 농지는 고작 0.25에이커에 불과하다. 이 프로젝트에 참가하는 농지는 보통 1~10에이커 정도인데, 16에이커 정도가 가장 큰 농지다. 소매인 경우 ASD는 애빙던 농민장터의 규모 확장을 도왔는데, 그에 따라 장터 안에 있던 7~8개 판매대(이견의 여지는 있지만)가 이 지역 최다 수준으로 늘어났다. 플래카벤토는 이렇게 전한다. "경이로운 시장이죠. 34개에서 35개 정도의 판매대가 있고, 토요일 오전에 1,600명 정도의 구매자들이 찾아오죠. 읍에 사는 인구가 고작 8,000명 정도인데 말이에요. 대단한 거죠."

ASD 소유 사업체들은 이 시장에서 연간 100만 달러가 훨씬 넘는 수익을 창출하고 있다. 대단히 높은 소득이라고 할 수는 없을 것이다. 하지만 하나의 유의미한 출발은 될 것이다. 게다가 다행스럽

---

* 유럽이 원산지인 겨자과 에루카속의 일년초 식물이다.

게도 이 사업체들이 더욱더 많은 수익을 창출하면 할수록 그 경제적 혜택은 애팔래치아 지역공동체 안에 계속해서 축적될 것이다.[2]

지역 주민 소유 소매점의 활약

자신을 지속시키는 공동체를 계속해서 지원하는 데 집중하는 지역 식품 사업의 또 다른 예는 바로 식품 소매점 사례다. 오직 세 개의 대기업이 전체 식료품 소매의 42퍼센트를 지배하던 시절, 소규모 지역 주민 소유 소매점이 그 틈을 비집고 들어갔다. 때로는 지역공동체에 덩치 큰 이들이 줄 수 없는(주지 않는) 경제적 혜택을 덩치 작은 이들이 주기도 하는 것이다. 바로 오리건 주 포틀랜드에 있는 '뉴시즌스마켓New Seasons Market' 이야기다. 2000년에 (한 가족 세 명이) 창립할 당시 뉴시즌스마켓 매장은 하나였지만 그로부터 11년 뒤에는 아홉 개로 늘어났다. 그리고 처음이나 지금이나 지역 기반 운영을 지속하고 있다. 뉴시즌스마켓의 사명은 한결같다. 현대의 생활 방식에 맞는 식품들(지역에서 생산되는 지속 가능한 유기농 식품 포함)을 제공하면서도 옛날 동네 가게가 풍기던 분위기와 서비스를 제공하는 것이다.

"지역 주민이 소유하고 운영한다 함은 곧 지역공동체 안에서 무언가 실질적인 역할을 한다는 거죠." 이 사업의 지도자인 브라이언 로터Brian Rohter가 한 말이다. "뉴시즌스는 우리 동네를 더 살기 좋은 곳으로 만들고 있는 모든 조직을 적극 후원한답니다."

뉴시즌스마켓은 세금을 공제하고 난 이익의 10퍼센트를 포틀랜드 안에 있는 비영리 기구들에 기부하고 있는데, 특히 굶주린 사람을 먹이고 청소년을 교육하며 환경을 개선하는 일에 열정을 쏟는 단체들에 힘을 실어주고 있다. 그리하여 이 회사는 2007년 한 해에만 500개 이상의 지역 단체들에 40만 달러를 기부하는 실적을 올리게 된다. 이들은 또한 매장에서 팔 먹거리를 구매하는 경우 지역 농민, 낙농업자, 어민에게 우선권을 준다. 1,750명의 노동자(의료보험 혜택과 좋은 임금을 받는다.)를 고용하고 있는 뉴시즌스마켓은 포틀랜드에서 규모가 가장 큰 사업체 가운데 하나이자 이 지역에서 살고, 일하고, 놀기에 훌륭한 곳으로 만들려고 힘쓰는 여러 지역 단체들의 애정 어린 협력자이기도 하다.

지금까지 한 이야기는 사실 어떤 회사에도 적용될 수 있을 것이다. 예를 들어 필자가 사는 앤아버 같은 경우 홀푸드 가게들은 지역 주민 소유도 아니고 이윤의 일부를 지역에 환원하겠다고 공공연히 자신들의 사명을 떠벌리지도 않지만, 실제로는 지역공동체 살리기에 매우 열심이고, 페어푸드 네트워크의 '더블업 푸드 벅스' 프로젝트를 포함하여 여러 좋은 운동을 후원하고 있다. 하지만 포틀랜드에 대한 뉴시즌스마켓 특유의 강렬한 열정과 애정은 5년 전에 시내에 있는 최저소득 지역에 로컬푸드 가게를 열기로 결정했을 때, 그 모습을 분명히 세상에 드러냈다. 가장 큰 난관은 자금 확보였다. 이제껏 뉴시즌스마켓의 자금줄은 이 사업을 창업한 가족들의 자본과 통례적인 은행 대출이었다. 대출금 일체를 제때에 제대로 갚곤 했던 성실한 뉴시즌스마켓이었지만, 은행은 아프리카계 및 히스패닉계 미국인이 주요 거주민인 지역에서 새 가게를 내기 위한 대출 신청을 거부했다. 너무나 위험하다는 것, 그 지역 주민의 특성상 이런 종류의 식품점이 성공하기란 어려우리라는 것이 은행의 통념이었다. 그러나 로터와 동료들은 뜻을 굽히지 않았고, 결국 쇼어뱅크 엔터프라이즈ShoreBank Enterprise라는 특수한 금융 기관을 통해 자금을 대출받을 수 있었다. 이 은행은 환경 보전과 공동체 발전에 뜻을 둔 사업을 후원한 최초의 은행들 가운데 하나다.[3]

결과는? 운영 첫해에 이 가게는 체인 안에서 최고의 총수입이라는 성과를 냈고, 현재 다수 은행이 이 사업에 대한 투자 경쟁을 벌이고 있는 상태다. 뉴시즌스마켓은 먹거리체계 재설계 원칙들(그러니까 소외된 지역에 적정 가격으로 먹거리를 제공하고, 지역 농부와 지속 가능성을 실현하는 농부를 지원하며, 지역공동체 출신 피고용자들에게 소유권을 나눠주고, 지역공동체에 되돌려주는 것)을 구현한, 나아가 그러한 이유로 성공한 지역 소유 식품 사업의 훌륭한 사례다.[4] 이 사례가 분명히 일러주듯이 지역 주민 소유 기업들은 자신들의 사명을 수행하고자 전국 단위의 기업 또는 다국적기업이라면 꺼릴 수도 있을 위험을 때로는 감수할 수 있을 것이다.

│ 로컬푸드 경제의 힘 │

좀 더 많은 사람이 자신들의 먹거리 구매력을 지역에서 생산, 가공, 준비된 먹거리를 구입하는 데 쓰고, 더 많은 지역 소유 식품 기업들이 지역공동체로 수익을 환원한다면, 그때 지역경제는 어떤 모습을 하게 될까? 2006년에 페어푸드 재단은 이를 위한 연구를 의뢰했는데, 그 결과는 이러하다. 만일 디트로이트 시 소비자들이 지역 소유 사업체가 생산, 가공, 유통한 먹거리에 식품 총지출비의 20퍼센트를 지출한다면, 지역경제에 미치는 효과는 연간 거의 5억 달러에 이르는 경기 부양에 기여할 것이다. 4,700개 이상의 고용이 창출될 것이고, 시 당국은 법인세로 해마다 거의 2000만 달러 이상을 벌어들이게 될 것이다. 만일 소비의 이러한 변화가 디트로이트 외곽에 있는 다섯 카운티에서 동시에 일어난다면, 이 지역경제는 35억 달러 정도의 경기 부양 효과를 누리게 될 것이고, 거의 3만 6000개에 이르는 일자리가 만들어질 것이며, 이 지역 행정당국은 법인세로 1억 5500만 달러의 수입을 얻게 될 것이다.[5]

이 연구에서 우리는 다음과 같은 영역들에서의 20퍼센트 증가를 모델로 만들어보았다.

- 건조식품, 유제품, 가공된 과일과 채소 그리고 모든 종류의 음료의 더 많은 지역 내 생산
- 쇠고기, 돼지고기, 닭고기, 생선의 더 많은 지역 내 가공
- 달걀의 더 많은 지역 내 생산
- 과일과 채소의 더 많은 지역 내 생산
- 더 많은 지역 내 식당 이용료 지출

여기에서 '지역'이란 곧 지역 소유 기업들이 각 활동을 수행한다는 뜻이다. 식당 이용료 지출 같은 경우를 예로 들어본다면, 이 지역 식당들에서의 식품 총구매 가운데 20퍼센트가 지역 주민 소유(지역 바깥에 있는 사업체나 전국 단위의 체인점이 소유하지 않고) 식당 안에서 발생했음을 뜻한다. 이런 식의 경제 모델화는 물론 불완전한 과학이겠지만(또 결과는 가정된 바가 무엇이냐에 따라 달라질 수 있겠지만), 적어도 다수의 지역공동체와 그 지역 주민이 겪는 여러 경제적 압박,

예를 들어 실업, 공장 폐쇄, 세금 혜택 축소 같은 압박을 완화할 수 있는 큰 가능성을 제시해준다. 단순히 국내 대기업이나 다국적 대기업을 지역 안에 끌어들이거나 또는 지역 바깥으로 빠져나가지 않게 하는 데 집중하는 것이 아니라, 필자가 '제1의 경제first economy'라고 일컫는 먹거리경제에 집중함으로써 지역 주민들은 지역경제의 미래를 밝게 만들어갈 수 있을 것이다. 관건은 우리가 이러한 제1의 자금 생산자*를 활용해 지역 주민을 위한 일자리와 수익을 창출하느냐, 그렇지 않으면 지역 안 먹거리 지출의 대부분을 지역 바깥에 본사를 둔 거대 식품 기업의 이윤으로 환원시키느냐에 있다.

좀 더 많은 사람이 지역 소유 상점과 식당에 들러 지역 안에서 생산·가공된 먹거리를 더 많이 구매하게 된다면, 로컬푸드 체계는 모든 지역공동체에서 경제 발전의 동력으로 인식될 것이다. 사실 어느 지방에서 지역 주민 소유 사업에 지출된 돈은 그 지역 주민이 소유하지 않은 어떤 사업에 지출된 돈에 비해 최소 두 배 이상의 경제적 이익을 창출한다고 수많은 연구에서 지적하고 있다. 그 이유 가운데 하나는 지역 출신 사업자들은 지역 출신 노동자들에게 더 많은 돈을 지급하려고 하고, 거꾸로 이 노동자들은 지급받은 돈을 지역 안에서 지출하려고 하기 때문이다. 또 이 사업자들은 창출된 수익을 먼 지역에 있는 주주들에게 널리 배분하기보다는 지역경제 안에서 쓰려고 하며, 그 지역 상인들 역시 다른 지역 단체보다 자기 지역 단체를 더 많이 후원하려고 하기 때문이다.[6]

오늘날 우리는 전체 경제에서 좀 더 많은 녹색 사업과 기업을 만

---

* 지역 안 먹거리경제를 말한다.

들어내는 길을 모색하고 있다. 그렇다면 우리는 또한 로컬푸드 체계를 통해 그 녹색경제를 살림으로써 우리의 지역공동체 역시 이롭게 할 수 있음을 잊지 말기로 하자.

먹거리 공급사슬 다시 그리기와 개조하기

새로운 페어푸드 체계 안의 경제적 활력을 위한 유일한 길은 소규모 지역 소유 사업을 통한 길이라고 주장하려는 것은 아니다. 제4장에서 필자는 이미 경제학적, 생물학적 다양성의 필요를 강조한 바 있다. 이는 곧 시스코 같은 대기업들과 중소기업들의 공존을 뜻한다. 규모가 어떠하든 간에 기업 안에서 체계를 재설계하는 일은 대단히 어려운 일이다. 이러한 일을 실현하려면 상호 연결되어 있는 각 부분들이 얽히고설킨 그물 전체의 실상을 이해할 능력이 있는 사람들, 또한 그토록 복잡다기한 체계가 만들어내는 매듭들을 통해 일을 도모해갈 열정과 헌신을 갖춘 사람들이 필요하다. 이 책에서 논의한 일부 원칙들에 기초하여 자신들의 체계를 재설계하기 시작한 대형 식품 기업들의 여러 사례 가운데 주목할 만한 것은 단연 코스트코Costco 사례다. 그 장대한 규모 탓에 이 회사의 사업 관행 가운데 어느 작은 것 하나라도 바뀐다면 이는 심대한 파급 효과를 낼 수 있을 것이다. 코스트코 직원이자 페어푸드 미래의 숨은 영웅인 셰리 플라이스Sheri Flies의 열정과 헌신에 필자가 그토록 깊은 감화를 받은 까닭은 바로 이 점 때문이다.

플라이스는 수년 동안 코스트코의 법률 자문으로 일해온 사람이다. 700억 달러 규모의 기업에서 이토록 높은 지위에 있는 사람들 가운데 자기 상사에게 이렇게 말하는 사람을 필자는 별로 알지 못한다. "딱 1년만 상품 보관 창고에서 일하게 해주세요. 그곳에서 우리 사업이 실제로 어떤 식으로 진행되는지 알아보겠습니다. 이제는 법률 부서에서 나와서 우리 제품 전체에 적용되는 좀 더 지속 가능한 먹거리 사슬을 만들어내는 데 일조하고 싶습니다." 바로 이런 모습이 야생마 같은 인물 셰리 플라이스의 면모다.

현재 플라이스는 코스트코의 식품 조달 부문의 두 부서에서 일반 제품 관리자로 재직하면서 연간 판매량 40억 달러 이상을 책임지는 막중한 일을 하고 있다. 그녀가 이렇게 직종 전환을 하도록 이끈 것은 무엇일까? 먹거리 공급사슬 안에서 실현되는 지속 가능성이라는 가치에 대한 그녀의 열정, 그리고 코스트코가 무언가 중요한 역할을 할 수 있다는 믿음이다. 난해한 법률 용어와 문자들의 세계에서 제품과 숫자의 세계로 이동해보니 어떠냐고 물었을 때 그녀는 이렇게 대답했다. "안에 들어와보지 않는 한 이게 얼마나 힘든 작업인지 절대 모르실 거예요. 움직이지 않으려는 말을 움직이게 하려면 어마어마한 열정과 헌신이 필요하답니다."

플라이스를 처음 만난 곳은 2006년에 열린 SFL 모임에서였다. 먹거리와 농업 문제에 관해 이야기하는 자리에서 그녀는 이 문제들에 대한 무지를 확연히 드러냈다. 심지어 그녀는 식품 소매업이 무엇인지조차 제대로 알고 있지 못했다. 하지만 그녀는 자신의 직위를 활용해 무언가 변화를 만들겠다는 확고한 의지를 내비쳤다. 확실히 코스트코는 생산, 공급에 연계된 모든 당사자의 경제적 이익과 함께 환경적 지속 가능성을 더 많이 보장하는 상품 공급사슬의 창조에 중점을 두고 있기는 하지만, 지속 가능성은 이 회사가 공공연히 이야기하는 주제는 아니다. 회사 측에서는 이 주제를 홍보 전략이라기보다는 사업 방식의 일부일 따름이라고 이해하기 때문이다. 믿기 어렵다고 여길 독자가 있을 수 있겠지만, 사실 코스트코는 지속 가능성 캠페인을 대대적으로 해오고 있는 월마트Wal-Mart와 샘스클럽Sam's Club의 체인(코스트코의 주요 경쟁 업체)과는 극명히 대조되는 모습을 보이고 있다.

플라이스가 시작한 일 가운데 하나는 농부들에게 좋은 가격을 보장하는 공급사슬을 활용해 고품질의 프랑스 깍지콩을 회사에 조달하는 일이었다. 이 프로젝트는 한낱 아이디어에서 현실로 변화되었는데, 이는 SFL 덕분이었다. SFL은 플라이스가 공급사슬 재설계 과정에서 실험실 구성원들의 전문 지식을 접할 수 있도록 옥스팜Oxfam 같은 비영리 기구와 SFL이 맺고 있던 관계를 활용할 수 있게 도와주었던 것이다. 옥스팜은 도매용으로 프랑스 깍지콩을 생산, 수확하는 과테말라 농부들의 신뢰를 받고 있었고 말이다.

고객들의 수요에 맞추고자 수입에 의존하는 여느 소매업체와 마찬가지로 코스트코는 '일괄 수주' 방식으로 제공할 수 있는 중남미 국가의 유통업체를 찾아나서게 될 것이었다. 업체를 찾은 뒤에는 협의된 가격에 주문을 넣고, 품질 좋은 제품이 정량으로 미국의 유통센터에 도착하기만을 기다릴 것이었다. 적당한 형태로, 적당한 가격에 제품이 보관 창고에 도착하는 한 그곳에 도착할 때까지의 과정에 연관된 사람의 경제적 여건에 대해서는 그가 누구든지 무관심할 수 있을 테고 말이다. 프랑스 깍지콩을 생산하는 수많은 농부가 비참한 가난 속을 헤매고 있다고 해도 코스트코는 나 몰라라 할 것임이 분명하다.

이러한 유통 사슬이 초래하는 한 가지 결과로는 이 농부들 가운데 일부는 가난을 견디다 못해 결국 (자신들의 나라 안에 있는 도시나 미국에서의) 더 나은 삶을 찾아 고향을 떠나기로 결심하게 된다는 것이다. 그리고 이는 코스트코가 의존하던 공급사슬의 안정성을 위협할 것이다. 모든 사람에게 공평한 경제적 보상을 제공하고, 노동 착취에 의존하지 않으며, 농부들이 가족과 고향을 떠나지 않게 할, 좀 더 지속 가능하고 공정한 공급사슬은 어떻게 창조할 수 있을까? 이 문제를 궁리하는 동안 플라이스가 생각한 것은 바로 이 프랑스 깍지콩이었다.

플라이스는 설득에 능한 사람이다. 그녀는 코스트코의 간부들을 설득하여 지속 가능하고 공정한 공급사슬의 일반 모델이 될(그리하여 다른 제품에도 적용될) 깍지콩 조달 모델을 창안하게 된다. 이 프로젝트에서 지속 가능하고 공정한 공급사슬이란 곧 그 사슬이 자연 자원 기반을 침식하지 않는 동시에 참여자들에게, 특히 과테말라 시골에 사는 소농들과 그 가족들 그리고 그들의 조직에게 적정 수준의 보상을 해야 한다는 것이다.[7]

회사 동료들의 저항은 플라이스가 SFL에 참여함에 따라 완화되었다. 그녀의 상사들은 그녀가 이 '실천 공동체'에 참가하도록 허락했는데, 이 상사들은 (시스코 같은) 다른 거대 식품 기업들이 어떤 식으로 긍정적인 변화를 만들어냈는지 들은 바가 있었던 것이다. 하지만 사태는 플라이스와 동료들이 상상했던 것보다 훨씬 더 복잡했다. 코스트코는 처음에는 300명 정도의 농부들로(이들에 대해 코스트코는 아는 바가 거의 없었다.) 구성되어 있다고 생각되는 과테말라 생산자

협동조합에서 깍지콩을 구매했다. 하지만 코스트코 팀은 좀 더 면밀히 조사한 결과 이 협동조합 역시 실제로는 이 깍지콩들을 과테말라의 깊은 산골짜기에 사는 5,000명이 넘는 마야 부족 농부들에게서 구매하고 있었다는 사실을 알게 되었다. 팀은 이 프로젝트를 제대로 진행하려면 공급사슬 안에 있는 모든 행위자가 어떤 역할을 하고 있고, 그들이 어떤 식으로 보상받고 있는지를 조사하는 '가치사슬 분석'을 수행할 필요가 있음을 곧 알게 된다. 이 분석을 하려면 절대적인 투명성, 장부, 수입, 비용 구조 공개와 이윤 지분 정당화를 추구하는 모든 관련자의 자발적 의지가 필요하다. 분석을 위해 코스트코 팀은 코스트코와 도매상, 협동조합 그리고 농부들 사이를 흐르는 상품과 돈의 흐름을 조사했다. 공급사슬 관계자 모두가 이 분석과 의사 결정 과정에 참여했고, 참여한 모든 회사가 공급사슬 안에 있는 다른 사람들과 보고서를 공유하기 전에 회사 내 자료에 대한 보고서를 검토할 수 있었으며, 회사의 승인 없이 그 어떤 정보도 외부에 공개되지 않았다. 이 분석과 관련하여 제기되었던 질문들 가운데 일부는 다음과 같다.

- 원주민 농부들은 생산물에 걸맞은 합당한 가격, 그리고 그들 삶의 지속적 개선을 도울 만한 가격에 생산물을 판매하고 있었나?
- 코스트코는 사슬 안 수익에 관한 정보를 사용하여 '중간상인', 다시 말해 이 경우에는 미국 내 핵심 유통업자들과 아마도 협동조합까지를 쥐어짤 것인가?
- 이 회사들은 프랑스 깍지콩 농업의 사회적, 경제적, 환경적 영향에 관한 정직하고 객관적인 평가를 수행할 수 있을 것인가?
- 이 기업들에 관한 정보는 과테말라, 멕시코, 미국의 프랑스 깍지콩

사업 경쟁 업체들에게 새어나갈 것인가?

분석 수행 과정에서 코스트코 팀은 공급사슬 구성원들 사이의 신뢰 구축에 엄청난 노력과 시간을 투자한다. 코스트코의 통상적인 역할은 구매자였으므로 코스트코에게 신뢰 구축이라는 주제는 그다지 중요하지 않았다. 그보다 회사에게 중요했던 것은 좋은 품질의 제품을 확보하는 것, 그러면서 가능한 한 비용을 절감할 수 있는 길을 찾는 것이었다. 통상적인 공급사슬 관계에서처럼 도매상(코스트코에게 판매하는 당사자)은 코트스코가 비용을 절감하기 위해 중간상인을 배제할 가능성을 우려하여 코스트코와 협동조합이 직접 관계 맺는 일을 원치 않을 터였다. 반면에 협동조합 쪽에서는 구매자들이 비용을 절감하기 위해 자신들을 압박할지도 모른다는 우려 때문에 농부들에게 지급된 보상금과 자체 비용에 관한 정보를 공개하기 꺼릴 터였다.

플라이스는 가치사슬 분석이 완결될 수 있었던 까닭은 순전히 그녀와 그녀의 팀이 구축한 신뢰 덕분이라고 믿고 있다. 분석 보고서에는 과테말라 농부들에게서 미국 소매점들에 이르는, 프랑스 깍지콩 공급사슬의 전체적 기능에 관한 검토가 포함되어 있었다. 또한 공급사슬을 통해 각 당사자들이 수령하는 보상가를 보여주는 도표와 전체적 효율성에 대한 평가, 프랑스 깍지콩이 협동조합의 경제적 지속 가능성에 미친 결과의 분석, 협동조합이 하나의 가치 있는 사업체로서 또 사회 변화와 발전의 촉매로서 기능할 수 있는지에 관한 분석, 공급사슬이 농부들과 그 가족에 미치는 영향에 관한 분석이 포함되어 있었다. 가치사슬 분석은 또한 프랑스 깍지콩 사업에서 나온 수익이 좀 더 넓은 맥락의 사회 발전(예를 들어 교육과 의료보험 같은 의제)에 어떤 식으로 기여했는지를 평가했다.

플라이스는 이렇게 말한다. "사람들에게, 사람들 한 명 한 명이 기여한 바에, 그리고 그 사람들이 그 기여에 대해 받아야 하는 보상에 초점을 맞추는 것이 중요하죠. 우선 사람에게 초점을 맞추면 그 일부로서 돈 문제 역시 자연스레 드러나게 되어 있어요." 플라이스와 동료들은 이 프로젝트가 경제적 이윤 창출 가능성과 바람직한 농지 경작, 교육권과 의료보험 확대를 포함한 사회적 투자라는 모든 분야에서 성공적이었다고 자평하고 있다. 이제 그들은 다른 작물을 재배했을 때 받았을 수입보다 훨씬 높은 수입을 이 농부들이 깍지콩 재배에서 얻고 있다고 기록할 수 있게 되었다. 공급사슬 안에서 충분한 수익이 창출되고 있는 것이고, 농촌 공동체 역시 이전에는 얻지 못했던 사회적 서비스들을 제공받게 된 것이다.

코스트코는 지역 소유 사업체는 아니다. 그런데도 이 기업은 먹거리체계 혁신의 원칙들, 다시 말해 공평성(좋은 소득과 건강한 노동조건의 보장), 다양성(주로 옥수수를 재배해온 지역에 콩과식물을 더 많이 재배하게 하고, 민족적으로 다양한 사람들을 지원한다는 점), 생태적 온전성(생산을 위한 자연 자원 토대가 보전되게 한다는 점) 그리고 경제적 활력(생산 사슬 안에 있는 모든 사람을 위한) 원칙을 썩 잘 적용하고 있다.

가치에 기반을 둔 공급사슬을 활성화함은 실제로 무엇을 뜻할까? 코스트코가 이러한 일을 하도록 도왔던 SFL의 지도자 가운데 한 사람인 돈 세빌Don Seville은 이렇게 말한다. "가치 기반 공급사슬의 핵심은 단순한 가격과 물량 교역을 넘어서는 특정한 조정 작업이 (사슬 안에) 존재한다는 겁니다. 여기서 '가치value'라는 건 당사자에 따라 달리(품질, 공정한 노동, 유기농/지속 가능성, 신상품 혁신 따위로) 이해될 수도 있겠지만, 조정 작업과 문제 해결에 공조하려는 의지가 열쇠일 겁니다. 예를 들어 구매자가 더 값싼 공급 대안을 찾아 기존 공급자를 쉽게 바꿔버리는 것이 아니라 문제가 나오기 전에 예방하는 한편, 한 가지가 아니라 여러 가지 목표를 바라보며 일하려고 하는 의지가 중요한 거죠."

플라이스가 이야기한 바에 따르면, 코스트코에서도 가치 기반 사슬을 현실에 적용하는 일이 목격되고 있다고 한다. 오늘날 모든 코스트코 매장에서 판매되는 모든 프랑스 깍지콩은 농부들이 최종 수입으로 900그램당 28센트 정도를 받게끔 수익을 배분하는 공급사슬을 통해서 소비자들의 가방에 들어가고 있는 것이다. 이 최종 수입은 농부들의 전통 작물인 옥수수 생산에서 얻는 수입에 비해 경작지당 네 배나 높은 것이다.

이러한 새로운 공급사슬 덕에 (농부들의) 지역공동체는 추가적인 혜택도 받고 있다. 깍지콩 생산 농가들이 모여 사는 지역이자 극심한 빈곤 지역인 과테말라 산악 지대 안에 공동체 재단community foundation이 창립된 것이다. 이 재단은 농가 자녀들에게 장학금을 주고 주민을 위한 의료 시설을 확대하기 위해 창립되었는데, 재단이 진행하고 있는 프로젝트에는 지역공동체 컴퓨터 사용실 만들기, 싼 값에 이용 가능한 안과 병원 만들기, 아이들 놀이터 다시 살리기 따위가 있다.

코스트코의 공급자로서 플라이스와 업무 협조를 하고 있는 데일 홀링스워스Dale Hollingsworth는 이렇게 말한다. "이런 식의 사업 방식은 보통 사업 방식과는 완전히 다르죠." 코스트코에 물품을 공급하는 다른 공급업자들과 마찬가지로 홀링스워스가 속한 회사 역시 공급사슬의 세부 사항들을 일일이 이해하거나 제품의 질과 양 이외의 다른 많은 영역에 관해 토론하는 데 굳이 시간을 할애하지는 않을 것이다. 보통은 경쟁력 있는 공급자임을 강조할 것이고, 그 경우 이는 농부들과 그들의 공동체에 투자할 협동조합의 힘을 약해지게 만들었을 것이다. 홀링스워스는 이렇게 말을 잇는다. "우리는 한 걸음 뒤로 물러나 새로운 관점에서 사태의 전모를 살펴보고 있답니다. 예컨대 때때로 우리는 그들이 가격 인상을 왜 요청해야 하는지, 그 숨은 이유를 살펴봐야 하는 거죠. 이는 너무나 독특하고 다른 방식이에요. …… 무엇이 독특할까요? 사람입니다. 이런 형태의 사업은 결국 사람에 관한 거죠. 우리가 이 제품을 왜 구매하는지 그 이유를 아느냐, 모르느냐 차이지요. 우리가 제품을 구매하면 과테말라 사람들이 자신들의 삶을 개선할 수 있고, …… 자원을 얻을 수 있고, 교육을 받을 수 있다는 사실을 알기 때문에 구매하는 거죠. …… 이는 단순히 사업에 관한 것이 아니라 사람살이에 관한 것이죠. 바로 이런 식으로 이 사업을 바라봐야만 하는 겁니다."[8]

프랑스 깍지콩 사례는 예외적인 사례일 수도 있다. 하지만 플라이스가 이야기한 바에 따르면, 현재 코스트코는 방목·유기농 달걀을 포함하여 더 많은 식품의 공급사슬을 이런 방식으로 바꾸려는 노력을 시작했다고 한다. 그녀는 이렇게 전한다. "깍지콩 같은 경우처럼 처음 보기엔 쉬워 보이는 일이죠. 그러나 유기농 달걀처럼 충분한 물량과 언제나 같은 수준의 좋은 품질을 유지하는 생산자를 찾기란 그다지 쉬운 일만은 아니랍니다. 게다가 산업 내 가장 엄격한 기준들 가운데 하나인 동물 복지 기준을, 안전한 먹거리에 대한 우리의 관심을, 포장재로 재순환된 플라스틱을 사용하는 일을, 퇴비 관리법에 대한 우리의 관심을, 탄소 발자국을 줄이기 위해 배달한 뒤 빈 트럭으로 돌아오지 않게 해야 하는 일 따위를 함께 생각해보세요. 결국 우리가 처리해야 할 문제가 꽤나 복잡하다는 거죠." 오늘날 코스트코는 많은 유기농 달걀을 고객들에게 공급하고 있는데, 플라이스가 이야기한 바에 따르면 그 공급 과정에서 경제적 수익은 공급사슬 전체에 두루 배분되고 있다고 한다.

오늘날의 먹거리체계에 이미 확고히 자리를 잡은 경제적 활기라는 원칙을 버리지 않고서도 우리는 얼마든지 어떤 다른 미래를, 그러니까 농부에서부터 소매상에까지 모든 사람이 자신들이 기여한 만큼 공정한 보상을 받는 어떤 미래를 생각해볼 수 있다. 나아가 재생 가능 에너지와 지속 가능한 건축 자재가 상용되면서 우리 경제가 환경 친화적이 된다면 이 녹색경제를 새로 만들어진 페어푸드 체계로 먹여 살리는 일에 필요한 요소 역시 모두 갖출 수 있을 것이다.

• 토론거리

1. 경제적 활력의 원칙이란 무엇을 뜻하는가?
2. 사업체는 어떤 방식으로 자신의 경제적 가치와 이윤을 지역공동체와 공유할 수 있을까?
3. 당신에게 로컬푸드 선택지를 제공하는 지역 소유 사업체가 당신이 사는 지역에 있는가?
4. 수익을 지역에 환원하고 있는 전국?지역 체인이 있는가? 그런 체인이 있다면 그들은 어떤 방식으로 그런 일을 하는가?
5. 당신이 사는 지역의 먹거리체계의 경제적 활력을 강화하기 위해 당신이 할 수 있는 일은 무엇일까?

3부

의식 있는 소비자에서
참여시민으로

7

페어푸드 / 운동가 되기

〈빌 모이어스 저널Bill Moyers' Journal〉*의 마지막 회 방송이었다. 그 언론인은 지금의 먹거리체계에 대해, 또 어떠한 변화가 필요할지에 대해 마이클 폴란과 인터뷰를 진행한 바 있다.[1] 대화가 끝나갈 무렵 모이어스는 이런 질문을 던진다. "평범한 사람들, 농민이 아닌 사람들은 무얼 할 수 있을까요?" 필자의 머릿속에서는 이런 생각이 흘러가고 있었다. '페어푸드 운동이 자주 얻지 못하는 절호의 기회가 찾아왔구나. 어느 탁월한, 전국적인 유명세까지 얻고 있는 텔레비전 언

---

* 빌 모이어스(1934~)가 이끄는 미국의 텔레비전 시사 프로그램이다. 주로 정치를 다루며, 그 밖에 경제, 역사, 종교, 문화, 과학, 철학 따위를 다룬다.

론인이 지금 어느 베스트셀러 작가에게 수천만의 사람들이 무얼 해야 할지를 묻고 있지 않은가. 이들 가운데 다수는 아마도 먹거리체계 개선 과정에 참여하겠다는 생각은 단 한 번도 해본 적 없는 사람들일 테고! 드디어 우리의 때가 왔다!'

일말의 망설임도 없이 폴란은 이렇게 대답한다. "포크를 사용해 투표할 수 있겠죠. …… 전략을 세워 장을 보고 식사 준비를 해야만 해요." 설마 이것이 대답의 전부는 아니겠지 하는 모종의 불만스러움을 표현하면서 모이어스는 다시 한 번 폴란을 밀어붙인다. "다른 건 뭐가 있을까요? 이 먹거리체계를 개혁하는 과정에서 우리가 할 수 있는 일들이 무엇일지 그 목록을 간단히 말씀해주시지요." 폴란은 이렇게 대답한다. "글쎄요. …… 텃밭을 가꾸세요." 그리고 이어지는 필자의 생각. '아, 절호의 기회를 잃고 말았구나!'

자, 먼저 오해가 없길 바란다. 필자는 마이클 폴란이 하고 있는 작업에 대해 깊은 경의를 품고 있고, 그가 그동안 우리의 고장 난 먹거리체계 증상들을 이례적으로 잘 알려왔다고 생각하는 사람이다. 또한 그는 '포크로 투표하기'라는 아이디어를 로컬푸드 경제 살리기라는 아이디어에 확실히 연결시켰다. 더욱이 필자는 텃밭 가꾸기라는 아이디어가 훌륭하다는 데에도 동의한다. 실제로 우리 집 부엌문 바로 바깥에는 채소들로 가득한 텃밭이 있다. 더 많은 사람이 텃밭을 가꿀수록 사태는 더 좋아질 것이다! 그러나 우리의 고장 난 먹거리체계를 고치기 위해 우리가 할 수 있는 최대치가 고작 이 정도라면, 우리는 우리 자신을 지나치게 헐값에 팔아넘기는 것이다. 또한 우리가 하는 일 모두가 겨우 더 많은 텃밭을 기르는 일이라면, 우리의 먹거리체계는 결코 바뀌지 못할 것이다. 이제는 좀 더 큰 효력을 가진, 좀 더 집단적인 행동에 집중할 때이다.

　만일 빌 모이어스가 '필자에게' 그 질문을 던졌다면 필자는 이렇게 대답했을 것이다. "의식 있는 소비자에서 참여시민으로 변화할 필요가 있습니다." 지금의 먹거리체계는 다음 세대와 그다음 세대들을 위해 철저한 정비가 필요하다는 점에 확신을 갖는다면, 우리는 단지 로컬푸드를 먹고 텃밭을 기르는 데에 그치는 대신 페어푸드 시민들로서 이 체계를 현재의 방향으로 이끌고 있는 정부 정책과 제도적 관행을 혁신하는 운동에 참여하기 시작해야 할 것이다.

　앞서 필자는 혁신된 먹거리체계의 핵심 원칙들, 그리고 그러한 변화를 실행하고 있는 일부 페어푸드 영웅들을 소개한 바 있다. 이제는 개인 차원에서 이야기를 해보고자 한다. 3부에서 필자는 우리 각자가 어떤 식으로 페어푸드 혁명의 영웅이 될 수 있는지를 보여주고자 한다. 식품 구매 방식과 가정 내 식습관 혁신에서부터 지역 안에서 변화를 만들어내는 일, 나아가 정부와 의회를 촉구하여 공공정책을 개정하는 일에 이르기까지 우리 스스로 할 수 있는 여러 행동을 소개하려고 한다. 이 가운데 일부 제안들은 이미 (개인적이고 지구적인 차원의 건강 증진으로 이어지는) 변화를 만들고 있는 사람들의 사례와 더불어 제시될 것이다. 다른 제안들에서는 우리를 변화와 자기 확신의 길로 인도할 사람들과 단체들과 웹사이트들을 소개할 것이다. 책 전체에서 언급된 단체들을 비롯해 긴 참고 자료 목록은 부록에서 제공할 것이다. 이러한 다양한 제안들을 무기로 삼는다면 우리는 우리의 창의성과 열정을 우리 미래에 너무나도 중차대한 이 먹거리 문제에 대해 긍정적인 힘을 보태는 데 활용할 수 있으리라고 확신한다.

부엌에서, 지역에서

만일 당신이 이 책을 여기까지 읽었다면, 또는 이 책에서 이 장을 들춰볼 정도로 열성파 먹거리운동가라면, 적어도 이 장에서 읽게 될 내용의 일부는 아마도 이미 실천하고(아니면 실천하려고 생각하고) 있을 것이다. 필자가 생각하기에 '포크로 투표하기' 또는 '먹거리 소비로 체계 바꾸기'는 먹거리체계 자체의 혁신에 요청되는 충분한 행동은 아니겠지만, 하나의 중요한 시작점은 될 수 있을 것이다. 평범한 식품점보다는 농민장터나 공동체 기반 농업에서 먹거리를 구매하기로 선택하는 매 순간마다 우리는 어떤 메시지를 전송하고 있는 것이나 마찬가지다. 나아가 더 많은 사람이 이러한 일을 하면 할수록 그 메시지를 먹거리 생산자인 농민들이나 가공·유통·판매업 종사자들이 더 많이 듣게 될 것이다. 그러므로 이런 메시지를 계속해서 보내자. 그러면서 훌륭한 음식을 먹기로 하자.

제철에 먹기, 로컬푸드 사기

모든 주의 거의 모든 지역에서 중간상인 없이 소비자에게 농산물을 직접 판매하는(직접 마케팅이라고 알려져 있기도 하다.) 농민들에 관한 정보는 인터넷에도, 지역 신문에도 널려 있다. 대부분의 경우 이 직매장은 지역 먹거리체계에 기여하며, 생산지에서부터 접시까지의 이동 거리를 줄인다. 이는 곧 그 먹거리가 소비자에게 닿으려고 여러 날 여행할 필요가 없으므로 훨씬 신선할 뿐만 아니라 맛도 우수할 가능성이 높다는 뜻이다. 또한 농민들 역시 장거리 수송에서 농산물의 품질을 어떻게 유지할까 걱정하지 않아도 되므로 익는 시기에 맞춰 수확하면 그뿐이다. 많은 과일과 채소 같은 경우 이는 곧 그 신선도와 맛이 타의 추종을 불허하는 수준이라는 의미다. 오늘날 농민들이 직접 마케팅을 할 수 있는 방법은 여러 가지여서 농민들과 그들의 농산물을 농민장터나 농장 현지 직판대 같은 곳에서 만나볼 수 있다.

한 가지 유의 사항. 농민장터에서 장을 보면서 필자는 그곳에서 농부들이 직접 기른 농산물만을 파는지 확신할 수 없음을 알게 되었다. 일부 농민장터에서는 판매상에게 '생산자만 판매 가능'이라는 조건을 요구하는데, 이는 곧 직접 기른 것만을 팔 수 있다는 이야기다. 다른 농민장터에서는 판매자가 직접 기른 것과 다른 농부가 길렀지만 자신이 중개할 수 있는 것 모두를 팔 수 있게 허용한다. 디트로이트의 이스턴마켓 같은 경우에는 일부 농민들만이 직접 기른 것을 팔고, 일부는 양자를 혼합해서 팔고 있는데, 또 다른 사람들은 중개자에게서 구매한 것을 되파는 중간상인들이다.

우리가 구입하는 먹거리가 판매자가 직접 기른 것임을 어떻게 알 수 있을까? 물어보면 될 것이다. 비록 바로 답변을 듣지는 못할 수도 있지만 말이다. 만일 살고 있는 지역 안에서 생산된 제철 과일과 채소가 무엇인지를 알고 있다면, 그것도 도움이 될 것이다. 미시간에 있는 한 농민장터에서 파인애플과 바나나를 파는 판매자를 만난 적이 있는데, 그가 직접 기른 것이 아님을 대번에 알 수 있었다. 미시간 주 근방 어디에서도 열대 과일을 재배하는 곳이 없기 때문이다. 8월 시장에 딸기가 나왔다면 판단하기가 조금 어렵다. 그렇다. 미시간 주에서는 딸기를 많이 재배하기는 한다. 하지만 딸기 철은 보통 6월이면 끝난다. 이 민감한 과일에게 미시간의 늦여름 기후란 지나치게 뜨겁기 때문이다. 따라서 딸기 판매자는 다른 곳에서 수송해왔거나, 아니면 중간상인일 것이다.

자신이 살고 있는 지역의 농산물이 제철 농산물인지 알 수 있는 좋은 방법은 농민장터에서 장을 볼 때 장터 관리자를 만나보는 것이다. 필자의 경험상 관리자들은 판매자들을 잘 알고 있으며, 직접 재배한 사람들에게서만 구매하고 싶다고 말한다면 바른 방향으로 길잡이를 해줄 것이다. 무엇이 제철 먹거리인지 알 수 있는 또 한 가지 방법은 지역 협동조합 사무실(온라인이나 전화번호부에서 찾을 수 있다.)에 연락해보는 것이다. 이 사무실은 보통 카운티 청사 안에 입주해 있는데, 그들이 담당자나 안내자를 알려줄 것이다. 미국 내 지역별 제철 농산물에 관한 안내를 원한다면 이 책의 부록에 있는 웹사이트들을 살펴보면 된다.

제철 음식을 먹는 행위는 먹거리 이동 거리 감소에 기여하는 한 가지 방법이다. 오늘날 많은 식품점이 지역에서 생산된 농산물과 제철 농산물을 진열해놓고 있다. 가정으로의 직접 배달이라는 편리를 원하거나 그 서비스 비용을 지불할 수 있는 사람들이라면 시카고의 프레시픽스Fresh Picks, 뉴욕의 베이시스Basis 같은 업체를 이용하면 될 것이다. 그들은 지역에서 생산된 제철 농산물을 우리 집 문 앞에 바로 배달해줄 것이다.

기후상 북쪽에서 농산물을 재배할 수 있는 기간은 매우 짧으므로 로컬푸드만을 고집함은 문제라는 비판을 이따금 듣곤 한다. (어디인지에 따라 달라지겠지만) 이 지역들에서 제철에 수확된 토마토나 복숭아는 연중 두세 달 동안만 살 수 있음이 사실이다. 그러나 두 가지 간단한 기술이 로컬푸드를 만날 철을 늘리는 데 기여하고 있다.

그 하나는 냉장 시설이다. 지역에서 생산된 과일과 채소를 가장 좋은 상태일 때 냉장 보관하여 연중 내내 먹을 수 있는 것이다. 몇 년 전에 우리 지역에서 '로커버러스Locavorous(로컬푸드 먹기)'라는 이름의 사업을 시작한 당찬 여성 사업가가 있었다. 그녀는 지역 농민들에게서 일부 과일과 채소를 선별적으로 구입해 세척하고 냉장 보관한 뒤 이를 연중 내내 소비자들에게 유통시켰다. 로카버러스는 일종의 CSA처럼 운영되는데, 고객들은 여름에 자신들이 지불한 돈만큼 겨울과 초봄 동안 매주 '수확물'의 지분을 받는다.

로컬푸드의 재배 철을 늘리기 위해 개발된 두 번째 기술은 바로 후프하우스hoop house다(어떤 사람들은 '높은 터널'이라고도 한다). 이것은 플라스틱이나 철로 만든 틀을 폴리에틸렌 플라스틱이 덮고 있는 것이다. 그 안은 사람이 걸어서 지나갈 수 있을 정도로 높은데(실제로 높은 플라스틱 터널처럼 생겼다.), 양쪽이 덮여 있으니 완전히 닫힌 구조이기도 하다. 미국 북부 지방에서 '사계절 농업' 관련 실험을 성공적으로 한 최초의 농부 가운데 한 사람은 메인 주에 사는 엘리엇 콜먼Eliot Coleman이다. 그는 후프하우스에서 겨울에도 재배하는 기술을 여러 해 동안 완성시켜왔는데, 1년 내내 농산물을 판매하고 있다. 또한 그는 이 주제에 관해 책 몇 권을 내기도 했다.[2] 추운 지방에 사는 농민들이 후프하우스에서 채소를 재배하여 생산, 판매하는 철을 늘리도록 훈련시키는 프로그램도 있다. '미시간 주립대학교 대학생 유기농 농장'은 이 프로그램들 가운데 가장 우수한 것이다. 이 8개월짜리 훈련 프로그램은 해마다 3월에서 11월까지 운영되는데, 생산 철 확대 기술을 활용해 유기농 과일과 채소를 어떻게 재배, 판매하는지를 농민들에게 교육한다. 미 농무부는 농민들이 자신의 농지에 후프하우스를 짓고자 할 때 지원금을(자연자원보존국Natural Resource Conservation Service을 통해) 제공하고 있다.

오늘날 많은 이들이 린든트리 농장 같은 CSA에 합류하고 있다. 한 편으로는 가장 좋은 신선도를 자랑하는 건강한 먹거리를 얻어가면 서, 다른 한편으로는 (도시나 교외 중심지 근방에 흔히 있는) 소규모 경 작지에서 근사하게 살고 있는 농가들을 돕고 있는 것이다. CSA 접근 법은 오늘날 크게 대중화되었고, 따라서 수많은 곳에서 CSA 농가들 이 전면 가동 중이다. 또 정식 회원이 되려고 대기 중인 소비자들이 줄을 잇고 있다. CSA 농민들 대다수는 유기농법을 활용하며, 지구의 자연 자원을 보호 · 관리하는 데 주의를 기울이고 있다. 우리가 사는 곳에서 가까운 CSA 농장을 찾을 때 도움이 될 만한 좋은 자료들은 이미 많이 있다.[3]

만일 우리가 구매하는 모든 먹거리 가운데 일부를 로컬푸드로 하 겠다는 소박한 마음의 준비를 했다면, 우리를 도울 인프라는 이미 발전되어 있다. 그 인프라는 아직 완벽하지도 않고, 때로는 서툰 모 습을 보일 수도 있지만, 지금 그러한 노력을 실행한다면 우리는 로 컬푸드 생산자들이 주류 생산자들이 될 수 있게 돕는 셈이다. 우리 가 사는 지역 안에서 농사를 짓고 소비자에게 직판하는 농민들을 찾 아보려면 이 책의 부록에 있는 웹사이트 목록을 참조하기 바란다.

농민에게서, 또 지역 소유 기업을 통해 먹거리를 직접 구입한다 면 그 혜택은 단순히 음식의 신선도나 맛, 좋은 영양에 한정되지 않 는다. 로컬푸드 구매는 곧 지역경제 지원을 뜻하며, 이는 곧 지역 내 고용 창출 그리고 지방정부나 공공단체를 위한 세금 확충을 뜻한다. 로컬푸드 경제에 힘을 실어주는 일은 곧 지역 농민들이 계속해서 농업에 종사할 수 있게 하고, 농지를 보전하며, 우리 모두의 밝은 미래를 여는 길이다. 지역경제와 그 긍정적 효과라는 주제에 관해 더 알고 싶은 독자는 마이클 슈먼이 쓴 멋진 책들인 《지역으로Going Local》, 《작은 상점 혁명Small Mart Revolution》을 참조하기 바란다. 제4장에서 언급된 단체인 '지역경제 활성화를 위한 기업연합(BALLE)' 또한 먹거리체계 재설계의 이러한 측면에 대한 공부에 길잡이가 될 것이다.

앞서 조지 셰틀러가 자신의 목장에서 만들어낸 변화를 이야기한 바 있다. 우리에 가둬 사육하는 방식에서 방목으로 바꾸면서, 목장에서 직접 우유를 병에 담아 판매하는 일을 시작하면서 셰틀러는 지역 안에 있는 농지와 물의 보전을 위한 한 걸음을 내디뎠고, 동시에 경제적으로 전망 있는 사업을 만들어가고 있다. 그러나 이러한 작은 혁명은 나머지 사람들도 오직 자신들의 역할을 할 때에만, 다시 말해 지역 상점에서 셰틀러의 우유와 아이스크림을 구매함으로써만 지속 가능할 것이다. 트래버스 시에 들를 기회가 있고 우유가 필요할 때마다 필자는 언제나 이런 유제품을 사는데, 이는 지역공동체 전체를 위해 필요한 먹거리체계를 지원하려는 행동의 일환이다. 우리 모두 이와 똑같이 행동할 수 있다. 평상시보다 약간 더 노력이 필요할지도 모르겠지만, 거주 지역 안에서 생산되는 지역 유제품을 판매하는지 질문을 던진다면(부록 참조) 누구라도 페어푸드의 미래를 위해 한몫을 담당할 수 있을 것이다.

유기농이 과연 해법인가?

이 질문을 받는 일이 필자에게 이례적이지는 않다. 짧게 답변한다면 "부분적으로는 그렇다." 1960년대와 1970년대에 유기농을 하던 사람들 또는 이런저런 방식으로 유기농 먹거리운동에 참여하던 사람들 가운데 대다수는 필자가 제안한 먹거리체계 재설계 원칙들을 이해하고 있었다. 오늘날의 많은 유기농업 종사자 역시 생태주의와 다양성 원칙을 자신들의 체계에 계속 도입하고자 분투하고 있다. 그뿐 아니라 유기농 먹거리라는 틈새시장의 규모는 점차 커지고 있고, 이로써 미 농무부 유기농 인증 마크를 획득한 농부들과 유기농 먹거리의 가공, 유통, 판매에 개입한 대기업들은 프리미엄 가격을 보장받고 있다.

어떤 생산물이 농무부 유기농 인증 마크를 얻으려면 농무부 유기농 표준 규정에 있는 그 어떠한 금지 원료도 사용하지 않고 생산·가공되어야 한다.[4] 이는 또한 구할 수 있는 한 유기농 씨앗이나 유기농법으로 생산된 묘목을 사용해야 함을 뜻한다. 농무부의 공인을 받아 유기농 인증 여부를 심사하는 검사관들은 적절한 윤작이 진행되고 있는지, 농지 안의 동물 분뇨가 거름으로 제대로 사용되고 있는지도 확인한다. 또한 그들은 토양 속 양분 검사도 진행하는데, 이로써 농부가 토양에 불필요한 성분을 조금이라도 추가했는지 여부를 확인한다.[5] 다시 말해 소비자가 유기농 인증 마크가 있는 식품을 샀다면 이를 생산한 농부나 가공업자가 농무부 금지 물질들, 이를테면 합성 농약이나 비료, 훈증 소독제fumigant*, 하수구에서 나온 고형 쓰레기, 유전자조작 종자 같은 물질들을 일절 사용하지 않았다고 확신해도 좋은 것이다. 먹거리를 자급하지 못하고 있는 우리로서는 이 인증 마크 확인이 식품 안에 농약 침전물이 없음을, 또는 그 식품이

* 해충, 병균 따위를 없애는 데 쓰이는 가스 형태로 된 독성 화학물질이다.

유전자조작 작물이 아님을 확신하는(또 그렇게 하는 농부들을 신뢰하는) 가장 좋은 수단인 것이다.

우리가 확신할 수 없는 점은 유기농 먹거리를 구매하는 일이 농장 노동자들의 공정한 처우를 지원하는지, 그 먹거리에 지불한 프리미엄 가격이 그 공급사슬로 잘 돌아가 공평하게 분배되는지 여부다. 특히 중국이나 칠레 같은 곳에서 생산된 유기농산물일 경우에 특히 그러한데, 이런 국가들에서는 생산 관행에 관한 통제나 투명성이 더욱더 적을 수 있기 때문이다. 필자 또한 유기농 먹거리를 때때로 사는데, 보통은 그 먹거리가 집 근처에서 생산된 경우에 그렇게 한다. 필자가 생각하기에 이러한 행동이 농약 잔여물의 위험을 최소화하려는 사람에게도, 유기농 종사자들을 지원하려는 사람에게도 좋은 방법이다. 우리가 우리의 먹거리 구매 행위로써 페어푸드 체계에 힘을 실어주겠다는 뜻을 지녔다면, 유기농 인증 마크 하나만으로 모든 정보를 제공받을 수 있지는 않다는 점을 깨우칠 필요가 있다.

먹거리 생산 방법과 관행에 관해 좀 더 많은 정보를 주는 다른 인증체계들도 있는데, 이것들은 소비자들이 '먹거리 구입비로 투표'할 수 있는 길을 보장해준다. 이 가운데 가장 오래되었으며 가장 효과적인 인증체계는 바로 '푸드 얼라이언스Food Alliance'*의 인증 마크인데, 이 단체는 1994년에 켈로그 재단의 지원금으로 출범한 비영리 기구다. 이 단체는 출범 이후 하나의 인증 프로그램과 더불어 이

---

* 먹거리 생산 과정에서 환경 돌봄, 인도적 방식으로 동물 취급, 농장 노동자의 공정한 노동 여건 따위를 두루 살펴보는 미국 내 유일한 먹거리 인증 프로그램이다. 육류, 달걀, 유제품, 곡물, 콩류, 과일류, 채소류 등을 취급한다. 주로 태평양 연안 북서 지역에서 유효하지만 다른 지역으로의 확장을 모색 중이다.

프로그램이 승인한 제품에 부착하는 푸드 얼라이언스 마크를 개발해냈다. 푸드 얼라이언스는 생산자들에게 비료 및 살충제 사용과 관련된 관행, 토양·물 보전 방법, 동물 취급 방법, 노동자를 공정하게 처우하고 있는지 여부 등을 확인한다. 우리가 푸드 얼라이언스 인증 마크를 발견한다면(태평양 북서부 지역에서 주로 볼 수 있지만 미국 내 다른 지역으로 서서히 확산 중이다), 그 제품은 우리가 먹거리체계 혁신을 위해 옹호하고 있는 원칙들 대부분을 구현하고 있는 방식으로 생산된 제품이라고 확신해도 좋을 것이다.[6]

자유로이 방목되는 닭, 풀 뜯는 소

오늘날 의식 있는 많은 소비자는 '지속 가능한 방식으로 생산된' 축산물들, 다시 말해 자유로이 방목되어 자란 닭과 그 달걀, 또는 풀 뜯는 소를 찾아 구매하고 있다. 밀폐된 공간에서 닭들이 길러지는 경우에 각각 1.3제곱미터 정도의 공간을 얻게 되는데, 이 공간은 식탁보만 한 크기다. 이 닭들은 결코 땅을 밟지 못하며, 그들이 낳는 달걀들은 컨베이어벨트로 옮겨져 수집된다. 이 닭들은 말하자면 달걀 생산 기계인 것이다. 이들은 자동 공급 장치가 공급하는 먹이를 먹으며, 실내 온도가 조절되고 빛이 항상 들어오는 대형 닭장에서 산다. 오늘날 우리가 볼 수 있는 대부분의 달걀은 이런 식으로 생산된다.

방목free-range이라고 해서 꼭 목초지에서 자란다는 의미는 아니다. 이에 관한 미 농무부의 기준은 '방목되는' 닭들이 닭장 바깥을 나다닐 수 있어야 한다는 뜻에 불과하다. 그리고 이는 육류용으로 길러지는 닭들일 경우에만 해당된다.[7] 닭장 바깥에 얼마나 오래 머물 수 있는지, 또는 얼마나 넓은 방에서 살아야 하는지에 관한 그 어떠한 규제 사항도 없는 것이다. 어떤 보고서에 따르면, 방목되는 닭들 가운데 다수는 닭장 안에서 생활하면서 항생제와 동물 부산물을 먹고 자란다고 한다. 그 보고서는 이렇게 결론 내리고 있다. "당신이 먹는 닭이 성장한 환경에 대해 당신이 잘 안다고 확신할 수 없는 경우, 방목 닭은 당신이 기대하는 그런 닭이 아닐 것이다."[8]

닭들이 좀 더 인도적인 방식으로 취급되는 체계에 힘을 실어주기 위해 방목 달걀을 구매하기로 한다면, 또는 방목된 닭들이 좀 더 건강한 달걀을 낳는다고 믿는다면, 어떤 일이 있어도 방목 달걀을 고집해도 좋을 것이다. 하지만 그 닭들과 달걀들이 어떤 곳에서 왔는지 알아낼 수 있을 만큼 최대한 알아내려고 노력하는 것이 좋다. 식품점 관리자는 농장과 그 관행에 관해 조금이라도 알고 있는가? 그 달걀들이 정말로 방목 환경 속에서 생산되었는지 그 관리자는 확실히 보증할 수 있는가? 필자의 경우 동네 몇몇 가게에 가면 여러 축산업자가 공급하는 '목초지Grazing Fields 달걀'을 만날 수가 있다. 자신이 키우는 닭들로 이 브랜드를 만든 사람은 제인 부시Jane Bush인데, 개인적으로 그녀를 신뢰하기에 필자는 '진짜' 방목 달걀을 얻고 있음을 믿을 수 있다. 우리의 거주 지역에서 이 브랜드와 비슷한 달걀을 찾고 싶다면 부록의 목록을 참조하기 바란다.

목초지에서 풀을 뜯는 소는 상황이 약간 다르다. 미 농무부의 농업 마케팅 서비스Agricultural Marketing Service, AMS에서는 목축업자들이 키우는 가축들이 풀(또는 꼴)을 뜯어 먹으며 자란다고 승인할 수 있는 임의 표준안을 만들어가고 있다. 목축업자들은 농무부에 승인을 요청할 수 있는데, 생산 과정이 농무부가 체계화한 절차에 맞는지 확인하는 감사를 통해 승인이 진행된다.[9] 또한 이러한 승인 절차를 밟은 상태에서 판매되는 육류에는 인증 마크가 부여된다. 이 표준안 아래에서 생산되는 육류는 살아 있는 내내 오직 풀과 꼴만을 섭취한 가축으로 만들어진 것들이다.[10]

하지만 단순히 '풀을 먹여 키움grass-fed'이라는 마크가 있는 육류는 이 임의 표준안에 따라 라벨이 붙지 않은 것일 수도 있다. 그 동물들이 좀 더 인도적으로 취급되었기에, 또는 좀 더 친환경적으로 가축을 기르는 방식이므로, 또는 곡물을 먹고 자란 육류보다 풀을 먹고 자란 육류가 건강에 더 좋다는 주장 때문에 풀을 뜯어 먹은 쇠고기를 구매하겠다는 독자가 있을지 모른다. 그 이유가 무엇이든 간에 '풀 뜯는 소'에 대해서는 유기농 소와 같은 수준의 엄격한 연방 표준안이 존재하지 않는다는 점을 알아야 한다. 이 경우 우리는 축산업자의 축산 방법만을 믿고서 구매 행위를 하고 있다고 봐야 한다.

야생 또는 양식 어류?

생선류는 우리의 식사 가운데 가장 빠른 성장세를 보이는 단백질 섭취원의 하나로서 의료계에서는 여러 해 동안 생선류 섭취에 따른 이점을 이야기해왔다. 이와 동시에 우리는 생선류 체내에 축적된 독소가 인체에 해롭다는 경고도, 어류 남획을 포함하여 지속 불가능한 방식으로 포획되는 어류의 현실에 대해서도 듣고 있다. 생선류 먹기도 즐기면서 동시에 우리의 건강과 대양의 건강 모두에 기여하고 싶다면 식당과 식품점에서 좀 더 신중한 선택을 할 필요가 있다. 머니터리베이 수족관The Monetary Bay Aquarium의 '해산물 관찰Seafood Watch'이라는 프로그램은 대중적인 어종 다수를 연구한 훌륭한 정보를 제공한다. 또한 그들은 어떤 생선을 먹어야 하고 피해야 하는지, 그 이유는 무엇인지에 관해 이해하기 쉬운 정보를 제공하는 작은 카드를 출간한다.[11] 야생에서 포획된 어류와 양식장에서 자란 어류의 장단점에 관한 좀 더 완전한 설명을 보려면 폴 그린버그Paul Greenberg가 쓴 책《포 피시Four Fish》를 읽어보기 바란다.[12]

부엌 너머에서

페어푸드의 미래를 창조하는 일에 부엌을 넘어 더 넓은 장소에서 동참할 의지가 있다면 그 시작점은 지역공동체가 좋을 것이다. 개인적인 구매 능력을 활용하여 원하는 먹거리체계에 힘을 보태는 일 대신에 지역 구매자 모임을 조직해서 지역 안에 사는 친구와 이웃들이 각자의 힘을 모을 수 있게 할 수 있다. 뒤뜰에 텃밭을 가꾸는 일 말고, 공동체텃밭에 참여하거나 그런 텃밭을 지원하는 길을 찾아본다면 지역 안에 사는 더욱 많은 사람이 농지와 물 그리고 정보에 접근할 수 있을 것이다. 또한 농민장터에서 훌륭한 먹거리를 어떻게 살까만 고심하는 대신에 역사적으로 소외된 지역 주민들이 깨끗한 과일과 채소에 접근할 수 있도록 애쓰는 사람들을 어떻게 지원할 수 있을지를 생각해보기 바란다.

구매자 모임

구매자 모임이란 간단히 말해서 생산자에게 대량의 물품을 직접 구매하는 조직화된 모임을 말한다. 그런 구매를 통해 좀 더 만족스러운 가격과(중간상인이 적으므로) 운송비 절감이라는(물량이 많으므로) 이점을 누릴 수 있고, 이렇게 아낀 돈을 회원들끼리 공유할 수 있다. 이는 필자가 시도해본 활동들 가운데 가장 쉬운(또 가장 재미나는) 공동체 조직 활동이기도 하다.

'앤아버 야생 연어 미니안Ann Arbor Wild Salmon Minyan*'(이하 AAWSM)이라는 모임은 2003년 여름에 조직되었다. 이 해 7월에 필자는 태평양 북서 지역을 방문하여 한 주를 보낼 예정이었고, 그 일이 끝나는 대로 아내 루신다와 합류하여 긴 주말 동안 함께 시간을 보낼 근사하고 외떨어진 숙박 시설을 찾아보기로 했었다. 여러 사람에게 물어본 결과 캐나다 인근 퓨젓사운드Puget Sound 북서부에 위치한 자그마한 보석인 루미Lummi 섬을 알아낼 수 있었다. 우리는 워싱턴 벨링햄Bellingham에서부터 배를 타고 이 섬에 도착했다.

이 섬의 풍경은 무척 시골풍이어서 자연을 제외하고는 몇 안 되는 자그마한 농장과 텃밭이 딸린 몇몇 가옥이 전부였다. 우리는 숙소에 짐을 풀고 나서 저녁 식사 전에 산책을 하기로 했다. 3킬로미터 정도 걷자 우리는 몇몇 집이 모여 있는 곳을 발견했는데, '마을'의 중심처럼 보였다. 그곳은 우리 숙소가 있는 곳처럼 깎아지른 절벽 지대가 아니라 바다 높이만 한 평지였다. 이 집들 사이를 걸으면서 처음 본 것은 몇몇 집의 안마당으로도 이어져 있고 해변과 바다로도 이어져 있는 아스팔트 길이었다. 이 아스팔트 길을 가로지르는 기찻길 같은 것이 눈에 띄었는데, 자세히 관찰해보니 그 기찻길에는 작은 철 바퀴가 장착된 큰 구명보트 같은 구조물도 있었다.

---

* 유대교에서 예배를 하는 데 필요한 가장 적은 출석자 수를 말하는데, 열세 살 이상 남성 열 명으로 구성된 집단을 가리키기도 한다.

우리가 묵었던 숙소의 안내자인 라일리 스탁스Riley Starks에게 이 기괴한 구조물이 무엇인지 물어보자 그는 오르카스Orcas 섬의 프레이저Frazier 강에 산란하러 가는 연어들을 잡는 전통적 연어 포획법인 '리프 네팅reef netting'에 대해 일러주었다. 백인들이 들어오기 이전에 이 섬에 살던 원주민들이 활용하던 이 방법은 현재 몇몇 어부에게만 그 사용이 허가되고 있다. 이 어부들은 잡은 연어를 면밀히 관찰해서 해마다 연어의 건강 상태에 관한 정보를 주정부 자연자원부에 보고해야 한다.

홍연어sockeye 떼가 강물을 헤엄쳐가면 큰 뗏목들은 50~100개 정도로 구획을 나눈 강물의 앞마당에서 몸부림을 친다. 그러면 이 연어 떼들은 물길로 끌려들어가 줄지어 잡히게 된다. 각 뗏목들 사이로 거대한 그물들이 걸려 있고, 뗏목 하나하나에는 4미터 높이의 감시용 의자가 설치되어 있다. 연어 떼가 보이기 시작하면 이 그물들은 수면 아래로 내려가고 '감시자들'은 그 그물들로 헤엄쳐 들어오는 연어 떼를 볼 때까지 기다린다. 연어 떼가 보이면 그물들을 위로 올려 물고기들을 즉시 포획하고 얼음 상자에 담는다. 스탁스에게서 이 이야기를 듣는 순간 필자의 머릿속에 떠오른 생각은 전에 들은 바 있는 야생 연어 포획법 대 양식업과 관련된 뜨거운 논쟁이었다. 당시 우리는 연어 양식업이 대양 생태계를 훼손하지 않으며, 연어를 분홍빛으로 만들기 위한 인공 염료를 사용하지 않는다는 보고서가 나오기 전까지는 야생 포획법을 지지하겠노라고 잠정 결론을 내린 바 있었다.

미시간에 살고 있는 우리에게 문제는 야생 포획법으로 포획된 연어가 점점 비싼 단백질원이 되고 있다는 것이다. 현재 그 가격은 해마다, 철마다 다르기는 하지만 1파운드(453그램 정도)당 15~20달러 정도다. 루미 섬에서 잡히는 야생 연어 가격은 얼마나 될까? 스탁스의 답변을 들었을 때 정말이지 놀라지 않을 수 없었다. 시애틀로 들어가는 제품의 도매가가 1파운드당 1~2달러였던 것이다. 그런데 이 가격으로는 도무지 어업 수지가 맞지 않는다고 한다. 스탁스와 동료들은 뼈 없는 홍연어 생선을 급속 냉동해 수축·포장을 한 다음 수송하는 기법을 개발했지만, 지금까지 소매에서 그다지 이익을 내지는 못하고 있다.

우리 부부는 이 섬에서 멋진 주말을 보냈다. 숙소에서 제공하는 맛있는 음식과 산책을 즐기며, 스탁스가 일군 작은 농장들을 방문하면서 말이다. 이 농장들에서 스탁스는 자신의 손님들에게 제공하는 달걀과 채소들 대부분을 직접 재배하고 있었다. 필자는 주말 내내 한 가지 생각에서 헤어날 수가 없었다. '도매가가 2달러인데 소매가는 20달러라니! 여기에는 뭔가 가능성이 숨어 있어!'

월요일 아침 집으로 돌아가는 기나긴 여정을 시작하려던 참에 스탁스에게 이렇게 말했다. "당신은 당신대로 연어를 파운드당 2달러 이상에 판매할 수 있는 길이, 또 우리는 우리대로 앤아버에서 야생 연어를 20달러 이하에 구매할 수 있는 길이 분명 있을 거예요. 구매자 모임을 시작하는 편이 좋겠어요." 그러자 그는 어업 협동조합에서 똑같은 생각을 몇 차례 논의한 적이 있었지만 시행할 방법을 아직 찾지 못했다고 대답했다. 하지만 그는 선물이라면서 필자의 가방에 냉동 홍연어 몇 마리를 넣어주었다. 모임을 시도해보고 그 결과를 알려달라는 부탁도 잊지 않으며 말이다. 시애틀 공항에서 집으로 돌아가는 비행기를 기다리는 동안 앤아버에 있는 몇몇 친구에게 전화를 걸어 다음 날 저녁 식사에 와줄 수 있느냐고 물었다.

다음 날 저녁 친구 여덟 명이 우리 집에 왔고, 그들에게 루미 섬에서 잡히는 홍연어를 석쇠로 구워주었다. 식사가 다 끝나면 본론을 꺼내려고 생각하고 있었는데, 연어를 한 입 먹어보자마자 그들의 얼굴에서는 일제히 경이에 찬 표정이 피어나고 있었다. 거의 한결같은 감탄은 "이제껏 먹어본 연어 가운데 최고야!"라는 것이었다. 저녁 식사가 끝나고 나서 스탁스 씨와 루미 섬, 리프 네팅 그리고 야생 연어의 소매가에 대한 이야기를 그들에게 들려주었다. 이 일이 AAWSM이 탄생하게 된 배경이다.

9년이 지났지만 우리는 여전히 루미 섬의 어부들에게서 야생 연어를 (은대구, 큰 넙치와 함께) 공급받고 있다. 이것들 가운데 일부는 여전히 루미 섬의 리프 네팅 방식으로 잡은 것이고, 나머지는 어부들이 어획 철에 보트를 타고 가서 알래스카에서 잡은 것이다. 현재 우리의 이메일 목록에는 100명이 넘는 회원들이 등록되어 있다. 1년에 2회, 거의 1톤에 이르는 AAWSM 냉동 생선이 생선 운반용 트럭에 실려 배달되고 있다. 우리가 주문한 물품은 루미 섬 냉동 저장고에서 앤아버 수하물 선창으로 바로 배달되는데, 각 가정은 이곳에서 자신들이 주문한 만큼의 생선 상자를 찾아 집으로 가져간다. 우리는 운송비를 포함해 지역 소매점 가격의 50~60퍼센트만을 지불하며 이 야생 연어들을 구매하고 있고, 루미 섬 어부들은 평상시 도매가의 세 배 가격에 판매하고 있다. 우리가 루미 섬과 연계한 첫 번째 구매자 모임이지만, 지금 이 구매자 모임은 여러 개로 늘어나 있다(AAWSM은 이 가운데 가장 큰 축에 속한다). 현재 구매자 모임의 주문량은 루미 섬 어부들이 공급하는 총량 가운데 20퍼센트를 차지하며, 총수익에서는 이보다 훨씬 높은 비중을 차지한다.

좋은 먹거리에 대한 열정이 있고 '점들을 연결할' 능력이 있는 사람이라면 여러 다양한 제품에도 이와 똑같은 일을 할 수 있을 것이다. 이런 일을 하려면 그 제품의 생산원을 찾아내려는 노력과 친구, 동료, 공동체 내 이웃들을 규합해 구매자 모임이라는 아이디어를 공유하는 일이 필요하다. 몇몇 도움을 줄 만한 자료를 부록에서 찾아볼 수 있다. 또한 농민장터에서 지역에서 생산된 달걀이나 육류를 판매하는 사람들 가운데 구매자 모임과 연계하기를 원하는 농민을 찾을 수도 있다. 우리 야생 연어 구매자 모임은 여러 가정이 결합하면서 커지고 있다. 우리는 현재 지역산 닭과 다른 육류로 구매자 모임 활동을 확대하는 계획도 가지고 있다.

물론 야생 연어 같은 특정 제품의 구매자 모임들만으로 먹거리체계의 혁신을 촉발할 수 있다는 말은 아니다. 하지만 구매자 모임은 각자의 냉장고만 중시하는 일에서 지역공동체 안의 비슷한 생각을 가진 다른 개인들과 연대하여 좀 더 많은 사람이 좋은 음식을 접하는 동시에 생산자를 지원하는 일로 우리를 이끌어줄 하나의 계단이다. 이미 숱한 해가 지났지만, 모임의 회원들이 함께 모여 루미 섬의 연어 요리를 함께 먹을 때마다 그 자리에서 솟아나는 웃음과 탄성은 여전하다는 점을 알리고 싶다. "아, 이건 정말이지 훌륭한 맛이야."

지역에서 사기

로컬푸드는 이제 유행이 되었다. 농민장터는 1994년 이후 세 배 이상 늘어났고, 지난 5년 동안 농장 직판 농산물의 양은 두 배 이상 늘어났다.[13] 식품 소매 산업에서 일하는 많은 사람은 이것이 식품업계의 가장 중요한 추세라고 지적할 것이다. 규모가 작든, 크든 식품점들은 '이 지역 농부가 생산한 로컬푸드'라는 문구를 자랑스러운 양 붙인다. 어떤 경우에는 농산물 코너에 농민들 사진을 내걸기도 한다. 또한 많은 식당은 그 지역 농민들이 생산한 먹거리를 식재료로 쓰고 있다. 물론 로컬푸드가 이처럼 늘 각광을 받아오지는 않았다. 이 추세를 먹거리체계 혁신의 기회로 잡기란 쉬운 일이 아니겠지만, 다행인 점은 전국 각지에서 이 일을 도모하는 사람들이 있다는 점이다. 로컬푸드 운동을 촉발시킨 한 운동이 일어난 때는 거의 20년 전이었다.

1993년에 켈로그 재단의 '온전한 농업체계' 프로그램의 일환으로 우리가 기금 지원을 한 첫 번째 프로젝트 가운데 하나는 매사추세츠 서부의 '지속 가능한 농업에 참여하는 지역공동체Community Involved in Sustaining Agriculture(이하 CISA)'였다. 이 프로젝트에 참여한 주요 기관들로는 햄프셔 대학Hampshire College, 매사추세츠Massachusetts 대학교, 파이어니어밸리 생산자연합Pioneer Valley Growers Association이 있었다. 시간이 지나면서 다른 조직과 기업, 개인들도 참여하기 시작했다. 이 프로젝트의 목적은 (개발 목적으로) 농지를 매각하라는 압박이 강한 지역에서 소농을 성공적인 사업으로 유지시키려는 지역 전체의 운동을 조직하고 실천하는 것이었다(그 지형학적 특성상 이 지역은 대규모 농업에는 적합하지 않았으며, 따라서 경제적 생존 전략으로 농장들을 합병하는 일은 하나의 선택지가 되지도 못했다).

이 프로젝트를 진행한 팀이 제시한 아이디어 가운데 하나는 지역 농민들을 주요 초청 인사로 하는 의사소통 캠페인을 벌여 애머스트-노샘프턴Amherst-Northampton 지역 소비자들이 가능한 한 이 농민들에게서 식료품을 구매하도록 로컬푸드 구매를 장려하는 방법이었다. 문제는 켈로그 재단에 처음 제출되어 승인을 받은 예산안에 이런 종류의 캠페인을 진행할 정도로 충분한 금액이 포함되어 있지 않았다는 점이다. 필자는 켈로그 재단에 이러한 노력을 지원해달라고 제안했다. 하지만 조건이 있었다. 카운티 행사에서 사과나 당근 의상을 입은 직원들이 등장하는 것 이상의, 좀 더 전문적인 방식으로 일할 의사가 있어야 한다는 조건이었다. 우리는 가장 효과적인 메시지가 무엇인지 정하고, 로컬푸드와 관련하여 지역 주민이 가지고 있는 가치가 무엇인지를 연구하는 포커스 그룹_{focus group}*에 자금을 지원했다. 그러고 나서 설문 조사에 대한 기술을 가지고 있고 우편물 발송, 라디오, 인쇄물 제작으로 정치 캠페인을 성공적으로 진행한 이력이 있는 최고의 의사소통 전문가들과 CISA를 연계한 뒤 이들에게 캠페인 행사를 위임했다.

이어서 "지역의 영웅이 되어라, 지역산을 구매하라_{Be a Local Hero, Buy Locally Grown}"라는 구호와 더불어 운동이 시작되었고, 큰 성공을 거두게 된다. 목표가 되었던 지역 안에 사는 60퍼센트 이상의 주민들이 이 캠페인에 대해서 인지했고, 언론에서 관련 소식을 전해 들었다. 또한 여기에 참여한 지역 농민들은 10퍼센트 이상의 판매량 증가를 보고했다. 좀 더 인상적이었던 것은 '스톱앤숍_{Stop & Shop}' 같은 지역 내 식품 소매점에서 벌어진 일이었다. 캠페인이 시작되기 전에 CISA 회원들은 이 소매점을 비롯해 여러 소매점의 농산물 공급 담당자들을 만나 이 프로그램에 참여할 의사가 있는지를 물어보았다. CISA는 다수

---

* 시장 조사나 여론 조사를 하기 위해 각 계층을 대표하도록 뽑은 소수 사람들로 이루어진 집단을 말한다.

의 대규모 식품 소매점들에서 외면당했는데, 그들은 지역에서 생산된 과일과 채소를 자신들의 소매점에 더 들여놓아야 하는 이유나 중요성을 인식하지 못했던 것이다. 의사소통 캠페인(버스 게시물, 라디오 광고, 신문 보도, 소비자에 대한 직접 우편 발송 등) 행사가 시작된 첫 주가 다 끝나갈 무렵, 스톱앤숍과 다른 가게들은 CISA 사무국으로 찾아와 어떻게 하면 행사에 참여할 수 있는지를 물었다. 너무나 많은 고객이 로컬푸드를 요구하는 바람에 캠페인에 참여했을 때 얻을 이득과 팔짱 끼고 옆에 서 있을 때 닥칠 위험에 대해 간파했던 것이다.

오늘날 '지역의 영웅이 되어라, 지역산을 구매하라' 운동은 지역 농업 지원의 일환으로 지역산 구매를 장려한 최초의 의사소통 캠페인으로 널리 인정받고 있다. 이 캠페인을 본받아 또 하나의 켈로그 재단 지원금 수혜자인 '푸드루트 네트워크FoodRoutes Network'는 CISA와 공조하여 다른 지역에서도 '지역산 구매' 캠페인을 진행하는 데 도움이 될 의사소통 견본을 만들어냈다. 현재 미국 전역에는 80개가 넘는 '신선한 것을 사라, 지역산을 사라Buy Fresh, Buy Local' 캠페인과 지역공동체 지부들이 활동하며, 농민들이 지역산 농산물을 공동으로 브랜드화하고, 소비자들이 로컬푸드를 구매하도록 장려하고 있다. 푸드루트(www.foodroutes.org)의 지원을 받는 모든 프로젝트는 지역 안에서 기금 모금을 받고 있고, 또 운영되고 있다. 이러한 일 모두는 20여 년 전에 매사추세츠 서부에서 시작된 한 의사소통 캠페인 덕택에 시작된 것이다.

푸드루트 웹사이트를 방문하면 '신선한 것을 사라, 지역산을 사라'의 지부에 가입하거나 새로운 조직을 만드는 데 필요한 모든 정보를 얻을 수 있다. 이러한 활동은 분명 가정의 양심적인 소비자에

서 공동체의 참여시민으로의 변신을 시작할 수 있는 한 가지 방법일
것이다.

공동체텃밭

음식시민food citizen으로서 먹거리 문제에 참여하는 또 한 가지 방법
은 가정 안의 텃밭을 넘어 공동체텃밭community garden으로 나아가는
것이다. 오늘날 공동체텃밭은 미국의 거의 모든 도시에서 시작되고
있다. 때때로 이 운동은 좀 더 나은 먹거리를 기르고 이웃과 함께 더
많은 시간을 보내려는 욕망의 충동적인 표현이기 쉽고, 따라서 물주
기, 담장 만들기 같은 일정한 과정을 빼면 체계가 거의 없는 운동이
기도 하다. 하지만 텃밭과 텃밭 재배자들에게 도움을 주는 단체들도
분명 존재한다.

그러한 큰 단체들 가운데 하나는 '디트로이트 녹색화Greening of
Detroit'다. 디트로이트는 도시 텃밭과 소규모 도시 농업의 중심지로
알려져 있고, 1970년에 시장이 시작한 '팜어랏Farm-A-Lot' 프로그램
을 포함하여 도시 텃밭의 긴 역사를 지닌 곳이기도 하다. 이 프로그
램을 통해 도시 텃밭 농부들은 씨앗, 이식 작물, 텃밭용 경운기를 얻
을 수 있다. '디트로이트 농업 네트워크Detroit Agricultural Network'는 도시
농부들이 정보와 자료를 교환할 수 있는 통로로서 1996년에 출범한
조직이다. 그런데 디트로이트 시 예산이 축소되면서 팜어랏 프로그
램이 2000년에 중단되자 (이 네트워크에 참여하는) 시내 도시 농부들
(대부분은 나이 많은 사람들)은 새로 도움을 받을 곳이 필요해졌다. 이
네트워크의 자금 마련을 도와준 조직이 바로 '디트로이트 녹색화'로
서 몇 년 전에 나무 심기, 교육 프로그램, 환경운동을 통해 산림 복

원과 '좀 더 녹색' 도시인 디트로이트 창조를 이끌고자 결성된 비영리 기구였다.

자금 마련을 위한 지원서를 작성한 사람은 플린트Flint에서 자라면서 텃밭 재배와 지도력에 대해 배운 애슐리 앳킨슨Ashley Atkinson이라는 이름의 젊은 여성이었다. 이 프로젝트는 결국 미 농무부 공동체 먹거리 프로그램을 통해 보조금을 지원받을 수 있었는데, 이후 앳킨슨은 디트로이트 녹색화 안에 '텃밭 자원 프로그램Garden Resource Program'을 시작한다. 2010년 한 해 동안 디트로이트 녹색화 프로그램은 시내에 있는 1,221개 공동체텃밭과 가정 텃밭, 학교 텃밭을 지원한 바 있다. 이들은 대체로 300에이커 이상의 농지에서 먹거리를 재배하며, 회원 수는 최소 30명은 되도록 애쓰고 있는데, 2010년 한 해 동안 모두 160톤에 이르는 신선한 먹거리를 생산했다고 발표한 바 있다. 게다가 나이 든 사람들만 채소 재배에 참여하고 있지는 않은데, 열네 살에서 열일곱 살에 이르는 1만 명의 청소년들도 텃밭 또는 학교 기반 영양 교육 프로그램을 통해 공동체텃밭에 참여해왔다.

예를 들어 현재 열여섯 살인 마리아는 자라면서 브로콜리에 대한 애정을 키웠다. 마리아 같은, 최저 생계 수준이거나 그 이하 가정의 어린이들도 이제 새로운 과일과 채소를 먹을 수 있게 되었고, 건강 개념 자체를 재정립하고 있다. 앳킨슨은 이렇게 전한다. "통계 자료는 없지만 더 자주 공동체텃밭에 참여할수록 청소년들이 새로운 과일과 채소를 먹을 수 있는 기회는 더욱 늘어나고, 날마다 먹는 음식이나 전반적인 선호 음식도 그만큼 영향을 받게 되지요."

텃밭이라고 하면 먹거리가 연상되기 마련이지만, 마리아가 살고 있는 지역의 청소년들에게 이 텃밭들이 지니는 의미는 다 자란 붉은 토마토를 수확하는 체험 이상이다. 이 청소년들은 공동체를 창조하는 데 가치 있는 도구들과 긍정적인 집단 정체성 또한 수확하고 있는 것이다. 개별 텃밭은 각기 다른 색깔로 표시되며, 개별 텃밭 가꾸기 그룹은 자체의 티셔츠 로고를 디자인한다. 이 프로그램을 하나의 먹거리체계 프로그램으로 보는지, 아니면 청소년 계발 프로그램으로 보는지 앳킨슨에게 물어봤다. "저는 이것을 하나의 공동체 발전 프로그램으로 봅니다. 먹거리체계와 청소년 계발은 공동체 건설의 전략들이고요."

이 프로그램은 공립학교들과 건설적인 관계를 맺고 있는데, 학교가 어떤 식으로 비영리 사업과 공조하여 청소년을 도울 수 있는지를 일러주는 한 사례로 인지되고 칭송되고 있다. 디트로이트 시내에 있는 60개 공동체텃밭은 공립학교나 차터스쿨charter school* 안에 있다. 청소년 계발 이외에 교육 프로그램 개발 역시 크게 중시된다. 과학교사들을 위한 일련의 수업이 창안되었고, 학교 과학 교육과정을 만들 때에도 이 프로그램 참여자들은 발언권을 행사한다.

디트로이트 녹색화가 지원하는 텃밭 가운데 10퍼센트는 도시의 농민장터에서 자체 농산물을 판매하는데, 여기에 참여한 사람들 각자 한 달에 최대 500달러에 이르는 수익을 내고 있다. 그러니까 이것은 지역공동체 안에 청소년 계발 프로그램을 지속시킬 수 있는 하나의 지속 가능한 모델인 것이다. 2011년 이 단체에 소속된 공동체 텃밭 수는 1,600개가 될 예정인데, 이는 지금까지 가장 많은 수라고

---

* 주 및 지방당국의 규제 없이 학부모, 교사, 지역단체 등이 위원회를 구성해 운영하는 특수한 공립학교이다.

한다. 단체 지도자들은 이 텃밭들에서 자란 먹거리의 가치가 100만 달러 이상이라고 자체 추정하고 있다.[14]

자신이 살고 있는 곳의 공동체텃밭에 관해 관심이 있는 사람이라면 지역사회 지원 사무소local extension office나 원예 가게에 물어보면 된다. '전미 공동체텃밭 연합American Community Garden Association'은 미국에서 공동체텃밭을 시작하고자 하는 사람들을 지원하고 있고, 문을 두드리는 사람을 환영할 것이다(www.communitygarden.org).

이 장에서 지금까지 필자가 이야기한 내용 대부분은 우리들과 가정을 위해 더 나은 먹거리를 얻으면서도 동시에 먹거리체계의 혁신에 일조하기 위해 우리가 무엇을 할 수 있는지, 또는 우리가 사는 지역의 이웃과 친구들이 좀 더 나은 먹거리에 접근할 수 있도록 우리가 무엇을 도울 수 있는지에 관련된 것들이었다. 그런데 오늘날 '먹거리운동'이 가지고 있는 한 가지 결점은 구매 능력을 갖춘 사람들이, 또는 건강식품에 접근하기가 상대적으로 쉬운 지역의 주민들이 어떻게 하면 신선하고 건강하며 지속 가능한 방식으로 재배된 먹거리를 좀 더 많이 접하게 할 수 있을지에 대해서만 고심해왔다는 것이다. 따라서 당연한 일이지만, 이 운동은 결국 사회 엘리트 계층을 위한 운동이라는 비판을 받곤 했다. 먹거리체계 재설계를 위해 노력하는 사람들에게 가장 큰 숙제는 지속 가능한 방식으로 재배된 신선한 먹거리에 대한 접근을 계속해서 차단당한 지역들에서 이러한 먹거리에 대한 좀 더 높은 접근성을 만들어내는 일이다.

도시 빈민가의 저소득층 가정들이 어떻게 살아가고 있는지를 보여주는 도시전설이 다수 있는데, 이들은 이 지역의 먹거리와 먹거리체계를 잘 드러내고 있다. 그러나 페어푸드 네트워크에서 실시한 연구에 따르면, 교외 지역이나 고소득층 도시인들과 마찬가지로 도시 빈민가의 저소득층 소비자들 역시 무엇이 좋은 음식이고 무엇이 그렇지 않은 음식인지 잘 알고 있다고 한다. 신선한 과일과 채소, (그 다수는 유통기한이 넘었고 지나치게 비싼) 통조림 음식, 포장 음식의 차이를 그들도 이해하고 있는 것이다. 차가 없을 경우에 갈 수 있는 유일한 가게에서(주류 판매점이나 주유소 안에 있는 편의점이기 쉽다.) 구매하는 일과 교외에 있는 대형 할인매장에서 구매하는 일과의 차이 또한 그들은 잘 인지하고 있다. 거주지 안에 있는 구멍가게에서 볼 수 있는 시든 사과 하나에 1달러 가격표가 붙어 있는 현실의 불평등 또한 알고 있다. 또 도시 빈민 지역의 어머니들도 교외에 사는 사커맘Soccer mom*들과 똑같이 질 좋은 식재료로 만든 훌륭하고 건강에 이로운 음식을 가족들에게 먹이고 싶어한다.[15]

이러한 도시 빈민 지역 주민들 가운데 다수는 먹거리 환경의 지역별 불평등을 사회 내 인종 간, 계급 간 불평등을 나타내는 또 하나의 사례로 이해한다. 30여 년 전에 이 지역 주민들은 주택 산업계의 '레드라이닝redlining'**이라는 관행에 직면한 적이 있다. 특정 지역에 모기지mortgage 대출 서비스를 제한하는 이 관행 때문에 저소득층 지역, 주로 유색인종 지역 주민들이 집을 소유할 수 있는 길은 사실상 막혀버렸다. 거주 구역에 붉은 선을 긋는 일은 이제 불법이고, 오늘날

---

* 자녀들이 받는 축구 교육에 함께 동반하는 어머니를 가리키는 말로, 자녀 교육에 열성적인 중산층 주부를 뜻한다.
** 특정한 인종이 거주하는 지역에만 은행, 보험, 의료보험, 슈퍼마켓 같은 사회적 서비스들에 제한을 두는 정책으로, 말 그대로 하면 '붉은 선 긋기'다. 실제로 이 같은 차별 대상이 되는 지역을 다른 지역과 구분하기 위해 지도상에 붉은 선을 그었던 데에서 유래한 용어다.

사람들은 이 일을 볼썽사나운 일이라고 생각하고 있다. 그러나 이 지역 주민 가운데 다수는 오늘날 '영양학적인 레드라이닝'을 체험하고 있다. 그들은 자신들이 신선하고 건강하며 지속 가능한 방식으로 생산된 먹거리에의 접근을 체계적으로 거부당하고 있음을, 따라서 좀 더 부유한 지역과 비교하여 자신들의 거주 지역에 심각한 건강 문제가 있음을 알고 있다.

이러한 불평등 문제를 개선하는 데 각성된 음식시민들이 할 수 있는 일은 많다. 이어지는 두 장에서 필자는 이러한 불평등을 교정하고, 모두에게 이로운 먹거리체계가 재설계되게 만들 제도적, 정책적 혁신에 우리가 참여할 수 있는 방법을 논의할 것이다. 이 책에서는 일종의 시범 프로젝트로 시작되었고, 다른 지역에서도 그대로 적용할 수 있는 규모로 실행되기 시작한 몇몇 혁신 사례들을 살펴보려고 한다.

그린카트와 공동체부엌

먹거리체계 안에는 주정부 단위에서 시행되고 있는 '신선식품 자금 조달 계획Fresh Food Financing Initiative'(이미 3장에서 소개했다.)이나 새로운 전국 슈퍼마켓 체인보다 훨씬 소규모로 진행되고 있는 프로그램들이 있다. 물론 이 프로그램에 참여한 사람들에게는 이것이 다른 것에 비해 덜 중요하지는 않을 것이다. 한 사례로 뉴욕 시의 '그린카트Green Carts* 프로젝트가 있는데, 이것은 '뉴욕 시 발전을 위한 시장기금Mayor's Fund to Advance New York City'과 사적·공적인 공조로 계

---

* 여기에서는 노점 판매를 위한 소형 운반 차량을 뜻한다.

획되었다. 2008년에 자선단체인 '로리 티슈 일루미네이션 기금Laurie M. Tisch Illumination Fund'은 뉴욕의 소외 지역 주민들에게 신선한 농산물을 판매하겠다는 사업자들을 지원할 목적으로 150만 달러에 이르는 지원금을 제공했다. 이 지원 프로젝트의 목표는 1,000개의 그린카트 노점상에게 소액 융자금과 사업 개발 보조금을 제공하고, 그린카트 노점상에게서 신선한 과일과 채소를 구입하라고 홍보, 장려하는 의사소통 캠페인을 벌이는 것이었다. 이 이동식 식품 판매 카트들은 지정된 구역에서 신선한 과일과 채소만 판매했는데, 2011년 봄 무렵 500개 정도의 카트들이 거리에 나타나 새로운 일자리를 창출했고, 수많은 가정들이 더 건강한 먹거리 선택지를 접하는 데 기여했다. 현재 뉴욕 시에는 2,000개가 넘는 그린카트 노점상이 사업 허가를 기다리고 있다.[16]

최근에 이런 노점상 가운데 한 사람인 바르도니오 산체스-비바Bardonio Sanchez-Vivar를 만난 적이 있었다. 브롱크스Bronx 163번가와 월턴 애비뉴Walton Avenue에 있는 그의 카트는 무르익은 과일과 신선한 채소로 가득했다. 물론 그것들 모두가 지역에서 생산된 먹거리는 아니었다(그렇기는 하지만 망고와 파파야는 맛있었다). 산체스-비바는 아내와 함께 이 노점상 일만 하는 것은 아니었다. 그는 브롱크스의 헌츠포인트Hunts Point 시장에서 다른 그린카트 소매상들과 자신의 삼촌이 운영하는 식료품 가게와 한 멕시코 음식점에 (새로 얻은 트럭으로) 농산물을 배달하는 소규모 유통업 또한 하고 있다.

그린카트 프로젝트는 성공리에 진행되고 있는 듯하다. 게다가 이는 다른 지역에서도 그대로 적용할 수 있는 모델이기도 하다. 이 프로젝트의 동력이 되고 있는 사람들 가운데 한 명은 캐런 카프Karen

Karp인데, 그녀는 먹거리체계를 잘 알고 있을 뿐만 아니라 관료 사회의 장벽을 넘는 데에도 능수능란한 사람이다. 다른 지역에서 이런 종류의 프로젝트가 진행되도록 지원하는 데 관심이 있는 사람이라면 카프에게 연락하면 좋을 것이다."

소외 지역에 사는 사람들이 신선하고 건강한 먹거리를 접할 수 있도록 지원하는 또 하나의 통로는 '공동체부엌community kitchen' 또는 '부엌 인큐베이터kitchen incubator'라는 것이다. 지역 주민이라면 누구라도 지역 보건부처의 기준에 맞게 만들어진 상업적인 부엌을 공짜로, 또는 명목상의 사용료를 지불하고 이용할 수 있다. 이 공동체부엌은 지역 농민장터나 식품점에서 판매할 수 있는 새로운 식품을 개발하려는 야망을 지닌 개인 사업자들을 위한 공간이다. 일부 부엌 인큐베이터들도 만들어지고 있는데, 이 기구들은 열정 넘치는 식품 사업자들이 사업 계획에 대한 전문 지식과 그다지 비싸지 않은 보험, 포장/마케팅 도구들을 제공하면서 유통 채널에 접근할 수 있도록 돕는 역할을 담당한다.

미시간 주 서부에 있는 '스타팅블록Starting Block'(www.startingblock.biz)은 공동체부엌의 한 성공 사례이면서 동시에 식품 사업자들을 위한 부엌 인큐베이터이기도 하다. 스타팅블록은 초보 사업자들에게 상업적 용도의 부엌, 컴퓨터와 인터넷, 전화와 사무 집기를 포함하는 저임대료 사무실 그리고 미시간 주립대학교가 제공하는 전문 지식을 지원하고 있다. 이 상업적인 부엌은 특별식이나 미식가용 음식의 생산과 포장이 필요한 사람들이나 급식업자들, 교회, 학교, 시민단체들이 활용할 수 있다. 미국의 부엌 인큐베이터 목록을 보려면 부록에 있는 자료를 참조하기 바란다.

공동체 식품 평가

지역공동체 안에서 변화를 도모하기에 앞서 그 지역 주민들이 경험하는 먹거리 환경의 상태부터 먼저 알아볼 필요가 있다. 이에 관한 정보를 알아내는 한 가지 방법은 '공동체 식품 평가community food assessment'를 수행하는 것이다. 캘리포니아 오클랜드 시는 최근 HOPE 협력 사업의 일환으로 이러한 평가를 수행한 바 있다. HOPE 협력 사업은 켈로그 재단의 지원금을 받는 프로젝트로서, 지역에 좀더 건강한 먹거리 환경을 만드는 데 관심을 둔 앨러미더Alameda 카운티 공공보건부 같은 협력자와 단체들을 포함하고 있다.

이 프로젝트는 3개월이 넘는 기간 동안 자원봉사자들의 도움을 받아 가장 취약한 지역 여섯 곳에서 공청회를 열었다. 어디에서 먹거리를 구매하는지, 먹거리 환경 가운데 바뀌었으면 하는 부분은 어떤 것인지에 관한 질문이 주민들에게 주어졌다. 또한 이 프로젝트는 교통을 편리하게 사용할 수 없는 사람들이 접할 수 있는 것이 무엇인지 알아보고자 구멍가게의 메뉴들에 대한 평가도 수행했다. 자원봉사자들 역시 지역들을 돌면서 공동체텃밭이나 작은 규모의 농사에 적합한 공터가 있는지 여부를 조사, 평가했다.

이들이 발견해낸 사항들 가운데 일부는 다음과 같다.

- 지금 접할 수 있는 먹거리들은 충분하지 않으며 건강에 이로운, 또는 신선한 먹거리는 매우 적다. 신선한 과일과 채소는 사실상 전무한 지경이다.
- 사람들은 건강한, 값을 치를 만한 가격의 음식을 요리하고 싶어한다. 또한 참여자 대부분은 정기적으로 가정에서 요리해 먹는다.
- 오클랜드 시내에 (가정 안에 있는 텃밭을 제외한다면) 먹거리 수요를 크

게 충족시킬 정도로 충분한 공터는 없다. 다시 말해 지역 농업은 시
외곽에서 실시되는 수밖에 없다.

- 오클랜드에서 가장 취약한 지역들의 주민은 사실상 지금보다 네 배
  많은 식품점들을 수용할 수 있는 구매력을 가지고 있다. 이는 곧 주
  민들이 단순히 거주 지역 안에 완비 상점이 없는 탓에 지역 바깥에서
  먹거리에 쓰는 소비액의 75퍼센트를 지출하고 있음을 뜻한다. 또한
  지역 밖으로 해마다 3억 7500만 달러에 이르는 경제 활동 자금이 '유
  출되고' 있음을 뜻한다. 만일 지역 안에 이 돈이 남아 있었다면 이는
  곧 적정 임금이 보장되는 1,500개의 일자리를 창출할 수 있었을 것
  이라고 이들은 추정한다.[18]

오클랜드 시에서 수행된 공동체 식품 평가는 지역 먹거리체계 혁
신과 관련된 몇몇 새로운 프로젝트로 이어졌다. 이 프로젝트에는
새로운 식품점의 개발과 저소득층 가정을 위한 CSA(이를 통해 매주
11킬로그램의 과일/채소 꾸러미를 20달러에 구매할 수 있다.)와 '앨러미더
카운티 부보안관 행동연맹Alameda County Deputy Sheriff's Activities League'과 공
조하여 카운티 안에 있는 CSA에서 실업 청년들이 먹거리를 재배할
수 있게 하는 실업 청년 지원 사업이 포함되어 있다(이 연맹은 이 사
업을 범죄 예방 전략의 하나로 생각한다).

자신이 사는 지역에서 공동체 식품 평가를 시작하고 싶다면 주변
사람들을 모아 지역 공공보건소에 연락해보기 바란다. 부록의 참고
자료 목록에서 오클랜드의 전략이나 다른 지역공동체 식품 평가 노
력들을 찾아볼 수 있다.

우리가 할 수 있는 일

이러한 프로젝트들 모두는 우리의 거주 지역에도 그대로 적용될 수 있고, 아마도 이 가운데 일부는 우리 주변에서 이미 시행되고 있을 것이다. 첫 번째 할 일로는 이러한 혁신적인 프로젝트들 가운데 어느 하나와 결합하는 것이다. 또는 새로운 프로젝트를 만들 수 있을 듯하면 영감이 이끄는 곳으로 따라가라! 장담하건대 같은 방향으로 움직이고 있는 다른 사람들을 도처에서 만나게 될 것이다. 연락처가 필요한 독자는 이 책의 부록을 참조하고, 이러한 프로젝트들에 참여하고 있는 전국 조직체들의 최신 목록을 원하는 독자는 www.fairfoodnetwork.org/list에 들어가보기 바란다. 그들과 일단 접촉하여 참여 방법, 자원봉사 방법, 기부 방법을 문의해보라. 그리고 이러한 프로그램들이 확대되고 성공할 수 있도록 중요한 제도와 공공정책을 지지하는 일도 하나의 참여 방법일 것이다. 다음 두 장의 주제는 바로 이것이다.

• 토론거리

1. 당신은 스스로를 의식 있는 소비자라고 생각하는가? 그렇다면 어떤 영감이나 자극을 받아 그렇게 될 수 있었나?
2. 페어푸드 체계를 만들기 위해 가정 또 지역에서 당신이 하고 있는 일이 있는가?
3. 이러한 방향에서 당신이 취할 수 있는 다음 단계의 행동은 무얼까?
4. 다른 이들이 의식 있는 소비자가 되도록 돕는다면, 어떤 방식으로 도울 수 있을까?

8

기관 먹거리의 / 혁신

　가정, 이웃, 지역공동체에서 변화를 만들어낸다면 이는 분명 지금의 먹거리체계를 좀 더 균형 있게 만들 훌륭한 출발 지점일 것이다. 사실 이러한 장소들이야말로 우리가 대부분의 시간을 보내는 곳일 테니 말이다. 그러나 현재 이 먹거리체계에서 유통되는 돈의 절반 정도는 가정 밖에서 소비되는 음식 때문에 쓰이고 있다. 이러한 음식 소비 가운데 일부는 식당에서 발생하고 있는데, 우리는 식품점에서 무엇을 구입할지 결정할 때만큼이나 식당에서 무엇을 주문할지 결정할 때에도 우리 자신만의 결정권을 지니고 있다. 또한 저소득층 지역 주민들은 식품점에서 맞닥뜨리는 문제와 똑같은 문제를 식당에서도 맞닥뜨리게 되는데, 그들에게는 거주지 안에 있는 유일한 식당이라고 해봤자 고칼로리, 고지방 음식을 파는 패스트푸드 체인점이기 일쑤다.

하지만 (비록 느리기는 하지만) 변화는 이러한 지역에서도 시작되고 있다. 식당 체인들에게 트랜스지방을 메뉴에서 빼고 메뉴의 각 항목마다 칼로리 분포도를 명시하라고 요구하기 시작한 뉴욕 시 당국이 그 한 사례일 것이다. 이러한 조치가 저소득층 지역 내 먹거리 환경을 얼마나 효과적으로 변화시킬는지는 두고 볼 일이지만, '그다지 많이' 변화시키지는 못하리라고 필자는 짐작한다.

하지만 공립학교나 대학교 카페테리아, 병원 같은 일부 주요 기관들을 살펴본다면 먹거리체계 혁신의 윤곽이 서서히 우리 눈앞에 나타나고 있다는 사실을 알아차릴 수 있다. 이 각각의 경우에 변화가 일어나고 있는 이유는 일련의 비영리 기구들이 앞장서서 이 기관들에 접촉하고 있고, 기성 질서 안에서 변화를 도모하는 사람들과 서로 도우면서 (좀 더 큰 규모로 확장될 수 있는) 변화 모델들을 만들어내고 있기 때문이다. 그러나 이러한 일을 비영리 기구 지도자들에게만 맡겨둘 수는 없는 노릇이다. 만일 우리가 이 문제에 열정을 지니고 있다면 우리와 관련이 있는 그 어떤 기관이라도 도울 길이 분명 있을 것이다.

1990년대 초반에 켈로그 재단에서 일하기 시작할 무렵, 필자의 업무에는 켈로그 재단 이사회가 심의할 자금 지원 관련 서류를 작성하는 일이 포함되어 있었다. 그런데 이상하게도 '지속 가능한', '환경', '정책' 같은 단어를 사용하지 못하게 되어 있었다. 이런 단어 사용이 왜 금지되었었는지 지금도 알 길이 없지만, 이를 통해 필자는 이사회가 지속 가능한 미래를 염두에 두는 접근법이나 환경주의 내지 공공정책 변화에 힘을 실어줄 의지가 없음을 간파할 수 있었다. 지속 가능한 식농 프로젝트들을 지원하는 일이 얼마나 중요한 일인지를, 또 이 체계 안 변화를 창조할 확실하고 유일한 방도가 어째서 궁극적으로는 제도와 정부의 정책을 바꾸려는 단체들을 지원하는 길인지를 이사회가 알 수 있게 하는 것을 필자의 지상 과제로 삼게 되었고, 그리하여 동료들과 함께 오랜 시간을 두고 이사회를 설득했다. 하지만 이를 위해서는 켈로그 재단이라는 조직의 정책 자체를 바꿀 필요가 있었다.

이는 엄청난 인내를 요구하는, 느리디느린 과정이었다. 또한 필자의 의견에 동조하지 않을 수도 있는 이사와의 대화도 마다하지 않고 적극 수용해야 했다. 이사들 각각이 관점을 수정하면서 조금씩 조금씩 재단 자체의 관점도 변하기 시작했다. 그리하여 2006년에 열렸던 한 이사회 모임에서 농지 보전 프로젝트를 위한 자금 지원의 장점에 관해 설전이 오갈 때, 이사회 의장은 이렇게까지 말했던 것이다. "농지 보전 프로젝트라는 게 우리 재단의 사명에 해당되는 건지 아닌지는 잘 모르겠어요. 하지만 이 프로젝트를 통해 보전되는 농지는 지속 가능한 농법을 실천하는 소규모 농가들에 이양될 겁니다. 이 프로젝트를 우리가 지원해야 한다고 봅니다. 왜냐하면 지속 가능한 농업이야말로 우리 재단의 핵심 사명 가운데 하나일 테니까요." 성공!

1990년대 초에 첫 번째 프로젝트들에 자금 지원을 시작한 이래로 켈로그 재단은 미국 전역에 걸쳐 지속 가능한 식농 프로젝트에 3억 달러 이상의 자금을 지원해왔다. 페어푸드 운동에 참여하고 있는 거의 모든 단체가 켈로그 재단과 모종의 유대 관계를 맺고, 자선 사업 부문 전체가 지속 가능한 먹거리·농업을 하나의 중요한 사안으로 포용하기 시작했다. 1992년에 우리가 '온전한 농업체계를 위한 켈로그 프로그램'을 시작했을 때, 이 분야에 관심을 조금이라도 기울이던 재단은 고작해야 5~6개였다. 우리들 가운데 몇몇은 재단계에서 하나의 '친밀' 그룹이라고 알려진 모임을 만들어냈는데, 이는 비슷한 주제에 관심을 가진 재단들과 느슨하게 연대하는 모임이었다.

2012년에 이르면 '지속 가능한 식농체계 펀더들Funders'이라고 우리가 이름 붙인 이 친밀 그룹의 구성원이 자랑스럽게도 63개 재단으로 늘어나는데, 이들 모두가 그룹의 활동에 자금을 제공한다. 현재 10개 정도의 새로운 자금 지원 재단들이 합류를 고려하고 있고, 해마다 새 재단들이 이 분야에 합류하고 있다. 제도와 공공정책에서 먹거리체계의 변화를 추구하는 단체들은 이제 역사상 전례가 없을 만큼 다양한 여러 지지자들의 모임을 만나게 된 것이다.

필자 개인의 경험이 일러주듯이 조직 내 변화를 만들어내려면 우리는 각자 우리가 서 있는 바로 그 자리에서 시작해야 할 것이다. 얼마나 크고 견고하든 간에 모든 조직에는 조직 안에서 일하는 사람들이 만들어낸 관행이 있다. 따라서 조직 내 정책과 문화를 변화시킬 수 있는 잠재력을 지닌 사람들 역시 그곳에서 일하는 사람들일 것이다. 켈로그 재단에서 변화의 물결이 일단 시작되자 비슷한 생각을 지닌 많은 사람이 이 물결에 합류했는데, 이는 실로 경이로운 과정이었다. 장담컨대 누구라도 똑같은 경험을 할 수 있을 것이다.

좋은 먹거리로 학교 음식 만들기

한편으로 우리 아이들에게 좀 더 건강한 먹거리를 제공하면서도 동시에 지금의 먹거리체계를 바꿀 기관들의 구매력을 활용하는 데 관심을 둔다면, 우리가 중요시해야 할 기관으로 공립학교만 한 곳은 없을 것이다. 정확하게 확인하기는 어렵지만, 미국에서 학교 먹거리에 쓰인 공적 자금의 규모는 수십 억 달러에 이른다(100억 달러에서 160억 달러 사이라는 추정치를 입수한 바 있다).[1] 미 농무부는 2009년 한 해 동안 63억 달러 정도의 연방 자금이 전국 학교의 급식(아침과 점심) 준비에 쓰였다고 보고하고 있다.[2] 이러한 자금 가운데 상당 부분의 지출처를 좀 더 건강한 먹거리 구입에 돌린다면 우리 아이들의 건강에 긍정적인 영향을 주기 시작할 수 있을 것이다. 또한 그 먹거리의 일부를 지역 농민이 공급하게 함으로써 학교 당국의 식품 구매력을 지역경제 발전(좀 더 구체적으로는 지역 농민 지원)의 동력으로 활용할 수도 있을 것이다. 학교영양협회School Nutrition Association에 따르면, 2011년 한 해 동안 전국적으로 48퍼센트의 교육청이 지역에서 생산된 과일과 채소를 공급한 바 있다고 한다.[3]

현재 여러 학교와 지역에서 진행 중인 수천 개의 학교 먹거리 개혁 프로그램이 있지만, 그 가운데 어떤 것도 시카고의 '건강 학교 캠페인Healthy School Campaign'만큼 분명하게 두각을 나타내지는 못하고 있다. 학부모 운동가인 로셸 데이비스Rochelle Davis가 10년도 전에 시작한 이 프로젝트는 현재까지 나타난 먹거리 개혁 시도 가운데 가장 철두철미한 시도일 것이다. 의식 있는 핵심 학부모들과 데이비스는 학교 행정 직원과 식품 서비스 관련 최고 책임자, 교사들과 협동해 시카고에 있는 공립학교들에서 새롭고 철저하며 지역 전체를 포괄하는 먹거리정책과 관행이 탄생할 수 있도록 애쓰고 있다. 학부모들의 제안만으로 만들어진 새로운 영양 기준과 메뉴들이 있는데, 예를 들어 호르몬 무첨가 우유, 방목 달걀만 사용하기 같은 것이 있다. 또한 그들은 2011년 한 해 동안 일리노이와 미시간 서부 지역 농부들에게서 과일과 채소를 구매하는 데 250만 달러를, 인디애나의 밀러 아미시 컨트리 목장Miller Amish Country Poultry에서 닭을 구매하는 데 100만 달러를 지출한 바 있다. 데이비스와 학부모들은 조직의 구매력 자체가 전체 먹거리체계에 거대한 파문을 일으킬 수 있다는 사실을 잘 인지하고 있다.⁴

시카고의 학교체계는 고립되어 행동하지 않는다. 여러 학교와 지역에서 노력하고 있는 개인들도 많지만, 먹거리체계의 관점에서 학교 급식 문제와 식품 구매 행태 및 메뉴 변화에 각별한 노력을 기울여온 단체들도 있다. 대표적인 두 단체를 소개하겠다. 그 하나는 '스쿨 푸드 포커스 : 도시 학교 아동을 위한 먹거리 선택지 바꾸기School Food Focus : Transforming Food Options for Children in Urban Schools'로서 이 조직을 이끌고 있는 중심 활동가는 컬럼비아 대학교 사범대학에서 오랫동안 교편을 잡아온 토니 리쿼리Toni Liquori다. 미국에서 가장 큰 뉴욕 시의 학교체계를 바꾸려는 그녀의 전략은 학교체계에 유익한 영향을 미치려는 모든 사람에게 하나의 모델이 될 수 있을 것이다. 공공 보건 전문가, 교육자, 재단 그리고 다양한 대형 교육 기관들과 함께 협력해 만들어진 이 전국적인 단체는 도시 교육청들의 식품 서비스 품질 개선에 힘을 실어주고 있다. 이 단체는 좀 더 건강하고 지속 가능한 먹거리 선택지로 이동할 준비가 된 30개 대규모 교육청(학생 수가

4만 명 이상)과 공조하고 있는데 농부, 식품 기업, 공공 기관, 교육구와 대학, 학부모 같은 지역공동체 안에 있는 필수 협력자들을 (교육하고 영감을 불어넣어주는) 교육 실험실에 불러내는 한편, 학교 먹거리 체계 변화에 열의를 보이는 개인과 단체들 사이의 강력한 연대를 고무하고 있다.

또한 이 단체는 교육청들이 지속 가능한 방식으로 생산된 좀 더 건강한 지역산 먹거리를 급식 재료로 삼을 수 있게 하고 있다. 예를 들어 이들은 '리얼푸드 쇼케이스Real Food Showcase'라는 프로그램을 만들어냈는데, 이는 (교내) 식품 서비스를 책임지는 사람들에게 지속 가능한 방식으로 생산된 건강한 먹거리를 공급하는 기업들을 소개하는 역할을 담당한다. 리쿼리는 이런 프로그램을 진행하는 데 매우 오랜 시간이 소요됨을(어떤 경우에는 발상에서부터 시행까지 18개월이나 걸린다.), 때로는 아주 자그마한 진척도 성공으로 수용해야 함을 강조한다. 예를 들어 미네소타 주 세인트폴St. Paul 교육청에서 지난 해 동안 '스쿨 푸드 포커스'가 이룩한 한 가지 성취로는 지역에서 생산된 농산물의 비중을 높이기 위해 공식 경매 과정을 만들어낸 것이었다. 3개월 만에 이 지역 학교들은 도심 160킬로미터 반경 안에 있는 여섯 명의 농부에게서 거의 13만 달러에 이르는 과일과 채소를 구매할 수 있었다. 이 물량은 이 기간 동안 교육청이 구매한 모든 농산물의 40퍼센트 정도를 차지하는 양이다. 이들은 또한 유제품 공급자들이 향 첨가 우유flavored milk에 포함된 설탕 양을 30퍼센트까지 낮추게 하는 데 성공했다. 이러한 성취를 이룬 지금 이들은 이제 학교 급식 메뉴에서 향 첨가 우유를 빼려고 노력하고 있다.[5]

진행 중인 또 다른 운동의 주역은 교육 기관들을 지역 농가들에 연결시키고 있는 '농장에서 학교로Farm to School'라는 전국 네트워크다. 이 단체는 미국 전체에 걸쳐 셀 수 없이 많은 교육자와 학부모, 학생, 자원봉사자, 공동체 지도자, 농민의 상상력을 매료시켜왔다. 이 단체가 주안점을 두는 세 가지 활동은 다음과 같다. 첫째, 지역 농민들과 가공업자들에게서 교내 급식에 쓸 식재료 공급받기. 둘째, 학교 텃밭을 만들고 유지하기. 셋째, 농민들과 학생들의 교환 방문 성사시키기. 이 프로그램의 목표는 우리가 아이들을 위해 해야 하는 일들과 상응한다. 그 일이란 아이들의 영양 증진을 위해 카페테리아에 건강한 먹거리를 공급하고, 지역 농민들에게서 지속 가능한 방식으로 재배된 신선한 먹거리를 얻으며, 이 농민들과 지속적인 유대 관계를 맺는 일이다. 또한 학생들이 먹거리와 그 품질의 원천에 대한 이해를 넓힐 수 있도록 건강, 농업, 영양에 관한 교육 기회를 제공하는 일이다.

'농장에서 학교로' 네트워크를 이끌어온 지도자 가운데 한 사람인 아누파마 조시Anupama Joshi는 최근 필자에게 이렇게 말했다. "10년 전만 해도 '농장에서 학교로'라는 단체가 어떤 단체인지 설명해야 했을 거예요. …… 하지만 지금은 사정이 다르죠. 이름만 말해도 사람들은 지금 무슨 말을 하고 있는지 바로 이해해요." 현재 미국 50개 주 전체에 '농장에서 학교로' 프로그램이 운영 중이고, 2,300개가 넘는 교육청의 거의 1만 개 학교들이 참여하고 있다. 확실히 한창 불타오르고 있는 프로그램인 것이다. 심지어 현재 28개 주정부에서는 정부가 지원하고 있는 '농장에서 학교로' 진행자들이 일하고 있다. 게다가 참여하는 교육청들이 날마다 늘어나고 있다. 자랑스러워하는 목소리로 조시는 이렇게 말한다. "농장에서 학교로 네트워크는 학교의 전반적인 먹거리·건강 환경을 바꾸려는 운동의 일환이에요. 이 운동은 점점 더 저소득층 지역으로 파고들고 있어요. 샌타모니카Santa Monica와 버클리Berkeley에서만이 아니라 로스앤젤레스 중심부와 시카고에서도요." 사회 내 엘리트층에게만 혜택을 주었던 이전의 많은 먹거리체계 혁신 사례와는 달리 '농장에서 학교로' 네트워크는 계급 간 경계선을 뛰어넘고 있는 것이다.

'농장에서 학교로' 네트워크는 학교 안 카페테리아에 로컬푸드 양을 늘리는 새로운 먹거리 공급체계 이상의 무엇이다. 이 조직은 어린 학생들, 식품, 농부 그리고 지역공동체 사이의 새로운 관계 패러다임을 창조하고 있다. 또한 퇴비 만들기 같은 쓰레기 관리법에 관한 혁신적인 아이디어와 더불어 학교 텃밭 만들기, (거기서 재배한) 신선한 채소로 뜨거운 음식 요리하기 같은 실천 프로그램을 제공하고 있다. 이 실험적인 모델은 어린아이들에게 흙과 대지의 은덕을 완전히 새롭게 느끼고 이해하게 하며, 맛 좋은 당근이나 육즙이 풍부한 토마토에 대한 평생의 취향 또한 형성해줄 수 있을 것이다.

우리 자녀가 다니는 학교가 농장에서 학교로 네트워크에 참여하고 있는지 확인하려면 그들의 웹사이트(www.farmtoschool.org)에 접속해보면 된다. 이 네트워크는 부록에서 학교 먹거리 개혁을 위해 애쓰고 있는 다른 단체들과 함께 언급되어 있다. 이를테면 캘리포니아 주 버클리의 '에더블 스쿨야드Edible Schoolyard', 캘리포니아 주 샌타바버라Santa Barbara의 '스쿨 푸드S'Cool Food' 그리고 전국 조직인 미국슬로푸드위원회Slow Food USA 같은 단체들이다. 또한 학교 식당을 향상시키고 농장과 학교 간 연계를 좀 더 가능하게 할 연방 차원의 보조금도 있다. 게다가 앞으로 8년 동안 지역에서 생산된 먹거리 구매를

장기간 지속 가능하게 하는 데 일조하는 농장과 학교들에게 지원될 4,000만 달러의 기부금도 있다.[6]

만일 지역 학교 변화에 참여하려는 의사가 있다면 좀 더 품질 좋은 먹거리를 학교 카페테리아에 공급하는 일에 관심을 갖고 있는 다른 학부모나 지역 주민을 만나보라고 말하고 싶다. 8~10명의 학부모나 지역 주민이 협력한다면 언제나 좋은 성과를 낼 수 있을 것이다. 일단 관심을 공유하는 몇 사람을 찾아냈다면 학교 행정관들과 학교 식품 서비스 직원 그리고 지금의 먹거리체계에 관해 배울 의사가 있는 교사들을 만나보라. 학교 먹거리 프로젝트가 성공적이라면 이는 그 프로젝트의 지도자들이 누가 어떻게 의사 결정을 하고 있는지에 대해 충분히 이해했기 때문이다. 학교 식품 서비스 책임자가 핵심 인물이다. 이 사람에게 던져야 할 질문은 다음과 같다.

- 당신이 메뉴에 올리는 것들은 무엇인가?
- 어떤 종류의 과일과 채소가 있는가?
- 신선한 로컬푸드 사용 여부를 결정할 때 필요한 먹거리 준비와 가공에 관한 지식을 갖추고 있는가?
- 현재 지역 농부와 연락하고 있는가? 아니라면 그런 연결 고리를 만드는 일을 우리가 도와도 되겠는가?

일단 이 사실 관계를 확인했다면 학교에서 만난 사람들과 함께 해봄직한 자그마한 변화를 하나 선택해야 한다. 아누파마 조시가 말한 대로 "꿈은 크게 꾸되, 자그마한 변화부터 시작하라." 처음 단계에서는 모든 사람이 함께 이해하고 서로 신뢰를 쌓을 수 있는 작은 프로젝트부터 시작함이 무엇보다 중요하다. 너무 많은 것을 너무 빨리 시도하거나 참여자 사이에 분쟁이 있을 만한 프로젝트는 실패하기 쉽다. "동네 요리사를 학급에 초청해 건강한 지역산 식재료로 어떻게 요리할 수 있는지 시범을 보이게 하는 방법도 하나의 좋은 출발점이겠죠." 조시는 이렇게 말했다. 또 한 가지 가능한 작은 프로젝트는 지역 사업체가 지역 안에 있는 농장의 현장학습 여행을 후원하게 하는 것이다.

전문가들이 추가적으로 하는 제안을 일부 소개하면 다음과 같다.

- 학부모들 : 학교에 샐러드 바가 있다면 한 달에 한 번 자원봉사 활동을 해볼 것. 학생들은 자신들에게 직접 제공된 건강한 먹거리를 먹어 볼 것이고, 초등학교인 경우에는 특히 샐러드 바 서비스와 관련하여 도움이 필요하다.
- 교사들 : 학생들을 지역공동체텃밭이나 도시 농장 또는 농민장터에 데려가 현장학습을 진행해볼 것.
- 교사들과 학부모들 : 먹거리 교육은 다양한 방식으로 진행할 수 있다. 학생들에게 건강한 식사에 관한 읽기 과제를 주고, 과학 시간에는 영양이라는 주제를 다루어보며, 수학 시간에는 식품 성분표food labels를 사용해볼 것. 생일 파티를 열 때 건강한 식사와 역동적인 게임을 함께 하게 해 좋은 사례를 만들어보라. 학교 먹거리에 대한 지식을 학부모들과 다른 사람들과 공유하여 그들이 학교 먹거리 개선 운동에 참여하게 만들라. 학교 소식지에 글을 기고하거나 교장에게 학교 웹사이트에 학교 먹거리에 관한 코너를 신설하라고 요구하라.[7]

지역공동체에서 운동을 시작하도록 도움을 주는 자원은 많다. 모든 주에는 '농장에서 학교로' 네트워크와 협조하고 있는 진행자가 있고(모든 사람이 주정부의 지원을 받지는 않는다.), 이들은 기꺼이 도와줄 것이다. 또한 '농장에서 학교로' 네트워크는 지역별로 진행 중

인 프로젝트들에 대한 정보를 제공하고 있다. 또 다른 훌륭한 자원
은 아메리코어AmeriCorps 프로그램의 일환인 '푸드코어FoodCorps'라는
프로젝트로서, 학교 먹거리체계 공공 서비스 분야에 어린 학생들을
1년 동안 고용하는 프로젝트다. 한 지역에서 일하도록 정해지면 그
지역 푸드코어 구성원들은 학교 먹거리 구매자들을 농부들과 연결시
키고, 먹거리체계와 영양에 관한 교육 프로그램을 확대하며, 학교 텃
밭을 만들고 가꾸는 일을 담당한다. 현재 푸드코어는 10개 주에서 운
영되고 있는데, 출범할 당시 회원 수는 50명이었다. 2012년 회원 수
는 그 두 배, 10~12개 주로 늘어날 예정이다. 장기 목표는 2020년까
지 50개 주로 확대하고, 한 해에 일하는 회원 수를 1,000명으로 늘리
는 것이다. 푸드코어에 더 많은 관심이 있거나 서비스 회원 가입 신
청을 원한다면 부록의 푸드코어 항목을 참조하기 바란다.[8]

대학생과 대학 캠퍼스인 경우

재단 프로그램 책임자로 필자가 하는 일 가운데 가장 즐거운 것
은 바로 현장 답사다. 이는 자금 지원 결정을 내리기 전에 조심스러
운 결정을 위해, 또는 한 프로젝트에 자금 지원을 한 이후 그 프로젝
트가 제대로 진행되고 있는지 확인하기 위해 보통 실시된다. 켈로그
수탁자 이사회Kellogg Board of Trustees의 이사를 설득해 함께 답사를 가
기란 극히 드문 경우인데, 워싱턴 주립대학교의 프로젝트와 관련한
현장 답사에 이 이사회의 이사 한 명과 동행한 적이 있다. 온전한 농
업체계 프로젝트의 일부로 자금을 지원한 이 프로젝트를 위해 워싱

턴 주립대학교는 아메리카 원주민 공동체들과 워싱턴 주 동부 지역의 평범한 농민들 및 낙농업자들과 서로 협력하고 있었다.

하루 동안 우리는 농과대학 학장 일행과 캠퍼스 여행을 하면서 그들이 실시하고 있던 지속 가능한 농업 실천에 관한 이야기를 들었다. 그들은 캠퍼스 전역에 걸친 퇴비 만들기 장치에 관해 매우 자랑스러운 듯이 이야기했다. 이 장치는 예전에 개발된 것으로서 학교 식당들과 캠퍼스에서 나오는 유기물 쓰레기 전부를 재순환하는 데 사용되고 있었다. 우리는 대학의 몇몇 직원과 이 프로젝트와 관련된 비영리 기구 지도자들 가운데 일부와도 만났다. 호텔로 돌아갈 때 필자와 함께 갔던 이사는 이렇게 물었다. "이 프로젝트, 이 운동에 참여하고 있는 대학생들은 대체 어디 있는 거죠?" 뭐라고 답해야 할지 몰랐다. 특히 그가 이렇게 말을 이었을 때에는. "저는 지도자도 없고 대학생의 참여도 없이 성공한 사회운동 사례를 단 한 번도 본 적이 없어요. 이 지속 가능한 먹거리·농업운동이라는 것에 학생들을 참여시킬 방안을 찾아보시지요. 그러기 전까지는 이 운동이 진정으로 견인력을 가질 수 있을는지 확신이 서지 않는군요."

이날 나누었던 대화에는 기억이 다 나지 않는 부분도 있지만, 어떤 기억들은 오래 지속되었다. 이 대화는 바로 오래 지속된 기억에 남아 있는 대화다. 하지만 이 운동이 조금이라도 진척이 있는지 궁금해진 건 최근의 일이었다. 근래에 터프츠 대학교Tufts University에서 열렸던 영양 보장nutrition security에 관한 심포지엄에서 농업·먹거리·환경 프로그램에 참여 중인 일군의 학생들을 만날 수 있었다. 이들은 먹거리체계 문제와 분투하는 데 지친 모습이었다. 오늘날 이들은 스스로를 '먹거리체계의 해결사들'이라고 이름 붙였는데, 이들 덕분에 필자 역시 또 한 명의 해결사가 되어버렸다. 이들 말고도 '리얼푸드 챌린지Real Food Challenge, RFC'라는 단체에 참여하고 있는 수많은 대학생과 다수의 캠퍼스가 있다. 상대적으로 새로운 이 단체(부분적으로는 캠페인이고, 부분적으로는 네트워크다.)는 장기적으로는 먹거리체계의 혁신을 도모하면서 현재 최소 10억 달러 규모에 이르는 대학 카페테리아에서의 먹거리 구매를 지속 가능한 지역산 먹거리로 전환하려고 하고 있다.

리얼푸드 챌린지가 현실이 될 수 있었던 까닭은 이 운동을 이끈 젊은 지도자인 애님 스틸Anim Steel과 그의 동료 데이비드 슈워츠David Schwartz의 열정과 노력 때문이었다. 이 운동의 사명은 대학에서 구매하는 먹거리 전체에서 '진짜 먹거리'의 비중을 늘리는 일인데, 이 젊은 핵심 운동가들이 정의하는 진짜 먹거리란 사람, 공동체, 지구를 참으로 기름지게 해주는 먹거리이자 그 생산 과정에서 노동자들에게 좋은 노동조건과 공정한 임금이 제공되는 식품을 말한다.

스틸과 슈워츠가 이끄는 창의력 넘치는 지도부는 지역 지도자 회합, 지도자 개발과 훈련, 언론 자료의 공유, 인터넷 기반 정보 접근 같은 기법들을 활용하면서 전국 네트워크의 기초를 만들어가고 있다. 스틸과 슈워츠는 이 분야에서 자신들이 선보인 역동적 지도력과 혁신 전략을 인정받아 최근 새로운 사회적 기업가들에게 종잣돈을 지원하는 '공명하는 녹색 친구들Echoing Green Fellowship' 상을 받은 바 있다.

현재 이 운동에 참여 중인 5,000명의 학생들 가운데 2,400명 정도가 지역 지도자 회합이나 교육 이벤트에 참여하고 있는데, 목표는 고등교육 기관 안에서 식품 구매에 쓰이는 50억 달러 정도의 구매비 가운데 20퍼센트를 2020년까지 '진짜 먹거리' 구매비로 전환하는 것이다.[9] 2011년 한 해 동안 리얼푸드 챌린지는 23건의 학교 참여를 이끌어냈는데, 이는 곧 4500만 달러에 이르는 구매력을 뜻한다. 추가로 25개 학교가 현재 구매 중인 식품 가운데 '진짜 먹거리' 비중이 얼마나 되는지에 관한 평가를 마치기도 했다. 이 그룹의 중간 목표는 2015년까지 5억 달러 구매비를 진짜 먹거리 구매비로 전환하는 것이다. 가장 활동적인 80개 학교에 더하여 360개 학교가 더 참여하는 네트워크를 만들어냈는데, 이를 통해 학생들은 교내에서 행사를 열고 회의에 참가하거나 자신들의 관심사를 표명하고 있다.[10] 현재 이들은 효율성을 극대화하기 위해 지역별로, 또 공통 먹거리를 공급하는 공급자별로 학교들을 묶는 작업을 하고 있다.

또한 리얼푸드 챌린지는 스틸이 '리얼푸드 측정기Real Food Calculator'라고 이름 붙인 네 가지 요소로 구성된 '진짜 먹거리' 판단 기준을 발전시켰다. 이는 구매되는 먹거리가 지역에서 생산되었으며 공동체에 기반을 두고 있는지, 공정한지, 생태적으로 온전한지, 인도적인지다. 이런 기준으로 그들은 현재 전국적으로 사용되고 있는 특별한 모델에 비추어 각 학교의 먹거리 구매를 평가할 수 있다. 이 캠페인에 동참하려는 대학은 두 가지 실천을 약속해야 한다. 첫째, 2020년까지 먹거리 구매의 총량 가운데 최소 20퍼센트를 진짜 먹거리로 바꾸기. 둘째, 이러한 약속에 책임을 지기 위한 추적체계 만들기. 현재 리얼푸드 챌린지의 일부로서 캘리포니아 대학교는 교내 식품 구매 결정에서 이 측정법을 사용하게 하는 정책을 시행하고 있다.

현재 리얼푸드 챌린지의 핵심 상근자 임금과 공동 경비는 대개 개인 기부자들이나 재단 기부금으로 충당되고 있다. 하지만 이 프로그램들 전체 가운데 95퍼센트는 지원금을 늘리기 위한 학생들의 노력으로 지탱되고 있다. 이 운동이 얼마나 풀뿌리운동다운지를 참으로 잘 보여주는 대목이다.

리얼푸드 챌린지에 어떻게 참여할 수 있을까? 우선 대학 안에서 어떤 일이 벌어지고 있는지부터 알아봐야 한다. 스틸은 이를 위해 다음과 같은 사람들을 만나보라고 제안한다.

- 식품 서비스 책임자 : 이 직위에 붙는 이름은 다를 수 있지만(예를 들어 간부 요리사, 식품 서비스 매니저, 식사 서비스 책임자 등) 우리가 찾고 있는 사람은 모든 카페테리아 운영을 감독하는 사람이다.
- 대학 행정 직원 : 지속 가능성 책임자/사무관 또는 운영 부책임자. 그러니까 식품 서비스 책임자를 감독하거나 학교의 구매 계약을(식사 서비스가 계약을 통해 제공된다면) 관리하는 사람이다.
- 학생운동 간부 : 이들에게 지난 5~7년 동안 이 분야에 대한 학생운동이 하나라도 있었는지 확인해보라.

만일 학교에 아무런 운동도 없었다면 학교 내 먹거리체계에 초점을 맞추는 독립적인 연구나 인턴십을 시작해보라. 구매하는 먹거리들의 종류와 공급원을 평가해보라. 시작할 때 필요한 자료들은 www.realfoodchallenge.org/calculator에서 찾을 수 있다. 이도 아니면 리얼푸드 챌린지의 지역 조직가에게 전화해 도움을 청해도 좋을 것이다. 뻔한 일로 시간을 허비하지 말라. 지역 안에 이미 리얼푸드 챌린지 프로젝트를 시작한 다른 캠퍼스들이 있을지도 모른다. 그렇다면 이미 개발된 정책과 실천 가운데 일부를 따르기만 하면 될 것이고, 그 길은 신속성과 효율성을 보장할 것이다. 마지막으로, 지역 안에서 다른 먹거리체계 관련 단체들을 찾아 알아보라. 학생들은 농민과 먹거리 관련 단체 그리고 대학 캠퍼스들 사이의 유대 형성에 촉매 작용을 할 수 있다. 특히 농민들은 이런 도움으로 공립학교 같은 여러 지역 교육 기관과 연결 고리를 만들 수 있다.

페어푸드 운동에 대한 대학생의 관심이 커짐에 따라 현재 대학 내 농장이나 공정무역 시행안, 농장-카페테리아 연결 프로그램을 갖춘 대학은 최소 300개에 이르며, 이 수는 급증하고 있다. 애님 스틸이 이야기한 바에 따르면, 그간 학기 중에 적극적으로 이 운동에 참여한 학생 100퍼센트가 이제는 지역공동체의 먹거리체계 재설계에 여러 방식으로 참여하고 있다고 한다. 이는 이 단체의 목표 가운데 하나이기도 하다. 사회운동과 수요에 기초한 창의력을 결합하고 있는 이 단체의 목표는 한편으로는 진짜 먹거리에 대한 수요를 크게 늘리는 것이고, 다른 한편으로는 페어푸드 운동의 차세대 지도자들을 길러내는 것이다.

변화를 위한 추동력은 때로는 학교 내부에서 나오기도 한다. 바로 아이오와 주 데코라Decorah에 있는 루터 대학Luther College에서 일어나고 있는 일이다. 2007년에 이 학교 학장은 의식 있는 학생들과 교직원들에게서 자극을 받아 목표 하나를 세웠다. 2012년까지 학교에서 식품 구매에 지출하는 200만 달러의 예산 가운데 35퍼센트를 로컬푸드 구매에 지출하자는 것이었다. 2010년 8월부터 2011년 5월까지 루터 대학은 로컬푸드 구매에 37만 1041달러를 지출했는데, 이는 식품 서비스 부문 총예산의 20퍼센트에 해당한다.[11] 한층 인상적인 점은, 루터 대학이 이 사업을 미국 내 기관 카페테리아에 가장 많은 먹거리를 공급하는 기업인 소덱소Sodexo와 함께 진행한다는 점이다. 학생 수가 고작 2,500명에 불과한 루터 대학은 여러 기준으로 볼 때

작은 대학일지도 모른다. 하지만 피고용자 수는 600명에 이르는데, 이는 아이오와 주 여섯 개 카운티 대학 가운데 가장 많은 수다.

지역에서 생산된 식재료를 공급하겠다는 뜻을 실현하는 과정에서 루터 대학이 부닥친 난관 가운데 하나는 바로 식품 안전 문제였다. 과거에는 어느 농민이라도 개별적으로 대학에 식재료를 팔 수 있었다. 하지만 2009년 6월에 소덱소가 교내 카페테리아 관리를 맡게 되면서 오직 소덱소의 승인을 받은 사람들만이 식재료를 공급할 수 있게 되었다. 이는 곧 식재료 공급자들이 소덱소가 판매상들에게 요구한 식품 안전 기준을 따라야 함을 뜻했는데 노동자 교육, 식재료 처리 행태, 감사, 적절한 세정, 충분하며 쾌적한 환경을 갖춘 휴식·식사 공간 따위가 이 기준에 포함되어 있다. 문제는 지역의 소농들은 이러한 기준을 만족시킬 만한 적절한 처리 절차를 가지고 있지 않았다는 점이었다. 더욱이 그들보다 훨씬 규모가 큰 사업체를 위해 만들어진 이러한 절차를 그들이 따라야 한다는 사실 자체가 비합리적이기도 했다.

루터 대학에 달걀과 각종 농산물을 공급하는 이 지역 소농들은 소덱소와 대학 대표 그리고 아이오와 주립대학교 공개 강좌Iowa State University Extension와 공조하여 공동 수확, (소덱소에) 공동 판매하는 새로운 법률적 주체이자 조직인 소농 협동조합을 창립하게 된다. 이 협동조합의 이름은 '그로운 로컬리Grown Locally'. 현재 개별적으로 농산물을 재배, 수확, 세정, 포장하는 17명의 농민으로 구성된 정식 협동조합으로 활동하고 있다. 농민들은 이동 지점으로 만들어진 중심 시설물로 각자의 농산물들을 이동시킨다. 이곳에서 농산물과 달걀은 냉동고나 저장고, 수하 장비를 이용해 루터 대학이나 다른 고객들에게 배송된다. 그로운 로컬리는 소덱소 및 제3의 식품 안전 인증 기관과 협조하여 이 이동 시설이 식품 안전 처리 기준을 확실히 만족시키게끔 하고 있으며, 개별 농민의 먹거리 안전 처리 관행도 감사하고 있다. 다시 말해 한때 큰 골칫거리로 보였던 이 문제는 지역에서 생산한 먹거리를 요구하는 고객과 농민을 위해 소규모 농가와 대규모 식품 서비스 기업이 어떻게 협력할 수 있는지를 보여주는 실증적인 사례로 귀결된 것이다.[12]

앤 맨스필드Ann Mansfield는 루터 대학의 먹거리체계 변화 시도의 한가운데에서 진행자 역할을 맡고 있는 사람이다. 다른 곳도 아니고 아이오와의 한복판에서 어떻게 이런 일이 가능했는지 묻자 그녀는 이렇게 대답했다. "저는 20여 년 동안 의료 분야에서 일했답니다. 그런데 지금은 건강한 먹거리체계를 통해 의료 개선 효과를 내는 일을 하고 있는 셈이네요. 로컬푸드가 얼마나 덜 가공된 식품이고 더 온전하고 신선한 식품인지, 학생들과 지역에 얼마나 더 이로운지 제대로 알아가게 되는군요." 애초에 맨스필드는 루터 대학 안에서 이 일을 했지만, 지금은 이를 지역공동체로 확대하고 있다. 다시 말해 대학이 학생과 직원의 건강과 음식만 챙기는 데에 그치지 않고, 그 자원을 활용해 지역 농가가 로컬푸드 수요를 충족시킬 수 있도록 지원하고 있는 것이다. 그뿐 아니라 루터 대학은 현재 지역 공립학교에 '농장에서 학교로' 프로그램을 만들고 있는 아메리코어의 직원들에게도 음식을 제공하고 있다.[13]

의료 기관들도 변화를 만들어낼 수 있을까?

병원은 우리를 건강하게 만드는 기관이어야 마땅할 것이다. 그렇다면 병원 카페테리아에서 판매되는 것 가운데 그토록 많은 음식이 건강에 해로워보이는 이유는 무엇일까? 어느 계산법에 따르면, 미국 병원들은 연간 120억 달러 정도의 식품 구매력을 지닌다고 한다.[14] 여기에는 카페테리아를 찾는 환자와 방문자를 위한 음식과 의료 노동자를 위한 음식이 포함될 것이다. 물론 이 수치는 전체 먹거리체계의 아주 작은 부문만을 가리키겠지만, 이 부문은 개인의 건강, 건강한 식사, 건강한 먹거리체계 사이의 상관관계를 잘 드러내줄 수 있다. 의료 기관들과 의료 노동자들이 식품원을 선택하는 방식을 바꿈으로써 우리는 즉각적인 개선을 이룩할 수 있을 것이다. 이와 동시에 장기적인 관점에서 건강에 대한 좀 더 온전한 접근법이란 무엇인지를 세계에 증명할 수 있을 것이다.

캘리포니아에 있는 미국 최대 의료 기관 가운데 하나인 카이저 퍼머넌트Kaiser Permanente 의료 체인에서 일하는 프레스턴 매링Preston Maring 박사의 노력을 소개하고자 한다. 병원에서 농민장터를 열어 좀 더 건강한 로컬푸드를 공급하려는 그의 지도력을, 아울러 병원 식사에 지역에서 생산된 유기농 먹거리를 좀 더 많이 사용하게 하려는 그의 지칠 줄 모르는 노력을 필자는 오래도록 존경해왔다. 병원 주차장 공간은 의료 노동자와 방문자가 신선한 제철 과일과 채소를 구매하기 편리한 공간이 되고 있다. 그 첫 출발은 2003년 오클랜드 시 카이저 퍼머넌트 병원 안의 한 농민장터였지만, 오늘날 6개 주에 걸쳐 40개 농민장터가 병원 안에서 또는 병원이 후원하는 장소에서 열리고 있다. 예를 들어 '카이저 퍼머넌트 공동체 이익 그룹Kaiser Permanente's Community Benefits Group'이 후원하는 로스앤젤레스 시 와츠 Watts에 있는 테드왓킨스Ted Watkins 공원의 배움 · 상담 센터에는 20개 판매대를 갖춘 농민장터가 열린다. 먹거리사막이라고 생각되기 쉬운 지역 한복판에 농민장터가 열리고 있는 것이다.

병원 시설 안에 농민장터 설치를 장려하는 카이저 퍼머넌트의 사례를 따르고 있는 일부 의료 기관으로는 반더빌트Vanderbilt 병원, 존스홉킨스Johns Hopkins 간호학교, 예일Yale 의과대학, 신시내티Cincinnati 아동병원, 앤아버의 세인트조지프St. Joseph 병원 등이 있다. 병원 로비에 자리를 잡은 세인트조지프 농민장터의 주요 후원자는 병원의 노동자들인데, 이 농민장터에는 병원 안에 있는 6에이커의 유기농 농장에서 생산된 농산물이 출시된다. 병원에 고용되어 시설 내 일부 공간(30에이커의 잔디밭이 포함되어 있다.)에서 농사를 지으면서 농민장터에서 농산물 판매도 담당하는 이는 댄 베어Dan Bair다. 세인트조지프 같은 병원이 자체 부지 안에 지속 가능한 먹거리를 생산하는 이러한 뜻 깊은 일을 하려면 무엇이 필요한지 베어에게 물어봤다. "영향력을 갖춘 인물이 필요하겠죠. …… 아이디어와 프로젝트에 힘을 실어줄 사람 말이에요." 그는 이렇게 대답했다. 농민장터 판매대에 '의료용 가운을 입고 있는 사람들'을 서 있게 하는 전략도 도움이 된다. 이 농민장터의 궁극적인 목표는 병원 안에 있는 농장에서 재배한 먹거리 일부를 환자들에게 공급하는 것이다. 병원 내 농민장터가 성공한 많은 경우에 그 비결은 의료진과 고위직 직원들이 목소리를 내 지원해주었기 때문이다. 베어에 따르면, 병원 안에 있는 농장과 농민장터 뒤에서 이 사업을 지원하고 있는 사람은 바로 세인트조지프 병원의 최고 경영자이다.

카이저 퍼머넌트는 전체 식품 예산 가운데 15퍼센트 정도를 지속 가능한 먹거리에 지출하고 있는데, 이는 똑같은 규모의 다른 병원들과 비교해 거의 두 배에 이르는 수치다. 2015년 말까지 이 수치는 20퍼센트까지 상승할 것으로 전망된다.[15] 이는 곧 지역에서 생산된 과일과 채소가 30개가 넘는 병원과 의료 시설에서 환자용 식사로 공급된다는 뜻이다. 또한 2011년 한 해 동안만 190톤이 넘는 지역산 농산물이 공급되었음을 뜻한다! 이러한 먹거리 공급의 상당 부분은 중소농을 지원하는 비영리 기구인 '캘리포니아 가족농동맹 California Alliance with Family Farmers'과 공조하여 진행되고 있다. 카이저 퍼머넌트의 지속 가능한 먹거리 프로그램 관리자인 캐슬린 리드Kathleen Reed는 '지속 가능한 먹거리'라는 개념에 관한 회사만의 기준을 먹거리 유형별로 달리하여 개발하는 데 주력해왔다. 예를 들어 지속 가능한 먹거리를 구매하려는 카페테리아가 유제품을 구매할 경우 그 카페테리아는 의료 시설에서 반경 320킬로미터 안에 있는 목장에서 생산된, 호르몬이 첨가되지 않은 우유를 요구한다. 그리고 그 목장은 동물을 인도적인 방식으로 취급하고 있다는 (제3자의) 인증을 받은 곳이어야 한다. 과일, 채소 같은 경우 병원의 목표는 반경 320킬로미터 안에 있는, 유기농 인증 내지 지속 가능 실천 인증(푸드 얼라이언스 인증서를 받은 사람들처럼)을 받은 농장에서 생산된 농산물을 구매하는 것이다.[16]

매링 박사가 지적한 바에 따르면, 병원에 있는 환자들에게 공급되는 음식 가운데 지역산 식재료나 지속 가능한 식재료를 늘리기란 지난한 일이라고 한다. 이는 환자들이 대체로 특별한 음식만을 먹어야 하는 데에서 기인한다. 그렇지만 카페테리아에서 제공하는 음식에 어떤 식으로 돈이 지출되는지 그 방식의 문제야말로 시스템을 바꿀 수 있는 무엇이다. 예를 들어 2009년 한 해에 오클랜드에 있는 카이저 퍼머넌트의 한 병원에서 먹거리 개혁을 위한 모임과 행사에 지출한 액수만 해도 90만 달러에 이른다. 점심 메뉴로는 피자만이 나오는 모임들에 여러 번 참가하면서 매링 박사는 식품 관련 자금의 일부를 활용해 병원 이용자와 노동자에게 좀 더 건강한 음식을 제공할 수 있고, 동시에 지역 안에 좀 더 건강한 먹거리체계를 구축하는 데 힘을 실을 수 있는 가능성을 엿보게 된다. 현재 카이저 퍼머넌트 병원의 환자 가운데 45퍼센트는 날마다 과일과 채소로만 된 병원 음식을 세 끼 먹고 있다. 권장 식사인 다섯 끼나 그 이상을 먹는 사람은 이보다 더 적다. 보건체계가 그 환자들에게 긍정적인 영향을 미칠 수 있는 지점은 바로 이런 곳이다. 환자들에게 좀 더 건강한 식사를 하도록 권장하면 신선하고 지속 가능한 먹거리를 더 많이 유통하는 방향으로 유통체계 혁신을 위한 수요가 창출될 수 있는 것이다. 이는 곧 '예방 차원의 의약품'*을 통해 사람들의 삶을 바꿀 수 있는 의료 시설의 힘을 말해준다.

매링 박사와 현장의 여러 사람이 고민하고 있는 바는 다름 아닌 공급 문제다. '이처럼 늘어나는 수요를 충족할 수 있는 지속 가능한 로컬푸드는 충분히 공급될 수 있을까'라는 문제 말이다. 지역에서 지속 가능한 방식으로 생산된 먹거리에 대한 소비자의 욕구가 안정적이고 신뢰할 만하다고 인식될 때, 농민들은 이 수요에 맞추고자 기꺼이 생산 방식을 바꿀 것이다. 그러나 현재의 중앙 집중화되고 합병된 유통체계 탓에 중소 규모 농가들이 자신들의 농산물을 이런 유형의 기관들에게 공급하기란 어려운 일이다. 따라서 우리는 이러

---

* 훌륭한 음식을 가리킨다.

한 농민들이 생산한 농산물을 지역 안에 있는 중심 상권에 모을 기회를 만들어주고, 그리하여 농장에서부터 이 기관들에까지 이동되는 농산물의 양을 늘리게 할 필요가 있다. 이는 곧 기관들의 구매 결정이 체계 변화의 신호로서 그토록 중요한 이유이기도 하다. 좀 더 많은 보건·교육 기관들과 그 밖의 기관들이 식품 조달정책을 바꾸게 될 때, 농민들은 이 시장의 수요를 충족시키려고 생산법을 바꿀 필요성을 느끼게 될 것이다(우리가 농산물 판매처에 갈 때 우리는 농산물을 '구매'하지만, 어느 공공단체나 기관이 우리가 내는 세금을 먹거리 구매에 쓴다면 이는 '공급sourcing' 내지 '조달prcurment'이라고 일컬어진다).

이 분야에서 활동하는 또 하나의 주목할 만한 의료단체는 450개가 넘는 공공 보건, 간호, 환경, 노동, 의료단체들의 국제 네트워크인 '해악 없는 의료Health Care Without Harm'다. 이 단체의 탄생을 이끈 사람들은 의료 기관 안에 건강한 먹거리 선택지가 부족한 현실을 우려한 일부 의료 노동자들과 운동가들이다. 이들이 이 단체를 만들면서 관심을 둔 점은 먹거리 문제 말고도 의료 쓰레기를 소각하거나 또는 치료 및 연구 과정에서 수은을 사용하는 일 같은 현행 의료 행위들이 만들어내는, 환경적으로 위험천만하고 생명을 위협하기까지 하는 의도하지 않은 결과들이다.[17] 이 네트워크의 구성원들은 환경 오염물질을 만들어내고 질병을 양산하는 현행 의료 행위에 대한 (환경적으로 안전하고 건강한) 대안들을 실행하는 모든 노력을 지원하고 후원하고 있다. 이곳은 회원들이 고생만 많이 하고 얻어가는 것은 하나도 없는 그런 단체가 아니다. 도리어 열의에 넘치는 회원들은 1년에 두 번 모임을 열어 의료 부문에서 (단순히 질병 치료만이 아니라) 사람과 지구 모두의 건강을 증진하려는 자신들의 이상으로 어떻게 나아갈지, 그 가장 좋은 실천법은 무엇인지 논의한다.

'해악 없는 의료'에서 현재 사무총장으로 활동하고 있는 제이미 하비Jamie Harvie는 전체 먹거리체계에서 먹거리 공급 방식을 바꿔 지속 가능한 농업 실천으로 이끌려고 하는 자신들의 '의료 내 건강 먹거리Health Food in Health Care' 프로그램을 소개했다. 이 프로그램의 초점은 의료 분야 지도자들과 의료 전문가 집단을 독려하여 제도와 공공정책을 바꾸고, 좀 더 건강한 먹거리체계를 향해 나아가게 하는 것이다. 미국과 캐나다 안에 있는 400개 가까운 병원들이 이미 생태 친화적인 방식으로 생산된 먹거리, 그리고 사회정의 원칙을 따르는 먹거리를 구매하겠다는 '먹거리 서약Food Pledge'에 서명했다. 몸집이 큰 의료 기관들 대다수가 이 서약에 서명했지만, 현재 관건은 (푸드 얼라이언스의 인증 같은) 제3자 인증을 통해 이들의 진행 상황을 적절히 측정할 수 있느냐이다. 하비와 동료들은 병원들이 먹거리 구매 우선순위상의 이러한 변화를 실제로 성취할 수 있도록 하나의 모델 계약안을 만들고 있다.

진보의 속도는 느리다. 하지만 하비는 이렇게 말한다. "우리는 지금 무려 50년 동안 실행된 생각과 관행을 폐기하려고 겨우 5년 동안 노력했을 따름이에요." 그는 앞으로 의료 제공자와 의료보험 제공자가 협력할 경우 먹거리체계 혁신에 거대한 영향을 미칠 수 있다고 확신하고 있다.[18]

먹거리체계를 변화시키려는 운동에서 의료 분야 참여는 이제 막 시작된 셈이다. 그렇다면 우리는 여기에 어떻게 참여할 수 있을까? 우선 의료 기관의 식품 서비스 감독이 좀 더 품질 좋은 먹거리를 추구한다면, 이를 지지할 수 있을 것이다. 다시 말해 아래에서 위로의 접근법을 택하는 것이다. 당신이 의료 노동자라면(이 분야의 일자리는 거대한 규모이고 점점 늘어나고 있다.) 장을 볼 때 또는 회합을 위해 식사를 준비할 때 좀 더 건강하고 지속 가능한 먹거리를 선택할 수 있을 것이다. 또한 당신이 일하는 의료 시설 안에 농민장터를 만들 수도, 이를 후원할 수도, 나아가 동료들도 같은 일을 하도록 독려할 수도 있을 것이다.

의료 분야라고 하는 이 복잡하고 광대한 분야의 변화에 좀 더 큰 기여를 하고 싶다면 어떻게 할 수 있을까? 지역 신문에 기고하여 지역 주민들에게 이 문제에 관한 집단행동에 나서라고 촉구할 수 있을 것이다. 지역 의료 시설들이 지속 가능한 로컬푸드를 구매해서 건강한 메뉴를 늘리도록 촉구할 수도 있을 것이다. 의사라면 병원이 '먹거리 서약'에 서명하도록 연대하여 촉구할 수 있을 것이다. 환자들과 보호자들은 이러한 먹거리 선택지를 칭찬하거나 이러한 접근법에 도움이 안 되는 먹거리 선택지를 변화시키도록 제안하는 편지를 쓸 수 있을 것이다. 마지막으로 하비는 의료 기관 행정 직원들과 병원 지도자인 경우 먹거리체계 혁신을 위한 전국 지도자 회의를 요청할 필요가 있으며, 그 회의에서는 기관들의 조달 방식과 공공정책 변화를 다룰 수 있다고 말한다.

의료 센터들 외에 좀 더 건강한 식사와 지속 가능한 식품 조달을 향한 혁신에 나선 다른 기관들도 있다. 이를테면 기업 현장이다. 예를 들어 미시간 주 미들랜드Midland에 본사를 두고 있으며 전 세계에 4만 3000명 규모의 직원을 거느린 다우케미컬Dow Chemical은 직원의 건강 위험을 2014년까지 10퍼센트 줄이겠다는 목표를 세워두고 있다. 이러한 계획의 일환으로서 이 회사는 카페테리아와 자동판매

기에 건강한 먹거리를 구비해놓고 제공하고 있다.[19]

한편, 미국 31개 주에 있는 대학, 기업, 문화 시설에 딸린 400개가 넘는 카페테리아들의 음식 서비스를 책임지고 있는 본아페티 매니지먼트 컴퍼니Bon Appétit Management Company도 있다. 이 회사의 연간 수익은 6억 달러 정도로, 해마다 1억 2000만 끼 이상의 식사를 제공하고 있다. 본아페티의 부회장인 메이지 그리너월트Maisie Greenawalt가 이야기한 바에 따르면, 이들은 "음식이 어디서 오는지와 더불어 환경, 지역공동체, 건강에 미치는 영향은 무엇인지를 살펴본" 미국 내 최초의 음식 서비스업체다. "저희 회사는 1999년 이래 지역에서 생산된 먹거리 구매에 주력해왔고, 이후로는 지속 가능한 해산물, 방목 달걀, 가축용 항생제, 트랜스지방, 기후 변화, 농장 노동자 권익 문제에 관심을 기울여왔지요."

현재 회사의 목표는 연간 식품 구매액 가운데 20퍼센트를 '팜투포크Farm to Fork' 공급처(카페테리아에서 반경 240킬로미터 이내에 있으면서 소규모로 직접 운영하는 농장)에서 구매하는 것이다. 본아페티가 서비스하는 장소로는 오하이오 주 컬럼버스Columbus의 애버크롬비&피치Abercrombie&Fitch 본사(4개 공급처에서 하루 1,700명분 서비스), 시애틀Seattle의 아마존Amazon 본사(14개 공급처에서 하루 1,400명분 서비스), 캘리포니아 주 산호세San Jose의 이베이eBay 본사(17개 공급처에서 하루 2,900명분 서비스), 미네소타 주 미니애폴리스Minneapolis의 메드트로닉Medtronic 본사(26개 공급처에서 하루 4,700명분 서비스) 등이 있다. 2010년 9월 기준으로 이 공급처들에서 공급되고 있는 음식량은 (카페테리아에 따라 다르지만) 전체 먹거리 지출 가운데 평균 13~58퍼센트를 차지하고 있다. 그리너월트는 이렇게 설명한다. "보시다시피 어떤 곳은 20퍼센트를 훨씬 상회하고, 어떤 곳은 그에 못 미치죠. 계절별로 오름세와 내림세가 있지만, 연평균 20퍼센트를 유지하는 게 목표랍니다."

만일 회사 카페테리아에서 식사하는 사람이거나 회사 내 식품 서비스를 결정할 수 있는 사람이라면, 이미 페어푸드의 미래를 향해 이동하기 시작한 기업의 사례를 살펴보기 바란다. '리얼푸드 챌린지'의 학생들처럼 우리 개개인도 직장을 비롯한 더 큰 시스템에 일정한 영향을 미칠 수 있다. 우리는 인근 농장에서 온 먹거리, 좀 더 지속 가능한 방식으로 생산된 먹거리를 원한다고 분명히 말함으로써 말이다.

식품 서비스 기업들에게 좀 더 품질 좋은 먹거리를 공급받으라고 촉구하는 행동은 곧 개념 있는 소비자에서 참여하는 시민으로 우리 자신을 변신시키는 한 가지 방법일 것이다. 또 다른 방법은 변화의 동력을 더 많이 만들어줄 공공정책을 지지하는 행동이다. 이는 다음 장에서 논의하겠다.

• 토론거리

1. 당신의 자녀가 다니는 학교, 혹은 당신이 사는 지역의 대학은 건강한 먹거리를 학생들에게 제공하기 위해 어떤 프로그램을 갖고 있는가?
2. 지역의 의료 기관들은 지역산 먹거리, 지속 가능한 방식으로 생산된 먹거리를 조달하는 프로그램을 갖추고 있는가?
3. 기관들이 지역산 먹거리, 지속 가능한 먹거리를 보다 많이 구매하도록 하려면 당신은 어떤 일을 할 수 있을까? 그 일은 어떻게 가능할까?

9

공공정책
혁신

우리가 먹는 음식이 어디에서 왔는지 좀 더 잘 알게 되는 것이 페어푸드의 미래를 창조하는 도정에서 우리가 걸을 수 있는 첫걸음일 것이다. 특히 그러한 앎을 지금까지와는 다른 방식의 식사와 장보기에 활용한다면 말이다. 그다음에 우리가 해야 할 일은 가정 안의 개념소비자에서 지역공동체의 참여시민으로 우리 자신을 변화시키는 일이다. 그러나 이 책에서 누누이 강조했지만, 우리 가운데 다수가 참여시민으로 바뀐다 하더라도 공공정책의 혁신 없이는 먹거리체계의 균형을 다시 바로잡는 일에 필요한 변화는 결코 일어나지 않을 것이다. 우리가 현실에서 마주치는 먹거리체계는 수십 년 동안 시행된 공공정책이 만든 것이다. 이제 우리에게는 이 체계를 다른 방향으로 끌고 갈 새로운 정책들이 필요하다. 지역에서, 주에서, 의회에서 정책 혁신을 지지할 수 있는 길은 많다. 부록에서 소개되는 정책 관련 단체들과 결합하면 세부적인 식농정책을 알고 싶은 만큼 알 수 있을 것이다. 이 장에서 필자는 혁신 대상이 되는 정책들의 그 지긋지긋한 항목 전체를 제공하지는 않겠다. 그 대신에 혁신되거나 시행될 경우 먹거리체계 재설계를 위한 훌륭한 출발점이 될 몇몇 (지방, 주, 연방정부의) 핵심 정책에만 초점을 맞추고자 한다. 또한 별도의 자원에 관한 정보와 아울러 이 분야에서 정책 혁신 운동의 일선에 있는 사람들과 연대하는 방법에 관한 정보를 제공하고자 한다.

먹거리정책위원회

먹거리정책위원회food policy council의 목적은 먹거리체계를 개선하고, 한 도시나 지역에 있는 다양한 조직들의 노력을 조정하는 것이다. 어떤 사람은 먹거리정책위원회 같은 조직이 왜 필요한지 물을지도 모르겠다. 그 이유는 간단하다. 대다수의 도시나 카운티 또는 주에는 주거, 교육, 공공 보건 그리고 공동체 발전을 위해 중요한, 수없이 많은 다른 영역을 다루는 정부 기관들이 있다. 또 경제 발전을 위한 정부 기구들, 청소년 계발과 범죄 방지를 위한 비공식적 자문 그룹들도 있다. 대부분의 지역공동체에 '없는' 것은 지방 · 중앙정부가 좀 더 포괄적인 방식으로 먹거리정책을 생각할 수 있도록 힘을 실어 줄 깨어 있는 시민들의 자문 그룹이다. 그리고 바로 이 부분이 먹거리정책위원회가 채울 수 있는 공백이다.

최초의 먹거리정책위원회는 테네시 주 녹스빌Knoxville에서 25년 전에 탄생되었다. 지난 10년 동안 로컬푸드와 먹거리 환경에 대한 관심이 늘어나면서 먹거리정책위원회 수는 급속도로 늘어났다. 아이오와 주 드레이크 대학교Drake University의 농법센터Agricultural Law Center에 따르면, 2010년 초반에 미국 34개 주에서 활동 중인 먹거리정책위원회는 모두 83개에 이른다고 한다. '공동체 먹거리보장 동맹Community Food Security Coalition'이 계산한 바는 조금 다르다. 이들에 따르면, 적어도 한 개 이상 활동 중인 먹거리정책위원회를 가진 주는 모두 40개 주로, 모든 위원회 수는 130개에 가깝다고 한다. 먹거리정책위원회들이 공표하고 있는 목적을 일부 소개하면 다음과 같다.

- 기아 퇴치 운동가나 지역 농민단체 같은 여러 먹거리체계 관계자들을 한자리에 불러 모아 모두를 위한 혁신적 해결안, 예를 들어 농민장터에서의 영양 보충 지원 프로그램SNAP 혜택 같은 해결안을 만들어내는 것.

- 서로의 노력과 관점을 배울 기회가 없었을 수 있는 먹거리체계 문제 운동가들이 여러 정보를 공유하게 하는 것.

- 먹거리 공급과 관련된 규정, 규제 따위를 결정하기 같은 먹거리체계 정책 결정 과정에 시민이 참여하게 하는 것이다. 핵심은 제안된 해결책 안에 있는 어떤 문제에 가장 많은 영향을 받게 될 사람들을 참여하게 하는 것.

- 필요한 정책 혁신에 관련된 정책위원들의 특정한 조언, 예를 들어 도시 농업을 제한하는 구역 설정 같은 사안을 정책 결정권자에게 전달하는 것.

- 지역의 먹거리체계 활동을 조사하고, 공공정책 혁신을 통한 개선안

을 제공하는 것.

현재 미국에서 활동 중인 대부분의 먹거리정책위원회는 행정명령 executive order이나 공법public act, 또는 공동 결의joint resolution를 통해 정부 의 인가를 받은 것들이다. 하지만 이 밖에 비영리 기구와 시민들의 풀뿌리운동을 통해 만들어져서 '공식적인' 설치 규정 없이 활동하는 정책위들도 있다. 먹거리정책위원회는 주민들의 이해와 관심을 대 변할 수 있는 시민이나 공무원의 혁신적인 공동 노력으로 이해되고 있다. 그리고 이 주민들 가운데 다수는 농업 관련 기관의 서비스를 거의 받지 못한 사람들이다.

먹거리정책이란 정확히 무엇을 가리킬까? 먹거리정책이란 먹거 리가 생산, 가공, 유통, 구매 또는 보호되는 방식에 영향을 미치는 결 정으로서, 정부 기관이나 기업 또는 그 밖의 어떤 조직이 내리는 결 정을 말한다.¹ 이를테면 소비자가 접하게 되는 먹거리의 종류, 원천 과 관련한 정보의 표시, 농업의 여러 면모에 영향을 미치는 규정과 규제 따위에 관한 결정이 이에 해당한다. 이러한 정의는 공공 기관 과 기업 양쪽의 정책을 포함하겠지만, 여기서 필자가 논의할 사항은 주로 공공정책, 다시 말해 정부 기관들이 결정하고 시행하는 정책에 관한 것이다.

먹거리정책위원회는 어떠한 정부 기관도 다루지 않는 문제들을 때때로 다루기도 한다. 예를 들어 정책위원회는 직접적인 교류가 없는 개인들과 정부 기관을 한자리에 불러 모아 먹거리 · 농업정책 에 관해 목소리를 낼 수 있게 한다. 식품 구매 보조 프로그램의 효 과나 지역 안에서 발생하는 기아의 원인처럼 잘 검토되지 않는 사 안을 살피기도 한다. 또한 목표 성취를 위해서는 먹거리체계 안에 있는 다양한 부분들이 내적으로 상호 협조하고, 행동이 통일·조정될 필요가 있음을 인식한 상태에서 먹거리체계 문제를 좀 더 포괄적인 관점에서 분석한다.

본질적으로 먹거리정책위원회는 정책 결정자가 특정 과제와 그 해결책에 관한 도움이 필요한 경우 지역 내 먹거리체계 문제의 전문가 역할을 한다. 이 정책위의 통상적인 대표단에는 농민, 소비자, 기아 퇴치운동가, 푸드뱅크 매니저, 노동운동 대표, 종교단체 구성원, 식품 가공업자, 도매업자와 유통업자, 소매업자와 식료품점, 요리사, 식당 소유주, 농민단체 간부, 공동체텃밭 운영자, 먹거리정책과 법을 전문으로 하는 학자가 포함될 수 있다. 많은 경우 먹거리정책위원회에는 공무원도 포함되는데, 이들은 특별 자문으로 참여하거나 농업, 경제 발전, 검열, 교육, 복지, 공공 보건, 문화, 교통 부문의 직무자 대표로 참여하며 의결권은 없다.

먹거리정책위원회는 주정부의 공식적인 조직으로 활동하거나 일종의 자문 기구로서 비영리 기구나 교육 기관을 매개로 활동한다. 필자는 미시간 주에서 두 유형의 정책위원회를 모두 접해본 적이 있다. 한 7년 정도 전의 일로, 우리 주도 다른 주만큼 먹거리 문제가 심각한데 우리 주에는 왜 먹거리정책위원회가 없을까 의아해한 적이 있었다. 사실 먹거리정책위원회가 발족한다는 소식은 들어본 적도 없었다. 그런 와중에 '번영의 씨앗Seeds of Prosperity'이라는 이름의 회의에서 켈로그 재단의 먹거리체계 프로젝트에 관해 이야기해달라는 초청을 받았다. 이 회의는 '사업적 농업entrepreneurial agriculture'이라고 일컬어지던 농업과 더불어 '미시간 토지이용협회Michigan Land Use Institute'라는 새 프로젝트를 시작하기 위한 것이었다. 휴식 시간에 필자는 당시 제니퍼 그랜홈Jennifer Granholm 주지사의 농업 자문이었던 크리스틴 화이트Christine White와 담소할 기회를 갖게 되었다. 필자는 그녀에게 주지사가 주정부 안에 먹거리정책위원회를 만들 생각이 있는지를 물어봤다. 먹거리정책위원회가 무엇을 할 수 있고, 이러한 조직이 전국에 걸쳐 어떻게 만들어지고 있는지를 설명한 뒤 그녀에게 이런 질문을 던졌다. "만일 켈로그 재단이 미시간 주에 먹거리정책위원회가 출범하도록 자금을 지원한다면 주지사가 이 일에 관심을 기울일까요? 혹시 이 일이 성사되도록 일을 주도해주실 수 있을까요?"

대화가 몇 번 더 이어졌고, 그 뒤로 켈로그 재단은 미시간 주 농업부가 미시간 푸드뱅크위원회와 미시간 주립대학교와 협조하여 미시간 먹거리정책위원회를 출범시키는 계획을 담은 제안서를 접수하게 된다. 우리는 이 그룹이 미시간 주 먹거리체계의 이해관계를 널리 대표하게 했고, 이 계획이 주정부의 행정명령을 통해 합법적으로 창설되게 했다. 이렇게 하여 2005년에 미시간 주 먹거리정책위원회가 탄생했다. 이후 이 정책위원회는 정기 회합을 가지면서 주정부를 위한 자세한 정책 권고 사항을 발표했고, 이 권고 사항 가운데 일부를 성공적으로 정책 입안하여 실행했다. 그 성과 가운데 하나는 (저소득층 소비자들이 로컬푸드를 좀 더 쉽게 접할 수 있게 하면서 동시에 지역 농부를 지원하는 한 가지 방법인) EBT(전자 쿠폰)를 사용할 수 있는 농민장터의 수를 주 안에 크게 늘린 일이다.

미시간 주립대학교와 함께 협력하여 미시간 주 먹거리정책위원회가 시행한 또 하나의 성공적인 프로젝트는 바로 '미시간 굿푸드 헌장Michigan Good Food Charter'이다. 이 헌장은 미시간 주의 먹거리 · 농업체계가 경제에 기여하는 비중을 늘리고, 주의 자연 자원 토대를 보호하며, 주민들의 건강을 향상시키고, 미시간에 사는 청소년 세대가 잘 자라도록 그 방법론적인 전망을 제시한다. 이 헌장은 주정부 정책과 관련해 무언가 행동에 나서야 하며, 지역에서 생산하는 지속 가능한 먹거리(최근 켈로그 재단이 제시한 정의에 따르면 '건강하고, 녹색이며, 공정하고, 값을 치를 만한' 먹거리)가 먹거리체계에서 차지하는 비중을 늘릴 수 있다는 가정에 기초해 있다. 이 헌장은 미래의 먹거리체계를 단순히 지역 규모, 소규모로 정의하지 않도록 주의를 기울인다. 또한 미시간에 필요한 미래의 먹거리체계는 주정부 경제와 주민을 위해 지역 단위, 전국 단위, 나아가 세계적인 관계망들이 모두 활동하는 체계라고 명시하고 있다.

이 굿푸드 헌장은 간단한 질문으로 시작된다. "당신이 어머니이든, 병원 식품 서비스 관리자이든 간에 식품 구매를 결정할 때 그 제품이 미시간 지역 농민이나 가공업자에게서 공급되는 먹거리인지 아닌지 살펴보시나요?" '그렇다'는 대답을 가정하고 이어지는 질문은 이러하다. "미시간 농부와 식품업체들이 그러한 제품을 공급하게 하려면 정책과 실천에서 어떤 변화가 있어야 할까요?"

이 헌장은 먹거리정책 개정을 위한 행동안을 개괄한다. 또 미시간 주의 먹거리체계를 헌장 작성자들이 제시한 전망에 맞게 움직일 25개의 구체적인 정책안을 제안한다. 굿푸드 헌장 작성자들이 2020년까지 성취하려고 하는 구체적인 목표들은 다음과 같다.

- 미시간 주에 있는 기관들은 필요한 식품의 총액 가운데 20퍼센트를 미시간 주의 농민, 생산자, 가공업자에게서 구매한다.
- 미시간 농민들은 미시간 안에 있는 기관, 소매점, 소비자에게서의 먹

거리 총구매분의 20퍼센트를 공급하여 이윤을 만들고, 농장 노동자들에게 적정 수준의 임금을 지불할 능력이 있다.

- 미시간 주 안에서 구입한 먹거리의 20퍼센트가 미시간에서 생산된 것이게 하는 한도 안에서 새로운 농식품 기업들이 미시간에서 창업된다.

- 미시간 주 주민들 가운데 80퍼센트가 (현재 수준의 두 배) 값을 치를 만한 신선하고 건강한 먹거리를(이 가운데 20퍼센트는 미시간에서 생산된 것) 쉽게 접할 수 있다.

- 학교 급식 메뉴 100퍼센트와 학교 급식 프로그램 이외에 판매되는 교내 음식의 75퍼센트가 미시간 영양 기준을 충족시킨다.

- 미시간 주 학교들은 먹거리와 농업 과목을 pre-K*부터 12학년까지 전 교과과정에 추가하고, 모든 학생이 먹거리와 농업 관련 체험 기회를 갖게 한다.

최근에 창설된 또 다른 먹거리정책위원회는 디트로이트 주에 있는데, 이는 주정부 정책위원회와는 사뭇 다른 방식으로 발전되었다. 말릭 야키니Malik Yakini와 '디트로이트 흑인 공동체 식품 안전 네트워크Detroit Black Community Food Security Network'가 주도하는 디트로이트 시민들의 작은 모임은 자신들과 비슷한 인구를 가진 몇몇 도시 지역의 먹거리정책위원회에 대한 접근법을 조사한 바 있다. 이들은 목적, 사명, 전망, 목표를 명시하는 공식 문서를 만들어냈는데, 그 내용은 다음과 같다.

---

* 유치원Kindergarten 이전 단계 교육을 의미한다. 미국, 캐나다, 오스트레일리아 등지에서는 K-12 교육이라는 말을 쓰는데, 이때의 K는 유치원을 뜻한다. 다시 말해 K-12 교육은 유치원에서부터 12학년(한국의 고등학교 3학년)까지의 교육을 말한다.

디트로이트 먹거리정책위원회는 식품 안전이 확립된 도시로, 모든 시민이 굶주림에서 자유롭고 건강하며 자신들의 삶에 영향을 미치는 먹거리체계에서 혜택을 받는 도시로 디트로이트가 발전되도록 힘쓰겠다는 디트로이트 시 당국의 뜻을 지지한다. 또한 정책위원회는 사람들에게 품질 좋은 먹거리와 일자리를 제공하고, 동시에 장기적으로 생태 환경의 안녕에 기여하는 지속 가능한 먹거리체계를 지원하겠다는 디트로이트 시 당국의 뜻을 지지한다.

디트로이트 먹거리위원회를 시작한 사람들은 디트로이트 시를 다음과 같은 도시로 그리고자 한다.

신선한 농산물과 여러 건강식품 선택지를 쉽게 접할 수 있는, 건강하고 활기 넘치는 도시이자 굶주림에서 자유로운 사람들의 도시.

주민들이 건강식품 선택지에 관해 교육받고, 자신과 먹거리체계의 관계를 이해하는 도시.

도시 농업, 퇴비 만들기, 그 밖에 다른 지속 가능한 먹거리 · 농업 실천이 도시의 경제적 활기에 기여하는 도시.

주민, 노동자, 손님, 방문자 모두가 먹거리 제공자들에게 존중받는 존엄한 인간으로 정당한 대접을 받는 도시.

먹거리위원회의 목표 가운데에는 생산, 유통, 소비 활동, 음식물 쓰레기 생산, 퇴비 만들기, 영양과 식품 구매 보조 프로그램의 참여, 먹거리체계 혁신 프로그램 같은 시 먹거리체계의 상태를 평가하는 디트로이트 시 먹거리체계 연간 보고서의 발간과 유통도 포함되어 있다. 또한 이들은 필요할 때마다 새로운 먹거리정책을 제안하려고 계획하고 있다.

다수 시민이 참여한 공청회를 통해 자신들의 아이디어를 가다듬은 뒤 '디트로이트 흑인 공동체 식품 안전 네트워크'는 디트로이트 먹거리정책위원회의 아이디어를 (헌장을 만장일치로 채택한 바 있는) 디트로이트 시 위원회에 제출했다. 시 위원회 위원 21명 가운데 한 명은 시 위원회 대표이고, 다른 한 명은 시장, 또 다른 한 명은 보건 증진부 담당관이다. 나머지 열여덟 명은 '음식시민'이 되겠다는 결의를 한 뒤 위원회에 참여한 일반 시민들로서, 다양한 배경과 단체 출신이다. 앞으로 우리는 디트로이트 먹거리정책위원회의 활동 결과를 보게 될 것이다. 먹거리정책위원회가 출범한 뒤에 기울인 한 가지 노력은 도시 농업을 시작하려는 사람들이 물과 땅에 쉽게 접근하여 도시 안에 있는 수천 에어커의 공터에 농사를 지을 수 있게 하는 정책을 입안하는 것이다.

먹거리정책위원회가 얼마 동안 활동을 해온 지역들에서 이 위원회를 통해 진행된 공공정책 혁신 가운데 일부를 소개한다.

- 지역의 먹거리 원천에 대한 지도를 그리고 이를 선전하는 일
- 농민장터 안에 EBT 시설 구비
- 시 소유 자산인 '농업 재고품'을 조사하고, 공동체텃밭이나 그 밖에 농업용으로 활용 가능한 시 소유 대지를 (적절한 부서에 지시하여) 찾아내는 일
- 조달 관련 규정을 개정하고 해당 기관에 지시하여 최저가 입찰로만 구매하는 관행을 탈피하고, 지역에서 생산하는 먹거리를 구매하게 하는 일

- 소규모 생산자를 위한 새로운 형태의 보험 창안
- 푸드스탬프 혜택 신청 절차의 단순화
- 농장에서 학교로 프로그램 시행
- 식품 소매점이 부족한 지역의 주민을 완비 식품점에 연결해주는 새로운 교통수단 건설
- 공동체텃밭과 농민장터 개설

먹거리정책위원회가 주정부나 지방정부에 매력적인 이유 가운데 하나는 그 조직이 어떤 예산 항목 없이도 창설될 수 있다는 점이다. 대다수의 먹거리정책위원회는 지역공동체나 개인 재단 기부금 같은 재원을 통해 최소한의 자금으로 출범해왔다. 먹거리정책위원회를 출범시키는 데 드는 가장 큰 '비용'은 시 당국의 운영자들과 구성원들이 자발적으로 내야 하는 시간일 것이다.

만일 먹거리정책위원회가 이미 활동하고 있는 지역에 살고 있다면, 그 구성원들과 그들이 다루고 있는 문제를 알아보는 일이 출발점일 것이다. 당신의 참여는 분명 환영받을 것이다. 현재 활동 중인 먹거리정책위원회 목록을 보려면 '공동체 먹거리보장 동맹' 웹사이트인 www.foodsecurity.org/FPC를 참조하기 바란다. 이 조직은 먹거리정책위원회의 발전과 활동을 지지하기 위한 전국 조직이다. 이 프로젝트를 진행하는 인물인 마크 윈Mark Winne은 이 주제에 관한 전문가로서, 지역 먹거리정책위원회를 새로 창설하려는 사람이라면 꼭 알아야 하는 사람이다. '공동체 먹거리보장 동맹'의 웹사이트에는 먹거리정책위원회 활동에서 '얻은 교훈'을 기록한 문서가 올라와 있다. 또 하나의 훌륭한 자원은 캘리포니아 주 오클랜드에 있는 연구단체인 '푸드퍼스트Food First'(www.foodfirst.org/en/

foodpolicycouncils-lessons)로서, 이 단체는 다양한 지역에 있는 먹거리정책위원회의 공과에 대한 보고서를 웹사이트에 올려놓고 있다.

먹거리정책 분야의 전문가들은 시작 단계에서는 도시 농업을 위한 구역 나누기나 식품 보조 프로그램 향상 같은 구체적인 사안에 먼저 집중하라고 조언한다. 이렇게 하면 조직화의 특정 목적도 쉽게 발견할 수 있고, 지역 안에서의 활동 방향도 확실히 잡을 수 있게 될 것이다. 지금의 먹거리체계에 대해 스스로 공부하는 일도 중요하다. 먹거리정책위원회들은 자원봉사자 위주로 운영되기 쉬우므로 장기적으로 직원과 동력을 얻는 일 자체가 하나의 과제다(지역 재단의 지원금이 도움이 될지도 모르지만 말이다). 위원회에 누가 임명되고, 누가 어떻게 지도자가 되며, 위원회 활동과 관련해 가장 지원을 받는 사람이 누구인지, 왜 그러한지와 관련해 정치가 할 수 있는 일에 주목하는 일 또한 중요하다. 먹거리정책위원회들이 다루는 것이 정책이기 때문에 정치는 언제나 연관되어 있고, 누가 이 의제를 지휘할지에 영향을 미칠 수 있다. 동시에, 만일 정말로 정책 혁신을 원한다면 정부와 정책이 현실 세계에서 어떻게 작동하는지를 잘 아는 사람들과 함께하는 편이 좋을 것이다. 먹거리정책위원회가 고려하는 먹거리체계 문제는 당파적인 문제가 아니기 쉽다. 다시 말해 정책위원회는 민주당과 공화당 양측 모두의 지지를 이끌어낼 수 있다. 그렇다면 정치의 장에서 입법과 관련된 활동을 한 경험이 있는 사람을 위원회 구성원으로 끌어들이는 안을 고려하는 것도 좋을 것이다. 또한 정부 관료에게서 지원하겠다는 약속buy-in을 받는 것이 좋다. 주정부 먹거리정책위원회에 오래도록 참여한 어떤 사람은 필자에게 이렇게 귀띔한 적이 있다. "그 약속을 얻지 못하잖아요, 그럼 당신은 언젠가 그 사람에 대해 투덜거리게 되어 있어요."

농지 보전

지역공동체에서 시행되고 있는 좀 더 중요하면서도 성공적인 정책의 일부는 주거 개발과 상업 개발에서 농지를 보호하는 일이다. 농지 보호는 페어푸드의 미래를 창조하는 일에서 그 어떤 정책 영역만큼이나 중차대한 일이다. 다행스럽게도 이 영역은 지역 단위 행동이 가능한 정책이라는 것이다. 소중하기 이를 데 없는 이 자원의 보전에 뜻을 둔 지역 주민을 도울 조직과 자원은 이미 많이 있다.

하지만 농지 보호가 왜 그토록 중요할까? 세 가지 이유가 있다.

- 경제 : 우리의 먹거리체계는 경제에 1조 달러 이상을 기여하고 있고, 전체 노동력 가운데 17퍼센트 정도의 노동력을 고용하고 있다. 이처럼 농지는 하나의 중대한 경제 엔진인 것이다. 질 좋은 농토라는 자원이 없다면 우리 자신을 위해서든, 세계 시장에 판매하기 위해서든 농산물 생산 능력에는 차질이 생길 것이다.

- 생태계 : 농지와 방목지는 야생 생물에게 서식지를 제공하고, 생물 다양성을 보호하며, 청정한 공기와 물을 유지하는 데 힘을 실어주는 가장 중요한 장소 가운데 일부다. 또한 도시 주위에 있는 좀 더 많은 열린 공간에서 우리가 얻는 심미적 혜택 또한 무시할 수 없다.

- 건강 : 90퍼센트 이상의 과일과 거의 80퍼센트에 이르는 채소는 현재 도시 근교에서 생산되고 있으며, 미국농지신탁에 따르면 이는 지

역적, 상업적 발전에 직접적인 관련을 맺고 있다고 한다.

지속 가능하며 평등한 미래를 만들 수 있는 유일한 길은 농지를 비롯하여 도시 근교에서의 먹거리 생산에 요구되는 자원들을 확보하는 것이다. 화석연료가 더욱더 희귀해지고 비싸지는 어느 시점을 생각한다면 이 문제의 중차대함은 더욱 확연해질 것이다. 과일과 채소를 장거리 수송하고, 이것들의 가격을 적정 수준으로 유지하는 일은 점점 더 어려워질 것이다.

농지 보전의 중요성을 이해하는 사람들이 늘어나고 있는 바로 이 시각에도 농지의 실제 손실률은 조금도 줄지 않고 여전히 계속해서 늘어가고 있다. 미국농지신탁에 따르면, 농지와 방목지를 개발에 내주고 있는 비율은 1분당 2에이커, 그러니까 8,000제곱미터 정도에 이른다고 한다. 이는 곧 해마다 100만 에이커, 그러니까 40억 4000만 제곱미터 정도의 농토가 손실된다는 뜻이다. 다행스럽게도 연방정부는 사태를 호전시킬 몇몇 방책을 찾아낸 바 있다. 과거에 두 개의 농업법(이 장의 뒤에서 다시 논의하겠다.)을 통해 농지/방목지 보호에 지원되는 자금은 증대되어왔다. 하지만 상대적으로 여전히 적은 돈이고, 연방정부 지원금 외에 지방정부 지원금 역시 필요하다. 이 부분은 참여시민이 중요한 역할을 할 수 있는 지점이기도 할 것이다. 농지 보존이 지역공동체에서 현실화되려면 다음 두 가지 조건이 충족되어야 한다. 첫째, 농지 소유주가 농지 소유권은 유지한 채 자신의 개발권만을 비영리 농지 신탁이나 지방정부에 판매하도록 허용하는 정책이 필요하다(이를 위해서는 지식을 갖춘 변호사의 도움이 필요하다). 둘째, 지방정부가 그러한 개발권을 소유주에게서 구매하여 그 땅을 개발에서 영속적으로 보호할 수 있도록 재원이 확보될 필요가 있다.

이러한 프로그램이 필자가 사는 지역공동체에서 시작되었고, 필자도 그 시행에 참여할 기회가 있었다. 2003년 11월에 지방 선거가 시작되기 전, 앤아버에 사는 몇몇 열정적인 영혼은 선거 쟁점의 하나로 누진세를 제기했다. 거의 3분의 2 찬성으로 통과된 이 누진세 법으로 앞으로 30년 동안 재산세를 약간 증세하여 농지와 공터 보호를 위한 자금을 조달할 수 있게 되었다. 선거 직전에 이들은 앤아버 시 당국과 지방정부와 협조해서 도시 외곽에 '그린벨트' 지역을 조성했는데, 이는 이 농지와 공터 보호를 위한 누진세 정책을 성공리에 마무리하기 위해 필요한 조치였다. 앤아버의 누진세 운동에서 특기할 만한 점은 도시 '내부'의 재산에 대한 세금을 사용하기 위한 자금 조성의 목적이 도시 '외부'의 농지와 공터의 보호였다는 것이다. 이는 곧 우리의 지역공동체가 시 외곽에 먹거리 생산을 위한 농지와 공터가 존재해야 되는 이유를 알고 있다는 뜻이다. 지금까지 8,500에이커의 농지가 보존되고 있고, 이 가운데 많은 부분은 지역의 자금 조성을 통해 가능했다.[2]

이렇게 보호되는 땅은 개발 용도로는 영원히 판매되지 못할 것이며, 미래 세대의 농민들은 이 땅을 활용하여 지역 주민을 위한 농산물을 재배할 수 있을 것이다. 또한 앤아버 '농지보존이사회Farmland Preservation Board'는 최근에 소박한 농업 계획을 채택했다. 이 계획은 지역 시장에 내보낼 농산물의 재배를 소규모 농지에서 시작하려는 농민들(대다수는 젊은이들이고, 농업에 처음 발을 들여놓은 사람들이다.)에게 보호받는 농지의 일부를 내주는 것이다. 이는 도시/교외 확장에 대한 지역 단위의 대응 가운데 하나인데, 다른 많은 지역공동체에서도 실현 가능한 계획일 것이다. 게다가 우리에게는 현재 이러한 개발권을 구매하기 위해 제공되는 연방 자금도 마련되어 있으므로 오직 필요 자금의 절반만 지역에서 조달하면 된다. 지역 단위의 정부가 이 자금 조달에 힘을 쓴다면, 그 돈은 토지 소유주에게 지불될 수 있다.

앤아버의 이 프로그램에 대해 더 알고 싶은 독자는 앤아버 웹사이트(www.a2gov.org/greenbelt)에 접속해보기 바란다. 미국농지신탁(www.farmland.org) 같은 단체는 지역공동체가 이와 비슷한 프로그램을 만들어내는 데 도움을 줄 것이다. 또한 미국농지신탁의 웹사이트에서는 미국 전체에서 진행 중인 농지 보전 프로그램들에 관한 정보를 얻을 수 있다. 지역 안에서 진행되고 있는 프로그램에 참여하려면 지역 계획에 관련된 단체를 찾아보면 되고, 새로운 프로그램을 만들려면 미국농지신탁에 연락하면 된다.

필자는 지역 내 농지 보전 운동에 쉽게 참여할 수 있었고, 지난 6년 동안 앤아버 농지보전이사회의 일에 기여할 수 있었는데, 2003년에 통과된 누진세법의 입법운동을 주도한 두 명에게 이메일을 보내서 자원봉사자로 활동하고 싶다는 의사를 전달함으로써 참여가 가능했다. 때로는 열정과 에너지를 쏟을 준비가 되어 있다는 점을 적당한 사람에게 알리는 일이 해야 할 일의 전부인 것이다.

혁신적인 경제정책

아이오와 주 우드베리 카운티의 웹사이트(www.woodburyorganics.com)에 접속할 때마다 이러한 환영 문구를 만나게 된다. "어서 오세요. 여기는 유기농산물과 로컬푸드 친화 지역입니다." 이상하다? 구글 창에 잘못 입력했나? 이러한 소망은 버클리나 샌프란시스코 같은 곳 또는 앤아버 같은 곳에는 합당하겠지만, 옥수수와 콩과 돼지가 가득한 중부의 농촌이라면 어떨까? 전형적인 농촌인 우드베리는 인구 10만 명의 카운티로, 이 카운티 안에 도시 지역이라고는 수시티Sioux City가 고작이다. 아이오와 주 중서부에 위치한 이 작은 지역이 도대체 어떻게 로컬푸드와 먹거리정책 혁신의 중심지가 될 수 있었을까? 많은 경우에 그러하지만, 혁신의 주체는 바로 놀라운 역량을 발휘한 한 사람의 시민이었다. 그 사람은 이곳의 지역경제 발전 책임자로 일하고 있는 랍 마쿠시Rob Marqusee다.

2005년에 마쿠시가 고용되었을 당시 그의 입장은 지역공동체 지도자들의 입장과 충돌했다. 이들은 경제 발전에 관한 뻔한 견해, 그러니까 카운티에 들어올 의사를 표현하는 제조업체나 가공업체를 지역 안에 끌어들여야 한다는 견해를 고집하는 사람들이었기 때문이다. 마쿠시의 생각은 달랐다. 최근에 그는 필자에게 이렇게 말한 바 있다. "외부 기업을 카운티 안으로 끌어들일 수 있는 가능성은 로또에서 당첨될 가능성과 비슷하죠. 그럴 경우 같은 목표를 달성하려고 하는 다른 모든 경제 발전 기관과 경쟁에 돌입하게 되는 거니까요." 그는 지역 외부의 기업을 끌어들이겠다는 과업을 '어처구니 없는 것'으로 보았다. 연방준비은행Federal Reserve Bank이 경제 발전의 궁극 목표로 생각하고 있었던 것은 그가 한 말을 빌리자면 '수출업자 양성'이었다. "다시 말해 그들에 따르면 필요한 건 오직 수출용으로 해외에 판매될 옥수수와 콩 생산인 것"이다. 지역 주민의 경제를 나아지게 하려면 농장 기술을 확대하고 정부 보조금을 받아내야만 한다는 통례적인 사고방식에 마쿠시는 동의하지 않았다. 심지어 그는 차세대 경제 발전 주역으로 에탄올 생산 유행이 일었을 때조차 에탄올 생산을 수용하려는 카운티에 대항해 투쟁했다. 이 때문에 그는 주위에서 엄청난 압박을 받았는데, 오늘날 에탄올 시장의 거품은 빠졌고, 아이오와 주와 다른 주에 있던 일부 에탄올 공장은 파산하고 말았다. 그가 자신의 의견을 고집한 데에 대해 오늘날 수많은 지역 주민은 다행으로 생각하고 있다.[3]

마쿠시는 좀 더 강력한 로컬푸드 경제를 창조하는 일이 훨씬 합리적인 선택지임을 확실히 했다. 그는 이렇게 말한다. "로컬푸드야말로 우리가 가야 할 길임을 확신하게 되었죠." 이는 지극히 합리적인 선택이었는데, 왜냐하면 특히 아이오와 주정부 경제발전부가 경제발전의 일환으로 농업 생산 자체를 배제하고 있었기 때문이다. 그는 그 상황에서 유일하게 곧바로 활용할 수 있는 방법이란 지역 세금정책뿐임을 간파했다. 따라서 그는 세법을 전문으로 했던 전직 변호사로서의 자신의 지식을 활용해서 카운티의 다른 관료들과 협조해 이제까지의 먹거리운동사에서는 전례가 없는, 혁신적인 재산세 정책을 만들어내게 되었다.

이 정책에 따라 자신의 농지를 유기농법으로 전환하겠다는 서약서affidavit를 작성한 농지 소유주는 5년 동안 토지세를 100퍼센트 면제받을 수 있다. 마쿠시가 이러한 세금정책을 고안한 까닭은 그가 유기농 추종자이기 때문이 아니라 이미 우드베리 카운티에 있는 자원들, 그러니까 비옥한 농지와 콩 재배에 뛰어난 농민 그리고 근방에 있는 콩 가공 공장에 기반을 둔 지역경제 발전이 가능하다는 판단을 내렸기 때문이다. 지금까지 모두 600에이커의 농지에서 일하는 농민들이 우드베리 카운티의 이 프로그램에 서명했는데, 유기농 콩 가공 공장들은 급증하는 수요 때문에 지난 3년 동안 생산 물량을 300퍼센트까지 늘려야 했다. 언뜻 생각하면 600에이커 농지가 꽤 넓은 듯하지만, 이는 우드베리 카운티 안에 있는 모든 농지 가운데 1퍼센트에도 못 미치는 규모다.

이 정책의 여파는 우드베리 카운티에서 주변 카운티들에도 번져 갔다. 주변 카운티들에서도 우드베리의 콩 가공 공장이 만들어내는 수요 덕에 유기농 농지가 늘어나고 있는 것이다. 마쿠시는 유기 농지 보전정책 이상의 더 큰 가능성이 있으리라고 생각하고 있다. 그는 최근에 카운티가 또 하나의 지역정책 혁신을 단행하는 데 힘을 보탰다. 그는 이렇게 말한다. "지역산 먹거리로 조달하는 데 가장 큰 어려움은 지역 시장을 위해 생산하는 농민의 수가 적다는 것, 즉 공급이 부족하다는 것이지요." 다른 지역도 마찬가지이지만 우드베리 카운티에서 지역산 먹거리를 구매할 수 있는 곳은 농민장터와 소수 식당뿐이었다. 그는 카운티 정부의 구매 능력을 알아보았고, 카운티가 해마다 30만 달러 정도를 먹거리 구매비로 지출한다는 사실을 알아냈다. 아울러 이 가운데 40퍼센트 정도는 지역산으로 채울 수 있다는 점 또한 알게 되었다. 이럴 경우 지역 농민에게는 12만 달러에 이르는 새로운 수익이 돌아갈 수 있는데, 이는 대단한 수익은 아니지만 시작점은 될 수 있을 것이다. 그는 우드베리 카운티를 도와 카운티 예산으로 구매하는 먹거리 전부가 (구할 수 없는 경우를 제외하고는) 카운티 소재지에서 160킬로미터 안에서 생산된 것이도록 정하는 새로운 법안을 통과시키게 했다. 이렇게 하게 되면 다른 지역에서 생산된 먹거리에 돈을 지출해도 큰 문제는 없을 것이었다. 마쿠시는 이 프로그램이 더 많은 주목을 받아 다른 지역에도 전파될 수 있으리라고 확신하고 있다. 모든 주의 모든 카운티에서 이와 비슷한 정책을 입안한다면 어떤 미래가 펼쳐질지 상상해보라.

하지만 마쿠시는 가만히 앉아서 관망하는 성격이 아니다. 그는 '아이오와 지역 농민과 먹거리보장법(LFFSA)'이라는 법안을 작성해 이를 제출하려고 하고 있다. 이 법안의 문구에서 그는 이렇게 적고 있다. "LFFSA의 항목들은 지역 시장에서 판매할 목적으로 과일, 채소, 육류를 생산하는 지역 생산자와의 계약 아래 로컬푸드를 식품원으로 삼는 식품점에 특정 세제 혜택이 보장됨을 명시한다. 이 세제 혜택은 로컬푸드 생산자들이 시장에서 만나는 인위적인 장벽들을 낮추는 한 가지 방법이다. 로컬푸드 생산자들이 믿을 수 있는 시장을 만들게 되면 농업 다양성을 촉진하고, 로컬푸드 생산자인 농민들을 위한 대출을 독려하게 될 것이다. 또한 지역경제 발전 기회를 만들어내고, 지역 주민에게는 로컬푸드를 먹거리보장 차원에서 제공하게 할 것이다."

카운티의 혁신적인 정책들에 따른 또 하나의 혜택이 추가되었는데, 이곳에서 새로운 농업 관련 사업을 할 수 있도록 청년들을 유인하기 시작했다는 것이다. 카운티 안에 있는 농부의 평균 연령은 예순두 살이다. 마쿠시는 지금 바로 행동에 나서는 일이 얼마나 중요한지를 잘 알고 있다.

만일 독자들에게 이러한 종류의 지역정책이 호소력 있게 들린다면, 비슷한 관심사를 가진 지역 주민들과 한자리에서 이야기한 뒤 그 이야기들을 지역 정책 입안자들에게 소개해주기 바란다. 아울러 마쿠시를 모범적인 사례로 제시해주기 바란다. 만일 랍 마쿠시라는 사람이 그 지역을 책임지지 않았다면 그 지역 주민들은 어떤 식으로 해나갔을지 그에게 물어봤다. 다음은 이에 대해 그가 한 대답이다.

"분명 어떤 사람(또는 사람들)이 경제 활동으로서 소농을 중시하는 지역정책을 만드는 데 관심을 기울였겠죠. 필요한 건 기업을 끌어들이기를 바라는 그 어떤 지방정부도 활용할 수 있는 방법들이죠. 그러니까 세금 환급, 낮은 대출 이자, 상환 지연 대출forgivable loans*, 현금 인센티브 같은 것 말이에요. 그 사람(또는 사람들)이 해야 할 유일한 일은 먹거리 생산이 경제 발전을 위한 가치 있는 목표임을 지방 관료들에게 설득하는 거죠.

그 사람은 핵심 인물들의 도움을 받을 필요가 있을 거예요. 예를 들어 아무도 사용하지 않는 오래된 건물이 있다면 농산물 저장 창고로 활용할 수 있겠죠. 토지 소유주는 토지나 건물 따위로 기여할 수도 있을 겁니다. 이렇게 되면 공동체에서의 지원이 있다는 사실을 지방 관료에게 보여줄 수 있겠죠.

시골이나 황폐한 도시 지역으로의 이주를 계획하는 사람들을 늘릴 계획안이 제시된다면, 그 자체로 하나의 동력이 되어 지방정부가 그러한 경제 활동을 독려하는 표준 경제 발전 수단들을 활용하게 만들 겁니다.

지역 단위에서 한 사람이 할 수 있는 일은 많아요. 지방정부는 아무 이유 없이 세제 혜택을 제공하지는 않아요. 하지만 어느 지역이 황폐화된 지역으로 공표된다면, 그 지역을 재생하는 데 지역 유인책

---

* 소프트세컨드Soft Second라고도 한다. 대출금의 전부나 일부가 특정 기간 동안 대출 제공자에 의해 상환 면제나 상환일 연기가 가능한 대출을 뜻한다.

이 제공될 수 있겠죠.

　우드베리 카운티에서 우리는 현재 2퍼센트의 대출을 제공하고 있답니다. 소농 관련 사업을 하는 사람들에게는 무담보로요. 저는 지방정부나 주정부에 있는 경제 발전 관련 그룹들과 함께 현재 사용할 수 있는 방법은 무엇인지 검토하고, 로컬푸드 공급을 증대하는 데 어떻게 그 방법을 적용할 수 있을지 확인하려고 합니다."[4]

│ 공공기금을 통한 먹거리 공급 │

　8장에서 필자는 주로 대학이나 학교, 병원 같은 기관들의 식품 조달 문제를 논의한 바 있다. 여기에서는 정부가 그 권한을 사용해 먹거리체계 혁신을 위하는 방향으로 공공자원을 먹거리에 지출하는 방법을 살펴볼까 한다. 한 가지 확실한 길은 공적인 식품 구매의 목표를 지역적이고 지속 가능한 농업과 먹거리 사업을 지원하는 일로 잡는 것이다. 다시 말해 우드베리 카운티에서 랍 마쿠시가 하는 식으로 하되, 그 규모는 훨씬 더 큰 규모로 말이다.

　좀 더 많은 공적 자금이 지역에 기반을 두고 지속 가능한 미래에 뜻을 둔 농민과 가공업자, 유통업자의 손을 거친 먹거리 구매에 지출된다면 무언가 변화가 일어날 수 있을까? 물론이다. 전체적인 것이든, 먹거리 종류에 따른 것이든 간에 식품의 공적 조달에 관한 통계 수치를 입수하기란 지극히 어려운 일이다. 하지만 필자가 살펴본 몇몇 통계 자료는 식품 조달정책이 어마어마한 영향력을 발휘할 수 있다는 확신을 갖게 했다. 최근 뉴멕시코 주에서 수행된 연구에 따르면, 이 주에서 구매된 모든 먹거리의 10퍼센트는 주정부 기구의 관할 아래에서 공적 자금으로 구매된 것이었다고 한다.[5] 겨우 10퍼센트? 현재 미국 안 먹거리체계 전체에서 로컬푸드가 차지하는 구매 비중이 3퍼센트 이하임을 생각한다면 10퍼센트는 큰 숫자로 보이기 시작할 것이다.

미시간에서 우리는 대학의 식품 서비스나 전체 공립학교, 주정부의 교정부the state Department of Corrections에 조달되는 먹거리의 지출액을 살펴보았다. 2009년 기준 이런 공공단체들의 먹거리 지출 총액은 3억 달러 정도였다. 만일 이 자금의 20퍼센트만이라도 지역 생산과 가공 쪽으로 돌릴 수 있다면, 우리는 6000만 달러를 지역경제에 수혈하면서 앞으로 지속 가능하게 할 먹거리체계를 지원할 수 있을 것이다. 게다가 이러한 변화는 무슨 대단한 법적 논쟁을 필요로 하지도 않는다. 생각 있는 정부 관료 단 한 사람이(주지사 같은 사람) 단 하나의 행정명령을 통해 주 전체의 먹거리·농업 경제를 재창조할 수 있다. 언젠가는 주지사 선거 과정에서 어떤 후보가 다음과 같은 말을 캠페인의 일부로 포함하는 날이 오기를 고대한다. "만일 당선된다면 주에서 사용되는 모든 먹거리 지출 행위가 (그 지출처가 학교이든, 대학이든, 감옥이든, 주정부 청사 카페테리아든 간에) 우리 주의 농민들과 식품업체들을 지원하도록 의무화하겠습니다. 우리의 목표는 이러한 시설에서 구매하는 먹거리의 20퍼센트를 지역의 농민이나 가공업자, 유통업자가 생산한 것으로 만드는 것입니다."

실제로 미시간의 굿푸드 헌장은 주정부 자금으로 운영되는 기관들이 지속 가능한 방법으로 생산된 미시간산 로컬푸드를 조달하도록 주정부가 나서서 일정한 목표를 정하라고 권고하고 있다. 농민들이 인근 거주민들의 먹거리를 좀 더 가까이에서 공급할 수 있으려면 믿을 수 있고, 접근 가능하며, 안정적인 시장이 필요하다. 식사를 제공하는 학교나 교정 시설, 병원 그리고 다른 공공자금 기반 기관들이야말로 그러한 종류의 시장일 것이다.

지난 5년 동안 일리노이, 워싱턴, 위스콘신, 버몬트 같은 일부 주에서는 공공 기관들의 로컬푸드 조달 계획을 통해 자신들의 경제 환경을 개선해가는 정책들을 입안해왔다. 미시간 굿푸드 헌장 작성자들도 인지하고 있듯이 공공 기관들은 한편으로는 안정적인 시장을 만들어낼 계약을 제시할 수 있겠지만, 다른 한편으로 그 시장은 다른 시장에 비해 더 적은 이윤을 농민들에게 제공할 수도 있을 것이다. 이런 이유로 굿푸드 헌장은 임시적인 자금 인센티브를 만들어 농민들의 기관 시장 참여를 독려하고, 그 기관들을 위한 인프라와 공급을 늘리는 정책을 또 하나의 권고 정책으로 제안하고 있다. 이는 로컬푸드를 저장, 가공, 포장, 유통하기 위한 시설 공사에 세금 혜택을 줌으로써 가능하거나, 농민들이 상업작물 생산에서 특산 작물 (과일, 채소, 견과류, 허브, 관상용 식물) 생산으로 옮겨가도록 길을 열어주는 보조금이나 대출금으로써 가능할 것이다.

자, 이제는 연방정부 차원에서 무슨 일이 일어나고 있는지를 살펴보기로 하자. 미 농무부의 경제연구국에 따르면, 미국 정부는 2010년 한 해 동안 1120억 달러에 가까운 예산을 먹거리에 썼다. 2010년 한 해에 미국에서 발생한 먹거리 지출 총액은 1조 2400억 달러였다.[6] 이는 곧 먹거리에 들어간 전체 지출 가운데 정부 조달에 쓰인 부분이 9퍼센트 정도임을 뜻한다. 이 조달 부분을 로컬푸드와 좀 더 지속 가능한 농법으로 재배된(먹거리체계 혁신 원칙들을 유지한 채 재배되는) 먹거리로 바꾼다면, 이는 곧 필자가 제안하는 먹거리체계 혁신에 중요한 기여를 할 수 있을 것이다.

그렇다면 우리가 할 수 있는 일은 무엇일까? 우리는 대체로 공공자금으로 식품을 조달하는 기관들, 이를테면 지역 교육청이나 카운티 정부, 보육 시설 같은 기관들과 일정하게 교섭하며 살아간다. 이런 기관에서 일하는 사람에게 (전화나 편지 또는 이메일로) 그 기관이 로컬푸드와 지속 가능한 식품을 조달하려는 어떤 명시된 목표를 가지고 있는지 문의해보라. 만일 대답이 '예'라면, 이 목표를 달성하는 데 우리가 어떤 도움을 줄 수 있는지 문의해보라. 대답이 '아니오'라면, 그 기관이 그런 목표를 가지게 하려면 무엇을 해야 할지를 살펴보기 바란다. 주정부 대표자에게 전화를 걸거나 주지사 사무실에서 일하는 누군가에게 연락해 이러한 아이디어를 제안함도 한 가지 방법일 것이다. 주도州都에서 발행하는 신문 편집자에게 편지를 쓰는 방법도 있을 것이다. 사실 우리 모두는 몇 다리만 건너면 식품 조달 결정권자와 만날 수 있다. 만일 주위에 이 사안에 대해 물어본다면, 우리는 얼마 지나지 않아 우리 의견에 경청할 결정권자를 만나게 될 것이다.

오늘날 우리는 먹거리와 먹거리체계에 관한 열띤 공론이 전개 중인, 흥분되는 시대를 살아가고 있다. 로컬푸드 운동에 관한 토론은 이미 충분히 대중의 관심을 끌고 있다. 이 주제에 관해 우리가 질문을 던졌을 때 그 질문을 '부수적인 것'으로 치부할 사람은 더 이상 없는 것이다. 심지어 우리는 주의 정책 입안자들에게 이 문제를 더 잘 고민할 수 있도록 필요한 정보를 좀 더 제공해줄 수 없겠느냐는 요청을 받지도 모른다. 만일 이런 일이 일어난다면 미시간 굿푸드 헌장(www.michiganfood.org)이나 부록에서 제시된 다른 정책 제안 단체들에 관한 정보를 참조하면 도움이 될 것이다.

농업법

지역공동체 단위에서의 행동은 페어푸드의 미래를 여는 데 매우 중요하다. 지방정부와 주정부의 정책 혁신과 식품 조달 방법의 변화에 중점을 두는 일 역시 큰 도움이 될 것이다. 하지만 우리 가정에서, 지역공동체에서 이러한 모든 노력을 다 한다고 해도, 또 식품의 공적 조달에서 혁신을 이룬다고 해도 '게임의 규칙' 자체를 바꾸기 전까지는 이 망가진 체계를 바꿀 수는 없을 것이다. 그리고 지금 같은 먹거리체계 게임에 관한 규칙 가운데 다수는 농업법에 기록되어 있다.

농업법이란?

농업법은 넓은 범위의 프로그램을 포함하고 있고, 미국의 먹거리 · 농업체계와 관련하여 의회가 선호하는 바를 반영하는 법률의 묶음 omnibus이다. 농업법은 5년마다 개정이 고려되는데, 이는 이 법률이 지배하는 프로그램 가운데 다수가 오직 이 기간 동안만 유효하며 그 자금이 지원되기 때문이다. 2008년에 개정된 농업법은 상업작물(옥수수, 콩, 밀, 쌀, 면화 같은) 생산자에게 지불되는 직불금(작물 보조금이라고도 한다.), 농촌 발전 보조금과 대출금, 토지 공여 대학교를 위한 연구, 공개강좌 기금, 영양 보충 지원 프로그램 혜택 같은 모든 사항을 망라하고 있다. 농업법은 오랜 기간 동안 연방정부에서 시행하는 농업 및 지역정책의 초석이었는데, 바로 이러한 이유로 (의회와 이익 단체에서) 이 법을 옹호하는 사람들은 수십 년 동안 이 법에 대한 특정 견해를 고수하고 있다.

농업법은 농업, 농지 보존, 영양, 농촌 발전과 관련한 국가의 우선 목표를 정하는 법이기에 중요하다. 이 법을 통해 미국인들은 미국의 먹거리체계를 살펴보고, 정해진 목표를 달성하고 있는지 평가하며, 의회의원을 통해서 이 법이 나라의 안녕을 더 잘 지원할 수 있는 방법이 있는지를 협의할 지속적인 기회를 갖는다. 또한 이 법은 정부 예산 가운데 중요한 부분을 맡기에 중요한데, 5년 동안 이 법을 시행하는 데 소요되는 예산은 3000억 달러 정도에 이른다. 이 자금이 경제의 어떤 부문으로 흘러 들어가는지는 그 혜택을 받는 지역과 지역 사업체에 큰 변화를 가져다준다. 1930년대 농업법은 장기 보존이 가능한 작물들의 요동치는 가격에서 농민들을 보호한 바 있다. 당시 그 법의 목적은 농민들에게 최저 수준의 수입 안전망을 보장하는 일, 동시에 미래를 위해서 물과 토양 같은 자원을 보호하는 일이었다. 이 초기 법률들은 오늘날 우리가 '상업작물 프로그램'이라고 일컫는 것을 만들어냈다. 최초의 상업작물 프로그램들은 장기 보존이 가능한 작물들의 시장 공급을 통제하여 가격을 유지했다. 시간이 지나면서 미국의 농업정책은 대체적으로 공급 통제나 가격 고정 시도에서 다른 쪽으로 옮겨가는 추세이지만, 교역과 장기 보존이 가능한 작물들을 재배하는 농민들의 수익을 보호하려는 뜻은 계속 유지되어왔다.

대공황 시기에 시작된 농무부는 또한 저소득층 주민을 위한 먹거리 수급 책임을 자임해왔다. 1930년대 의회는 판매되지 않은 잉여 식품을 구매하여 이를 (보통은 학교 급식 프로그램에) 기부할 권한을 농무부 장관에게 부여한 바 있다. 1946년에 시행된 전국학교급식법National School Lunch Act은 이 제도의 이중 목적을 이렇게 명문화하고 있다. "이 나라 아이들의 건강과 복지를 보호하는 일 그리고 영양이 풍부한 농산품과 다른 먹거리의 국내 소비를 촉진하는 일."[7] 이 시기 농무부는 임시적인 푸드스탬프 프로그램을 시행했는데, 이 프로그램은 1964년에 푸드스탬프법Food Stamp Act이 시행되면서 영속화되었다. 이 법은 2008년 농업법 개정 이후로 영양 보충 지원 프로그램이라고 일컬어지고 있다.[8] 상업작물과 영양 프로그램 말고도 오늘날의 농업법은 농장 신용, 보존, 무역정책 따위에 관한 사항도 망라하고 있다.

'2008년 농업법'(공식 이름은 2008년도 먹거리, 보전, 에너지법Food, Conservation and Energy Act of 2008)은 15개 부문 또는 타이틀로 구성되어 있는데, 이 가운데 8개는 정의롭고 지속 가능한 지역 먹거리체계 발전 노력과 직접적인 연관성이 있다.

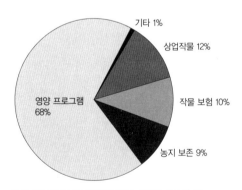

출처 : 미 농무부 경제연구국(의회 예산처 자료 사용).

| 농업법 예산 할당(기간 : 2008~2017년) |

상업작물 농업법 가운데 이 부분은 옥수수, 땅콩, 사탕, 밀, 쌀, 면화, 콩, 유제품, 식물성 유지작물(해바라기, 유채, 카놀라, 잇꽃)을 재배하는 농부를 위한 가격 지지 및 수입 지원을 다룬다. 농부들을 위한 보상 메커니즘은 해를 거듭하면서 다듬어졌지만, 현재 상업작물 농장 보조금의 주된 형태는 직불금과 마케팅 대출금 지원 프로그램이다.[9]

농지 보전 본래는 심각한 수준의 토양 침식 문제를 다루려고 만들어진 부분이지만, 좀 더 최근의 보존 프로그램은 자체 영역을 야생생물 서식지 보호와 복원, 분수령watershed 복원, 재생 가능 에너지, 온실가스 감축, 공터 보존, 수질 및 대기 개선으로 확장하고 있다. '2008년 농업법'에서는 이러한 목적을 위한 예산을 10년 동안 53억 달러 늘리기로 정하고 있는데, 이는 활성화된 농지 프로그램과 보전 촉진 프로그램(예를 들어 개발권 구매를 위한 연방 차원의 비용 분담)을 위한 것이다. 또한 특산 작물 생산자들과 유기농 전환 농민들이 보전 프로그램에서 자금 지원을 받을 기회를 넓혔다.

작물 보험과 재난 보조 프로그램 이 부분은 주로 상업작물을 위한 다양한 보상 범위의 보험을 다룬다. 보험료는 연방 차원에서 보조되지만, 실질적인 작물 보험은 민간 보험업체를 통해 판매, 서비스된다. 작물 보험과 재난 프로그램은 유기농업, 지속 가능한 농업, 다양화된 농작물 생산의 미래에 중요한데, 이는 오직 위험을 감수할 만할 때에만 농민들이 이러한 색다른 생산 모델로 전환하려고할 것이기 때문이다. 장기 보존이 가능한 고가의 작물을 직접 판

매하는 사람들이나 유기농 생산자들은 작물 보험 구매 시 불리한
입장에 놓이는데, 이들이 자신들의 잠재적 손실분에 상응하는 보
험을 구매할 수 없기 때문이다. 또한 농민들은 생산 방법 전환 시
기 동안 자신들이 누릴 수 있는 적절한 안전망이 없다면 현 상태
의 생산 방식에서 다른 방식으로 전환할 이유가 없을 것이다.

영양 많은 사람이 농업법을 농업과 관련지어 이해하지만, 사실 오
늘날 농업법에 따른 전체 지출분 가운데 거의 4분의 3은 영양 프로
그램에 귀속되고 있다. 그리고 이 자금 가운데 대부분은 영양 보충
지원 프로그램(또는 푸드스탬프)에 쓰인다. 영양 보충 지원 프로그
램을 위한 예산은 지난 몇 년 동안의 높은 실업률과 가난 확대 때
문에 극적인 상승세를 보여왔다(2008년 이래로 38퍼센트 상승).[10]
  (2012년이나 2013년에) 현 농업법이 재검토될 때 이 법 조항이 바
뀌지 않는 한 지금 언급한 네 분야에는 2008년에서 2017년까지
10년 동안 먹거리와 농업에 들어가는 연방 자금의 99퍼센트가 사
용될 것이다. 다음의 분야들은 모두 도표(296쪽)에 나와 있는 기타
1퍼센트 가운데 가장 작은 부분에 포함되는 것들이다.

신용 이 분야는 농지 보전용 대출금, 농지 소유권과 운영 그리
고 몇몇 광역 단위의 지역 개발 시도를 인가한다. 2008년 농업법
은 연방정부의 대출금 범위를 넓혔다. 다시 말해 사회적으로 불리
한 위치에 있고 자원이 부족한 초보 농부와 낙농업자를 위한 대
출 기회를 추가했다. 또한 '초보 농부와 낙농업자 개인 발전 계정
Beginning Farmer and Rancher Individual Development Account 시범 프로그램'을

인가했다.

농촌 발전 농업법은 농촌 발전(광역 인터넷 송수신망, 상수도망, 주거, 에너지 효율성 따위를 포함)을 위한 대출금 및 보조금 프로그램을 인가한다. 행정 당국은 지역 먹거리체계들의 개발을 독려해왔는데, 따라서 다수의 농촌 발전 프로그램들은 먹거리·농업 이윤 가운데 농민의 몫을 늘리는 동시에 로컬푸드에 대한 접근성을 늘리는 지역 먹거리체계를 고무하는 데 활용되고 있다.

원예·유기농 '2008년 농업법'은 유기농 생산자와 유기농법으로 전환하기를 희망하는 사람들을 위한 지원을 확대했다. 이 법은 특산 작물을 위한 자금 지원 프로그램을 늘렸는데, 이 프로그램은 이 자금을 주정부 농무부로 보낸다. 주정부가 특산 작물 연구, 인프라, 마케팅, 홍보에 투자하도록 말이다. 이 법은 미 농무부에 농업 조사 Census of Agriculture 시행 시 특산 작물에 대한 자료를 수집, 보고하도록 요청하고 있다. 또한 이 분야는 농민장터 진흥 프로그램 Farmers' Market Promotion Program과 유기농 생산자가 유기농 인증 마크를 쉽게 획득하도록 지원하는 보조금을 포함하고 있다.

가축 이 분야는 시장 내 경쟁과 주정부 간 교역, 육류 검사, 식품 안전 문제, 가축 복지 문제를 다룬다. 이 문제들을 이해하기가 요원해보일지도 모른다. 하지만 공정한 경쟁, 탈중앙화, 중소 규모 사업 살리기 같은 미국 농업의 새로운 기본 골격 만들기에 중요한 것들이다.

농업법 우선권의 변화

과거에 농업법은 의회에서 논쟁을 벌인 뒤에 개정되어 일반인에 대한 공표 없이 대통령의 서명을 통해 시행되었다. 이러한 관행은 다행히 시정되기 시작했다. 이 절에서 필자는 과거 농업법 조항의 개정을 옹호하는 과정에서 배운 바와 더불어, 다음 번 농업법 논쟁에서 예상되는 새로운 가능성들과 우리가 이에 어떻게 참여할 수 있는지를 논의해보고자 한다.

전통적으로 농업법은 농업 생산과 관련된 정책을 정한다. 그리고 먹거리 수급을 관리하는 한편, 상업작물 생산자의 수입 보호를 위한 장치를 마련하려고 한다. 또한 지역 인프라(전력, 위생, 광역 인터넷 같은) 확충과 경제 발전에 연방 자금이 흘러가도록 이를 인가하기도 한다. 좀 더 최근에는 농지와 방목지의 보전과 환경적 관리가 농업법 정책의 큰 일부가 되었다. (수억 달러의 연방 자금을 농지와 농촌의 지역공동체에 쏟아붓게 해온) 이 법안이 만들어낼 결과와 관련하여 의회에 압력을 행사하려는 전통적 이익단체로는 옥수수, 콩, 밀 생산자 같은 상업작물 생산 단체들과 농업사무국Farm Bureau 같은 좀 더 일반적인 농업단체들, 지역 운동가들, 환경주의자들이 있다.

농업법 역사상 가장 큰 변화 가운데 하나는 다름 아닌 1960년대의 푸드스탬프인데(2008년 이후로는 영양 보충 지원 프로그램), 이 변화를 통해 기아 퇴치 운동가들과 먹거리보장 운동가들이 농업법 옹호자 대열에 합류하게 된다. 과거 농업법 제정은 주로 농촌 지역의 관심을 받았는데, 이는 곧 이 법이 농촌 지역의 하원의원들과 농업 중심 주 출신의 상원의원들에 따라 좌우되었음을 뜻한다. 하지만 영양 보충 지원 프로그램이 농무부 예산의 큰 부분을 (영양이라는 타이틀의 일부로서) 차지하게 되고 점점 더 많은 도시인이 영양 보충 지원 프로그램의 수혜자가 되자, 도시 지역의 상·하원의원들 역시 자기 지역 구민의 삶에 영향을 미치는 법률로서 농업법에 좀 더 많은 관심을 보이고 있다.

지속 가능한 먹거리·농업체계 운동가들 사이에서는 농업법 '개혁'에 무엇이 필요한지에 관해 무수한 논쟁과 토론이 벌어지곤 했는데, 많은 경우 이 논쟁의 주제는 상업작물의 타이틀(농업법의 1번 타이틀)을 어떻게 바꿀지에 대해서였다. 2008년 현재 대규모(연간 판매량이 25만 달러 이상) 상업 농장들은 미국 전체 농장 가운데 12.4퍼센트에 불과하지만, 정부 지원금의 62.4퍼센트를 지원받고 있었다. 이는 특정 유형의 작물들과 대형 농장에서 대량으로 재배되기 쉬운 작물들에 중심을 두는 프로그램들이 초래한 결과였다.[11] 농작물을 다양화해야 하는 마당에 대개는 단일 작물 생산인 이러한 체계를 위한 인센티브는 없어져야 한다는 숱한 주장들(경제학적인 동시에 생태학적인 이유인데, 좀 더 다양한 작물 생산체계가 장기적으로는 좀 더 탄력 회복적이다.)이 제기되었지만, 그런데도 이 타이틀이 삭제될 정치적 가능성은 최근까지는 낮았다고 할 수 있다. 연방정부의 적자를 줄이는 일에 관심이 커지면서 다음 농업법 개정에서는 직불 보조금이 삭제되고 작물 보험 프로그램이 확대될 공산이 크다. 의회에서는 부농에게 지급되는 연방 자금을 제한하라는 목소리가 높다. 공정한 수익을 보장하여 작물과 가축 생산의 다양성을 높이는 일 또한 합리적인 처사일 것이다.

1980년대와 1990년대에 미시간 주립대학교에서 농업경제학자로 일할 때, 필자는 농업법을 농업경제학과 공공정책 분야의 중대한 일부로서 바라보았다. 물론 농업 연구와 공개강좌를 위한 자금을 인가하고 조율하는 주체가 의회라는 사실을, 연방 자금의 지원 없이는 동료들의 연구 가운데 상당수가 진행되기 힘들다는 사실을 필자는 잘 알고 있었다. 심지어 궁극적으로는 농업법을 통해 인가된(연방 자금의 지원을 받은) 일부 연구 프로젝트에 참여하기조차 했다. 미시간 주 농민들과 함께 윤작할 작물을 좀 더 다양화하고 좀 더 온전한 농장체계를 만드는 일을 함께 진행할 때의 일인데, 필자는 그 농민들 가운데 다수가 필자의 제안을 실천에 옮기지 못하게 만드는 한 가지 거대한 장애물을 인식하게 되었다. 이는 바로 그들이 농업법에서 정한 연방 농업 보조금에 의존하고 있다는 사실이었다. 만일 그들이 옥수수 대량 재배를 멈춘다면, 가격이 하락할 경우 정부 보조금을 지급받지 못할 수도 있었다. 그리고 그들은 이러한 위험을 감수할 만한 여건에 있지 않았다.

그러나 1995년에 농업법이 통과된 직후에서야 정말로 무엇이 문제인지를 필자는 알게 되었다. 당시 필자는 켈로그 재단(먹거리체계, 지역 개발) 프로그램의 책임자로 일하고 있었고, 첫 번째 '온전한 농업체계' 프로젝트를 위한 자금 지원을 막 끝낸 참이었다. 그때 재단의 동료들과 함께 여러 프로젝트 협력자들에게서 의견을 수렴하고 있었는데, 이런 의견 수렴의 전제는 그들이 자신들의 지역에서 얼마나 많은 변화를 이룩해내든 간에 연방 차원의 정책적인 지원이 없는 한 그 변화의 수명은 짧을 수밖에 없다는 것이었다. 예를 들어 소규모 '농장에서 학교로' 또는 학교 텃밭 프로젝트는 새로운 윤작 실험이나 소규모 가축 가공 같은 경우처럼 자선단체 기부금으로 시작되기 쉽다. 하지만 재단 자금이 바닥나면 이러한 프로젝트들은 갈 길을 잃게 되고, 만사는 도로 제자리가 되고 만다. 당시 필자는 다음 번(2001년이나 2002년) 농업법 개정안 논의에 참여하고 싶어하던 단체들에서 이에 관한 제안서를 접수받고 있었다. 그리하여 재단은 정책 변화, 특히 농업법의 변화에 중점을 둔 정책 변화를 촉진하려는 프로젝트들에 대대적인 자금 지원을 하기로 결정했다.

1999년부터 2002년까지 켈로그 재단은 여덟 개 단체에 자금을 지급했는데, 그 총액은 200만 달러가 넘었다. 이러한 자금들은 2002년 농업법 개정을 통해 대중 교육과 소외 지역 주민 서비스를 제공하려는 노력을 지원하기 위한 것이었다. 그 어떤 단체도 충분히 큰 변화를 만들어낼 만한 힘은 없다고 가정한 뒤 우리는 이 단체들에 자금을 지원했다. 과거에 협조한 적이 없는 단체들과 잘 협동하는 일은 성공의 필수 요소였다. 또한 '지속 가능한 농업'에 중점을 둔 단체들과 '환경과 보존'에 중점을 둔 단체들 사이의 관계를 잘 매개하는 일은 바람직한 미래 먹거리체계에 대한 켈로그 재단의 관점과 조화로운 방식의 농업법을 천천히 만들어내도록 협동을 건설하는 지름길이었다. 당시에 켈로그 재단을 빼면 지속 가능한 먹거리·농업체계에 중점을 둔 연방 정책을 지원하던 전국 단위 재단은 조이스 재단 Joyce Foundation뿐이었다.

자금을 지원받은 어떤 단체가 어떤 정책 혁신을 이루어냈다고 확언하기는 어렵지만, 켈로그 재단과 조이스 재단에서 도움을 받은 단체들의 노력이 2002년 농업법 안에서 일부 중요한 정책 변화에 기여했다는 사실만큼은 확실하다. 이 변화에는 보존 목적에 허가되는 자금이 이전 농업법에 비해 75퍼센트 늘어났다는 점과 농민장터 설치를 확대하고 발전시킨 점을 비롯해 공동체 기반 농업 프로그램 및 여러 생산자-소비자 직거래 확대 노력을 지원하는 농민장터 진흥 프로그램이 마련되었다는 점도 포함된다.

2002년의 농업법 개정을 위한 자금 지원 과정에서 새로 알게 된 가장 중요한 사실은 비영리 기구들은 자신들의 이익에 확연히 부합하지 않는 한 상호 협조적인 방식으로 행동하지 않는다는 사실이었다. 2002년에 농업법 개정을 위해 애쓰던 단체들은 연합이나 협력의 조건으로 자금 지원을 받아본 적이 한 번도 없었던 데다가 사전에 이러한 점이 명료하게 설명되지도 못했다. 그리하여 의회와 단단한 끈을 맺고 있어 비밀 거래를 하게 된 어떤 단체가 마지막 순간에 연합체에서 발을 빼는 일이 일어났고, 주요 개혁 법안 가운데 하나가 지지자 부족으로 끝내 통과되지 못했다. 그 자금 지원이 좀 더 확실한 결과로 이어지려면 좀 더 강력한 연합체가 분명 필요했다. 이 일로 우리는 다음 번 농업법 개정 작업에서는 모든 단체에게 동시에, 동일한 요구 조건으로(이 가운데 하나는 이들 모두가 비슷한 정책 목표 성취에 매진하는 것, 법안이 최종 통과되기 전까지 서로에게 책임을 지는 것이었다.) 자금 지원을 하겠다고 결의하게 되었다. 또한 우리는 사무국과 양 재단의 신임을 받는 사람 그리고 연합 과정을 보조할 비영리 기구가 필요하다는 사실을 깨달았다.

2008년 농업법

2002년 법안 관련 사건들에 대한 평가를 시행한 뒤 켈로그 재단은 2008년 농업법 개정을 위한 자금 지원을 시작하기로 결정했다. 우리는 이를 위해 4년 동안 필요한 예산액을 최대 600만 달러로 잡았다. 또한 이전 농업법 개정에서 얻은 경험을 통해 그간 일을 어떻게 진행했는지를 알리고자 했다. 최종적으로 다섯 개의 핵심 단체에 자금을 지원하기로 결정했는데, 이 단체들은 서로 협력하여 '먹거리와 농장 정책 프로젝트Food and Farm Policy Project'라는 협의체를 만들었다.

이 협의체에서 나온 38개 정책안 가운데 23개가 최종적인 농업법의 일부로 수용되었다. 페어푸드의 미래를 위한 청사진을 만드는 데 좋은 출발점이 될 중대한 성취에는 다음과 같은 내용이 포함된다.

- 농민장터 진흥 프로그램 안에 EBT 비중 증대
- 먹거리사막에 관한 농무부 연구 완성
- (특히 공립학교의) 식품 조달 시 인근 지역에 우선권 부여, 다시 말해 기관들의 지역 농민 우선 보호
- 특산 작물을 위한 자금 지원
- '건강한 도시 먹거리 사업 개발 프로그램Healthy Urban Food Enterprise Development Program'(소외된 지역 주민이 신선하고, 건강하며, 지역에서 생산된 먹거리를 좀 더 많이 접할 수 있도록 애쓰는 단체와 기업에 보조금을 제공하는 프로그램) 신설

전망

2012년이나 2013년에 이루어진 임박한 개정 그리고 그 이후의 개정에서 농업법의 내용이 바뀔 가능성은 높다. 여기에서 먹거리정의와 지속 가능성에 매진해온 우리에게 유리한 조건으로는 다음과 같은 내용이 포함된다.

- 새 행정부. 오바마 행정부는 상업작물 프로그램들에 대한 반감을 표현하고 있다. 이는 곧 정부가 그릇된 농업정책과 망가진 먹거리체계

의 수많은 증상 사이의 연관 관계를 이해하고 있음을 말한다. 오바마 정부는 2015년까지 아동 기아 문제를 해결하겠다고 약속했고, 아동 영양 프로그램에 대한 자금 지원 확대를 권고한 바 있다. 또한 가족 농과 지속 가능한 농업을 실행하는 사람들을 지원하겠다는 캠페인을 한 바 있고, 영부인이 가꾸는 백악관 텃밭을 통해 강력한 상징적 표현을 해왔다. 대통령이 임명한 농무부 인사들은 열린 사람들인 데다가 (농무부의) 로컬푸드 · 농업 지원 계획안인 '당신의 농부와 먹거리를 알자Know Your Farmer, Know Your Food'의 개발 과정에서 지속 가능한 농업단체들과 정기적으로 협의하고 있다. 지속 가능한 농업운동가 그룹들이 행정부의 농업정책 의제에 지속적으로 영향을 미칠 가능성은 매우 높다. 중요한 것은 영부인이 아동 비만 문제를 중점을 두어야 할 '중요 사안'으로 생각하고 있다는 것이고, 아동 비만 문제를 제대로 다루려면 (농업법이 만들어내고 있는) 먹거리체계를 혁신해야 함이 자명하다는 것이다. 이 책에서 필자가 제기한 사안들이 특정 당파를 위한 것이 아님을 강조하는 것 역시 중요하다. 민주당 사람이든, 공화당 사람이든 식농정책에 관심을 갖기는 마찬가지이고, 이는 초당파적인 협조가 가능하고 필요한 문제다.

• 먹거리운동. 로컬푸드, 농민장터, 텃밭 가꾸기, 농사, 식사 준비 과정 따위에 관한 대중의 관심과 먹거리보장에 대한 관심이 늘고 있다. 예를 들어 마이클 폴란이 쓴 책《잡식동물의 딜레마The Omnivore's Dilemma》는 《뉴욕타임스》 베스트셀러 목록에 무려 130주 이상이나 올랐는데, 이는 환경운동을 촉발한 책이라고 많은 사람이 생각하는 레이첼 카슨Rachel Carson의 《침묵의 봄Silent Spring》보다 세 배나 긴 기간이다. 농업법 정책의 혁신에 중점을 두겠다고 공언한 새로운 단체

들도 있는데, 이를테면 '미국슬로푸드위원회'를 들 수 있다. 이 단체의 지부는 150개가 넘고, 열정적인 회원은 20만 명이 넘는다.

- 특산 작물 생산자 그룹. 오랫동안 농업정책과는 무관하다고 여겨지던 과일과 채소 같은 '특산 작물' 생산자들은 2008년 농업법에 따른 새로운 자금 지원을 받아 지역의 특산 작물 산업을 활성화할 수 있게 되었다. 이는 연방 연구 기금과 저소득층 학생 대상의 '신선한 과일·채소 간식 프로그램Fresh Fruit and Vegetable Snack Program'을 위한 것이다. '특산 작물 농업법 동맹Specialty Crop Farm Bill Alliance'은 상·하원 농업위원회 위원들이라는 지지자를 거느리고 있는데, 이 지지자들은 동맹의 최근 성과를 옹호, 확대하는 일을 하고 있다. 이러한 연대는 지역에서 생산된 과일과 채소에 대한 (특히 역사적으로 소외된 지역 주민의) 접근도를 증대시키는 방향으로 먹거리체계를 혁신하는 데 중요하다.

- 공공 보건과 건강 관련 단체들. 이 그룹들은 2008년 농업법 개정과 함께 먹거리·농업정책에 강한 관심을 표현하기 시작했다. 이들의 관심은 한층 더 높아졌으며, 과거에 비해 더욱 중요한 역할을 할 수 있다. 나아가 미래의 농업법 개정에 대한 참여도도 높아졌다.

- 재단 간 협조. 필자의 첫 20년 자선단체 경험을 돌아보면, 농업법 개정에 영향력을 행사하는 일을 지원하는 데 관심을 기울인 재단은 소수였고, 그들 모두가 소규모 지방 재단이었다. 반면에 오늘날에는 전국 규모로 활동하는 많은 재단이 먹거리·농업정책 혁신에 관심을 기울이고 있다.

이러한 사항 이외에 다음과 같은 다른 중요한 고려 사항들도 있다.

- 도시-농촌 간 분리와 농촌의 '자기 보호 성향.' 2008년도 식품, 보전, 에너지법은 '농장farm'이나 '농업agriculture'이라는 단어가 들어간 타이틀을 포함하지 않은 최초의 농업법이다. 이는 곧 (상·하원 모두의) 농업위원회가 도시의 이익단체들에게서 어느 정도 압력을 받았는지를 시사해준다. 농업위원회는 그 분과 위원들 대부분에게서 '농촌' 위원회로 인식된다. 본래 농업, 농촌 발전, 농지 회복 프로그램에, 그리고 (지금은) 바이오연료·재생 가능 에너지에 책정되었던 자금을 재배정하는 일은 농촌정책이 '미국의 농촌에 무엇이 필요한지 이해하지 못하는' 외부인의 손에 따라 좌우된다는, 정치적으로 설득력 높은 수사학을 조장한다. 도시와 교외의 운동가들은 이러한 동학을 이해하고, 농촌 운동가와 단체들에게서의 지지를 확보해야 한다. 도시에 기반을 둔 많은 단체가 기아 퇴치나 음식 관련 질병 퇴치에 관심을 기울이고 있지만, 이러한 문제는 농촌에도 만연해 있다. 도시든, 농촌이든 해결책은 하나다. 다시 말해 공평하고 지역적으로 분산되어 있으며 좀 더 다양한 작물을 생산하는, 그러면서도 경제적 활력을 갖춘 먹거리체계를 만든다면, 이는 도시와 농촌 양쪽에 보탬이 될 것이다.
- 농업법에 찬성하는 도시 지역 의원들. 농업법 안에 있는 자금 가운데 60퍼센트 이상은 영양과 기아 퇴치 프로그램을 위한 것이다. 이런 이유로 일반적으로 도시 지역 대표들과 상원의원들은 농업법에 찬성표를 던진다. 일단 각 분과 위원회에서 법안이 제출되어 나오면 상·하원 표결이 진행되어야 하는데, 이 표결 통과에 이러한 표들은 긴요하다. 이 표들은 조지 부시 대통령의 거부권 행사를 무효화하는 데 중요한 몫을 하기도 했다. 로컬푸드, 도시 먹거리사막에서의 비만율, 음식 관련 질병 발생률 증가에 관한 공적 담론이 늘어나고 있고, 따

라서 도시 지역 의원들과 운동가들의 농업법 개혁 지지를 끌어내는
일이 한결 수월해졌다.

• 2012년은 대통령 선거의 해. 농업은 대통령 선거에서 중요 의제가
되지 못하고 있다. 게다가 하원의원들은 대개 2년 임기 가운데 두
번째 해에 말이 많고 덩치 큰 법안의 개정 끝내기를 주저하기 마련
이다. 다음 대통령 선거를 둘러싼 불확실성과 매우 느린 경제 회복
속도는 농업법 재개정 시기 예측을 어렵게 한다. 수도 워싱턴에 상주
하지 않는 단체들과 운동가들에게 이는 하나의 난관일 것이다.

• 2011년 가을에 하원과 상원 농업위원회 지도자들은 '적자감축공동
위원회'를 위한 초당파적인 농업법 정책안을 만든 바 있다. 이 정책
안에는 직불 보조금 삭제, 작물 보험 프로그램 확대, 보존 프로그램
통합(자금 축소 포함), 영양 보충 지원 프로그램 총지출의 작은 감소,
농민장터에 대한 소규모 지원, 지역 먹거리체계, 영양 보충 지원 프
로그램 수혜자를 위한 건강식품 인센티브가 포함되어 있었다. 하지
만 적자감축위원회가 합의에 실패하는 바람에 이 농업법 정책안은
2011년에 법제화되지 못하고 만다. 이 정책안은 2012년의 좀 더 평
범한 농업법 개정 과정에서 출발점이 될 것이다.

정책 제안

지난 몇 개의 농업법과 관련하여 운동 진영에서는 전면적인 개정
을 위한 로비가 필요한지, 아니면 순차적인 수정을 위한 로비가 필
요한지를 두고 뜨거운 논쟁을 진행해왔다. 많은 사람은 이 '전면적
인 개정'의 의미를 농업 보조금 삭제 또는 1번 타이틀 '상업작물 보
조금'의 삭제로 생각한다. 필자의 견해로는 다음 농업법 개정에서는

이것이 실현될 가능성이 높다. 또한 작물 보험 프로그램 확대가 농민을 위한 이른바 '안전망'을 대체할 가능성이 높다. 지난 60년 동안 농업에 관한 미국 사회의 입장은 농업이 농촌과 국가 경제에 충분히 중요하기 때문에 이 부문의 재정 상태가 충분히 생기 있게끔 공공 자금을 지원할 필요가 있다는 것이었다. 필자는 이 점에 동의한다. 2008년 후반부터 2009년 중반까지, 다시 말해 대공황 이후 최악의 경제 불황이 미국을 강타한 시기에 조지 부시와 버락 오바마는 '버리기에는 너무 큰' 기업들에 관해 이야기한 바 있다. 의회는 이에 동의했고, 따라서 연방정부는 구제금융 자금, 다시 말해 그러한 기업들과 산업을 살리는 보조금을 제공하게 되었다.

필자는 먹거리와 농업을 '버리기에는 너무 큰' 무엇이라기보다는 '버리기에는 매우 중요한' 무엇으로 본다. 우리는 우리의 은혜로운 먹거리체계를 외딴 곳으로 퇴출시켜서도 안 되고, 시들도록 방치해서도 안 된다. 그 체계가 우리 가운데 가장 취약한 사람들에게 부당한 대우를 하게 해서도 안 된다. 미국의 먹거리정책은 지금까지 곧잘 그 역할을 수행해왔다. 우리들 대다수에게 상대적으로 낮은 가격에 풍부한 먹거리를 제공해준 것이다. 우리는 이 체계의 이러한 면모는 유지하되, 동시에 건강하고 신선하며 지속 가능한 농법으로 생산된 먹거리에 대한 접근성을 높이도록(특히 역사적으로 소외된 도시와 농촌 안에서) 체계 안에 있는 다른 영역들은 발전시킬 필요가 있다.

필자의 의견으로는 재정적 안전망 프로그램의 삭제가 '아니라' 그 프로그램을 다른 방식으로 농민들에게 분배하는 일이야말로 이러한 목표를 성취하는 길이다. 우리는 특산 작물을 재배하는 농민들을 늘려서 도시 빈민가와 농촌의 먹거리사막에 그 지역에서 생산한 건강식품의 공급을 늘려야 한다. 거대한 상업작물 생산 농가만이 아니라 중소 규모의 농장과 목장도 지원 대상이 되어야 한다. 좀 더 다양한 윤작 작물과 좀 더 큰 농민 다양성이 장려되어야 한다. 이렇게 하여 다양한 배경을 지닌 젊은이들이 농업과 먹거리 관련 사업에 발을 들여놓을 수 있도록 말이다. 이러한 모든 사안의 실현을 보장하는 한 가지 길은 흉작이나 시장 변동의 위험을 완화하는 일종의 안정망이나 신용의 형태로서 연방 지원금을 제공하는 것이다.

제대로 시행될 경우 페어푸드의 미래로의 이동을 촉발할 수 있을 몇몇 농업법 정책을 여기에서 제시해본다.

- 특산 작물. 지금까지 과일과 채소 생산자를 위한 자금은 주정부 농무부에 부여되는 포괄적 보조금 형태로 제공되었고, 이 보조금의 용도는 농업부가 결정했다. 이 주제에 가장 관련이 있는 사람이 연방 보조금의 사용처를 결정하게 하는 방법이 대체로 효과적이기는 하지만, 주정부에 대한 농민의 로비가 너무 강력해서 보조금 사용 자격과 관련된 요구 조건들 가운데 일부가 무시되기도 한다. 특산 작물 기금에 대한 좀 더 평등한 배분이 필요하며, 기금의 일부는 주의 먹거리 사막 문제를 해결하는 데 사용되어야 한다.

- 건강식품 인센티브. 이는 과일과 채소에만 유효한 상품권voucher 형태로 제공할 수 있다. 또는 식품 구매 보조금 수혜자들이 지역에서 생산된 농산물을 구매할 때 추가적으로 받을 수 있는 보조금으로 자신의 구매력을 확대하는 프로그램(더블업 푸드 벅스 프로그램과 비슷한) 형태로 제공 가능할 것이다. 이 인센티브는 먹거리의 질을 향상시키고, 지역 농민을 더 잘 지원할 것이며, 저소득층 지역 소매점에서 취급하는 식품의 혁신을 이끌어낼 것이다. 농무부 연구에 따르면, 저소

득층인 경우 (예를 들어 영양 보충 지원 프로그램 증가와 함께) 수입이 약간 늘어난다고 해서 과일·채소 구매 비중이 꼭 높아진다는 증거는 없다고 한다.[12] 영양 보충 지원 프로그램에서 지급하는 보조금의 일반적인 증가가 곧 신선한 과일과 채소의 구매 증가로 이어지지는 않는 것이다. 따라서 이러한 부분의 구매율을 늘리려면 특정한 지역에 집중적으로 보조금을 할당하는 정책이 필요하다.[13] 이러한 정책을 즉시 전국 단위에서 시행하는 일이 불가능하다면, 일부 지역이나 주에서 시범적으로 시행하여 비용을 줄이는 방법이 그럴듯한 시나리오일 것이다. 아니면 도시나 농촌의 먹거리사막 지역에 있는 소매점과 농민들을 연결시키는 방법으로 그 지역 식품점들 및 구멍가게들에 보조금을 주는 방법도 있다. 또 그 보조금은 농민장터에 지원되어 지역 농민들을 좀 더 직접 지원하고, 건강한 먹거리에 더 많이 접근하도록 고무할 수 있을 것이다.

- 환경 보전과 건강식품 접근성의 연계. 농업의 환경 영향 개선에 관심을 둔 운동가들과 건강식품 접근권에 관심을 둔 사람들이 협동한 사례는 아직까지 거의 없다. 이 두 그룹을 한자리로 불러내는 방법은 저소득층 주민들에게 건강한 먹거리를 직접 판매해야 한다는 조건 아래 보전 기금을 신청하는 농민들에게 혜택을 늘려주는 것이다.

- 도시 먹거리체계. 앞서 말했지만 많은 사람은 농업법을 일종의 농촌법으로 인지해왔다. 그러나 농무부 농업법 지원금의 3분의 2 이상이 영양 지원에 쏠려 있고 영양 보충 지원 프로그램의 수혜자 대다수가 도시민이므로 이 법안은 이미 가장 중차대한, 연방에서 시행하는 도시 먹거리체계 정책 관련 법안이다. 농업법이 상호 협동적인 도농 연계를 만들도록 길을 열면, 이는 장기적으로 도시 관계자와 농촌 관계

자 모두에게 이로울 것이다. 의회가 도시 먹거리체계 프로그램들에 대한 자금 지원 인허가 권한을 농무무에 부여한다면, 이는 올바른 방향으로 가는 행동일 것이다.

- 건강식품 자금 조달 계획. 이 계획안은 저소득층 지역에서 농산물을 제공하는 가게들의 수를 늘리고, 기존 가게들이 건강식품을 진열하게 할 것이며, 비용 면에서 효율적이면서 에너지 면에서도 효율적인 유통체계에 투자함으로써 신선한 로컬푸드의 가격은 낮추고 공급은 늘릴 것이다. 건강한 먹거리의 도소매 유통에 자금을 지원하는 일은 곧 이에 대한 소비자의 접근성을 높이는 일이다. 이러한 정책안은 이미 오바마 대통령의 2011년 예산안에 포함되어 있고, 의회의 지지역시 이끌어내고 있다. 건강식품 자금 조달 계획Healthy Food Financing Initiatve의 모델은 펜실베이니아 주의 신선식품 자금 조달 계획Fresh Food Financing Initiatve이다.

- 지역 먹거리체계 인프라에 대한 투자. 로컬푸드에 대한 수요는 급증하고 있는 반면, 농민들과 낙농업자들은 여전히 자신들의 생산물을 시장에 내보낼 적절한 판로가 부족한 실정이다. 지역에서 생산한 농산물을 모아 함께 가공하고 수송하는 네트워크를 만들기 위한 지역 신용ㆍ사업 교육을 진행한다면, 생산자들은 좀 더 효율적으로 새로운 시장 수요를 충족시킬 수 있을 것이다. 이러한 유형의 지역 인프라에 투자하면, 이는 곧 도시 소비자와 지역 생산자를 연계할 것이고, 양쪽 모두에 새로운 일자리를 창출할 것이다.

먹거리ㆍ농업정책과 관련하여 우리는 지금 매우 독특한 시기에 있다. 농업법에 대해 농업과 관련 없는 도시 주민과 대중의 관심이 이처럼 높았던 적은 없었고, 이러한 기세는 더욱 강화될 전망이다.

정부 또한 지난 35년을 통틀어 건강식품 접근성과 지역·농촌 먹거리체계라는 사안에 지금처럼 공감을 표시한 시기는 없었다. 농업법의 다음 개정안 혁신에 참여하려는 사람들을 지원하려는 재단 역시 많다. 다시 말해 지형 자체가 확연히 달라진 것이다.

그렇다면 지금이야말로 의회의원들에게 농업법 논쟁에 적극 참여하라고, 그러한 적극적인 참여를 바라고 있다고 우리의 목소리를 높일 때인 것이다. 아직도 많은 도시·교외 지역 의원들은 마치 농업법은 농촌의 이익에만 관계하는 양 행동하고 있고, 이 사안을 농촌 지역 의원들의 손에 내맡기고 있는 형편이다. 하지만 거주 지역이 농촌이든, 교외든, 도시든 간에 농업법은 우리 먹거리체계의 작동 방식에 심대한 영향을 미치고 있다. 따라서 도시·교외 지역 의원들은 자기 지역 주민들의 관심을 좀 더 적극적으로 끌어안을 필요가 있다. 거주하고 있는 지역의 의원에게 신선한 과일과 채소의 지역 생산을 강화하는 정책을, 그러한 먹거리에 대한 저소득층 주민의 접근성을 늘리는 정책을 우리가 희망한다는 사실을 알게 하라. 그러한 행동은 페어푸드 체계의 현실화에 크게 기여할 것이다. 또한 농업법 정책 혁신을 위해 분투하는 여러 단체 가운데 하나와 결합하는 방법도 있다. 이 책에서 제시한 제안에 힘을 실어줄 핵심 단체와 이익단체 가운데 몇 곳을 소개해보면 다음과 같다.

- 지속 가능한 농업단체는 건강하고 안전한 방법으로 생산된 먹거리를 옹호하며, 모든 농산물 및 지역·농촌 먹거리 생산의 시장 경쟁력을 지원하고, 사회정의를 위해 싸우는 단체들과 연대한다. '전미 지속 가능 농업연합National Susainable Agricultural Coalition'이 대표적인 단체다.
- 기아 퇴치 단체는 건강·영양 주제와 관련된 농업법에 가장 적극적

으로 대응하는 단체이지만, 지금까지는 주정부와 지역 단위에서만 건강과 먹거리 품질 문제에 참여해왔다. 이 단체들의 지도자들은 영양 보충 지원 프로그램의 혜택 대상이 되는 먹거리 품목 제한에 대해 반대 입장을 고수하고 있지만, 적당한 조건이 주어진다면 그들은 건강식품 인센티브를 위한 운동에서 강력한 지원군이 될 것이다.

• 농산물 생산자 단체는 영양 프로그램 아래에서 생산된 과일과 채소 소비를 적극 권장하며, 이러한 프로그램을 강화하는 정책을 지원할 것이다. 농산물 생산자들은 상·하원의 농업위원회와 강력한 관계를 맺고 있다.

• 소비자단체는 전통적으로 농업법 개정에 제한된 참여만을 해왔다. 그러나 먹거리보장 문제에 대한 관심의 증대와 함께 농업법에 대한 관심 역시 증대될 전망이다.

• 공공 보건 및 의료 기관과 단체는 농업법 정책과 정치의 장에 새롭게 출현한 중요한 지원군이다. 미국 최대 의료보험 회사의 사장은 최근에 한 발표에서 이렇게 말한 바 있다. "우리가 전망하는 바로는 2018년까지 비만 관련 의료비가 연간 3450억 달러에 이를 것입니다. 지금 뭔가 행동을 취하지 않는다면, 이러한 추세는 우리 회사와 전체 보건체계를 파산시킬 것입니다. 이제 우리는 [먹거리체계의 혁신이라는] 당신의 문제가 곧 우리의 문제라는 점을 이해하고 있지요."[14] 공공 보건 및 의료 기관과 단체의 지도자들을 독려하여 이 책에서 제안된 농업법 개정안 같은 정책을 지지하게 해야 할 것이다.

• 다양한 종교단체는 오랫동안 지역 및 전국 단위에서 먹거리·농업정책에 개입해왔고, 그 영향력은 무시할 수 없다. '세계를 위한 빵Bread for the World'과 '헤퍼 인터내셔널Heifer International'은 가장 잘 알려진 단

체들이다. 하지만 종파와 무관하게 모든 종교단체는 영양 프로그램들과 농업체계 내 자연 자원 보호를 위해 정기적으로 후원금을 보내고 있다. 예를 들어 24개가 넘는 종교단체들이 111회 하원 회기에 아동 영양법 통과를 촉구하는 청원서에 서명한 바 있고, 이 법안 통과를 위한 최종적인 행동으로 운동가들을 한자리에 모아 하원을 압박했던 곳 역시 종파를 초월한 기독교 단체들이었다.

우리가 참여할 수 있는 방법들을 열거하면 다음과 같다.

- 참여하려고 하거나 참여하고 있는 모임이나 단체를 통한 방법. 농업법은 먹거리체계의 많은 부문을 건드리므로 거의 모든 단체가 그 항목 가운데 적어도 하나에 관심이 있을 것이다. 다음 번 농업법 개정심의에 참여하려는 운동단체로는 학부모-교사회의PTAs*와 공공 의료단체, 환경단체, 도시 및 농촌의 경제발전기구 그리고 녹색일자리위원회green jobs council를 포함해 그 어느 때보다도 많다.
- 먹거리 구매를 통해 발언하는 방법. 법은 시장에 반응하기 마련이다. 지속 가능한 방법으로 생산된 지역·광역 먹거리에 대한 수요가 증가할수록 의회와 농무부는 이에 더욱더 주의를 기울일 것이고, 로컬푸드 체계가 돌아가도록 자원을 투자할 것이다.
- 지역 모임과 전국 규모 단체들을 통해 공부하는 방법. 이러한 단체로는 공동체 먹거리보장 동맹, 전미 지속 가능 농업연합, 지역의 지속 가능한 농업 모임들, 유기농 단체들, 미국슬로푸드위원회 같은 먹거

---

* Parent-Teacher-Associations의 약자로, 학교 안에서 학부모 참여를 증진하려는 목적으로 운영되는 조직이다.

리정의 단체들 그리고 전국의 먹거리정책위원회들이 있다. 페어푸드 네트워크 역시 먹거리·농업정책에 관한 최신 정보를 제공해줄 것이다. 원하는 독자는 www.fairfoodnetwork.org에 등록하기 바란다.

• 개인으로 행동하는 방법. 개인이 가지는 힘을 결코 무시하지 않았으면 한다. 상·하원의원에게 우리의 의견을 알려라. 의회 사무관들은 그 의견에 귀 기울일 것이다. 그 의원의 정치적 입장에 동의하지 않더라도 그가 이러한 문제에 대해 우리와 의견을 달리하리라고 가정하지는 말기 바란다. 먹거리·농업정책은 초당파적인 사안이다.

아무런 정치적 지위도 갖지 못한 우리가 이러한 법안에 조금이라도 영향력을 행사하고자 할 때 성공할 수 있는 유일한 방법은 서로 협력하는 것이다. 먹거리체계 혁신을 위한 점점 커져가는 합창에 자신의 목소리를 보태고 싶다면, 그 신념과 조화를 이루면서 농업법 개정을 시도하는 데 적극적인 단체와 함께하는 편이 좋다. 발언하는 개인들이 많아지면 많아질수록 그 연대는 더욱 강해질 것이다. 우리는 지금 수십 년에 걸쳐 확고하게 뿌리를 내린, 매우 강고한 세력에 대항하고 있다는 점을 기억해야 한다. 앞서 강조했지만, 지난 10년 동안 농업법과 관련된 정황은 크게 개선되었다. 특히 이 법안에 대한 관심의 지평을 전통적 농업 관련자들이나 농촌 이익단체들 너머로 확대한 일은 큰 진보다. 자신의 목소리와 신념, 열정과 자원을 공정하고 건강한 먹거리체계를 촉구하는 데 동원한다면, 정말로 변화를 만들어낼 수 있는 시점에 우리는 와 있는 것이다.

우리 개개인은 자신만의 부엌에 갇혀서 유기농산물이나 로컬푸드, 지속 가능한 방식으로 생산된 먹거리를 섭취함으로써 세계를 바꾸고 있다는 환각 속에서 살아갈 수도 있다. 하지만 좋은 음식과 건강한 생활 방식에서 얻은 에너지와 활력을 참여시민으로의 변신에 활용하라고 주문하고 싶다. 그리고 자신과 비슷하게 참여를 결심한 다른 사람들과 협력할 때 먹거리체계의 재설계라는 이상은 비로소 현실화될 것이다.

• **토론거리**

1. 당신은 스스로를 페어푸드 체계를 창조하는 일에 이미 참여하고 있는 시민이라고 생각하는가? 그렇다면 어떤 식으로 참여하고 있는가?
2. 당신이 사는 지역에는 먹거리정책위원회(혹은 그와 비슷한 일을 하는 조직)가 있는가? 있다면 그 구성원은 누구인가? 없다면 당신은 어떤 사람이 그 안에 포함되기를 원하는가?
3. 먹거리정책위원회가 있다면, 당신이 사는 지역에서 가장 중차대한 이슈는 무엇일까?
4. 당신이 사는 지역은 도시인가, 농촌인가? 그곳에서는 어떤 방식의 농업이 시행되고 있는가?
5. 지역 기관들의 로컬푸드 조달을 위한 프로그램이 존재하는가?

여기에는 우리 먹거리체계의 재설계, 그 과제의 여러 국면에 이미 개입하고 있는 단체들의
목록을 소개해놓았다. 필자는 현 먹거리체계 세계에서 애쓰고 있는 그야말로 말 그대로 수백
수천의 조직 가운데 오직 일부만을 선정했다. 어떤 단체는 자신이 속한 분야를 선도하고 있
는 까닭에 선택되었다. 또 다른 단체는 특정 지역 내에서 일어나고 있는 사례이지만, 또한 다
른 지역에서도 그럴 의지만 있다면 쉽게 복제가능한 훌륭한 사례이기에 선택되었다. 빠른 속
도로 진화 중인 어느 한 분야를 대상으로 한 이러한 시도의 한 가지 문제는, 한두 달 사이에
보다 많은 단체들이 나타나 그 목록이 계속해서 변형될 것이라는 점이다. 이러한 문제를 고
려하여, 우리는 페어푸드 네트워크 웹사이트의 한 섹션에 이 장의 단체 목록을 복제해놓은
한편, 새 단체들이 출현하거나 다른 단체들이 기존 목록에 추가되기를 원할 경우 기존 목록
이 확대되도록 해놓았다. 이 목록이 좋은 출발 지점일 테지만, 보다 업데이트된 정보를 원한
다면 www.fairfoodnetwork.org를 방문하시기를 바란다.

1. 의식 있는 소비자를 위한 자원

- **Appalachian Sustainable Agriculture Project**
  노스캐롤라이나 주 애슈빌 소재. www.buyappalachian.org.
  농업 유산을 보존하고, 모든 이들이 신선하고 건강한 먹거리를 얻을 수 있도록 하며, 농민
  들이 농업에 계속 종사할 수 있도록 하는 지역 먹거리 시장의 개설과 확장을 돕는다.

- **Basis Foods**
  뉴욕 소재. www.basisfoods.com.
  뉴욕 시 지역 생산자들과 지역주민들과 공조하여 적정 가격에 좋은 먹거리를 판매한다.

- **Civil Eats**
  www.civileats.com
  경제학적으로 사회적으로 정의로운 사회 건설의 일환으로서의 지속 가능한 농업, 먹거리
  체계에 관한 비평적 사유를 촉진하는 블로그/온라인 출판.

- **CSA Farming**
  www.csafarming.com
  지역공동체 지원 농업(CSA)의 개념에 대한 간략한 소개를 제공하며, 각 주정부별로 정리

된 전국 CSA 목록을 볼 수 있다.

- **Eat Well Guide**

  뉴욕 소재. www.eatwellguide.org.

  미국과 캐나다 내, 지역산, 지속 가능한 방식으로 생산된 신선한 먹거리에 관한 무료 온라인 자료.

- **Eat Wild**

  워싱턴 주 타코마 소재. www.eatwild.com.

  탄생 시부터 시장에 출시될 때까지 전 기간 동안 목장에서 가축을 기르고, 그 가축의 복지와 대지의 건강을 적극 증진하고 있는 농민들을 지원한다.

- **Edible Communities Publications**

  뉴멕시코 주 산타페 소재. www.ediblecommunities.com.

  미국, 캐나다, 유럽 전역의 로컬푸드 사례 중에서 내용이 풍부하며, 지역공동체에 중점을 두는 로컬푸드 출판물들을 생산한다.

- **FamilyFarmed.org**

  일리노이 주 오크파크 소재. www.familyfarmed.org.

  가족농과 농민을 지원하고 로컬푸드 체계 건설을 위해 애쓰는 지방과 전국의 단체들과 직접 연계하여 활동한다.

- **Farmers Market Coalition**

  메릴랜드 주 코키스빌 소재. www.farmersmarketcoalition.org.

  농민장터 운동에 기여하며, 정보를 제공한다. 주정부와 연방정부 단위에서 농민장터들을 대표한다.

- **Food Alliance**

  오리건 주 포틀랜드 소재. www.foodalliance.org.

  지속 가능한 농법을 실천하는 농장, 목장, 식품 가공업자들에게 유기농 인증 활동을 제공한다.

- **Food Routes**

  펜실베이니아 주 트로이 소재. www.foodroutes.org.

  지역공동체 기반의 먹거리체계 재창조를 위해 분투하는 단체들에게 의사소통 수단, 기술 지원, 네트워킹, 정보 서비스를 제공하는 전국 단위의 비영리 기구.

- **Homegrown (a project of Farm Aid)**
  www.homegrown.org
  가정 내 먹거리 생산, 즉 재배, 요리, 제작, 양조, 보존, 건축, 만들기, 창조하기에 관심을 둔
  이들의 온라인 커뮤니티.

- **Local Harvest**
  캘리포니아 주 산타크루즈 소재. www.localharvest.org.
  소농, 농민장터, 기타 로컬푸드 공급원에 관한 전국적 목록을 제공한다.

- **Local Orbit**
  www.localorb.it
  농민장터의 장점과 완비식품점의 장점을 조합하여 선보이는 온라인 시장.

- **Locavorious**
  미시간 주 앤아버 소재. www.locavorious.com.
  지역산의 맛 좋고 건강한 냉동 과일/채소를 제공하며, 겨울에도 미시건 주 남동부 지역민
  들이 로컬푸드를 먹을 수 있게 해준다.

- **Lummi Island Wild**
  워싱턴 주 루미아일랜드 소재. www.lummiislandwild.com.
  퓨젓사운드와 알래스카에서 어업을 하는, 워싱턴 주 북부의 지역 어부들이 설립한 기업.

- **Michigan Land Use Institute**
  미시간 주 트레버스시티 소재. www.mlui.org.
  시민, 공무원, 다른 단체들과 공조하여 미시건 주의 새로운 경제 부흥을 일구고자 활동한
  다. 이 새로운 경제는 지역의 농업과 먹거리를 포함한 지역 사업에 초점을 맞추고, 개인과
  환경의 건강을 증진함으로써 기회를 확대한다.

- **Monterey Bay Aquarium's Seafood Watch**
  캘리포니아 주 몬터레이 소재. www.montereybayaquarium.org/cr/seafoodwatch.aspx.
  지속 가능한 어업을 지원하고, 환경적으로 해로운 방식으로 길러지거나 남획되고 있는 어종
  의 섭취를 피하고자 할 때 어떤 어류와 해산물을 선택해야 하는지에 관해 정보를 제공한다.

- **Organic Trade Association**
  매사추세츠 주 그린필드 소재. www.ota.com.
  환경, 농민, 대중, 경제 모두를 이롭게 하는 유기농 매매를 증진, 보호하는 단체.

- **Peaches and Greens**

  미시간 주 디트로이트 소재. www.centraldetroitchristian.org/Peaches_and_Greens_
  Market.htm.

  2008년 가을에 개장한 농산물 시장. 공동체의 자기 의존도를 최대화하는 지속 가능한 먹
  거리체계를 통해 지역 주민들에게 안전하고, 문화적으로 수용 가능하며, 영양학적으로 적
  절한 음식을 즐길 기회를 제공하고 있다.

- **Red Tomato**

  매사추세츠 주 캔턴 소재. www.redtomato.org.

  가족농, 지역 기반의, 생태학적인, 공정무역 먹거리체계야말로 더 좋은 토마토를 위한 길이
  라는 열정적 믿음을 통해 농민과 소비자를 마케팅, 매매, 교육을 통해 연계한다.

- **Sustainable Table**

  뉴욕 소재. www.sustainabletable.org.

  지역산 지속 가능한 먹거리를 찬미하고, 식품 관련 이슈에 관해 소비자를 교육하며, 먹거
  리를 통해 공동체를 건설하려 애쓰고 있는 단체.

- **USDA National Agricultural Library CSA List**

  메릴랜드 주 벨츠빌 소재. www.nal.usda.gov/afsic/pubs/csa/csa.shtml.

  미 농무부가 제공하는 지역공동체 지원 농업(CSA) 농가에 관한 온라인 목록.

- **Walking Fish**

  노스캐롤라이나 주 뷰포트 소재. www.walking-fish.org.

  노스캐롤라이나 연안의 소규모 어업인들을 인근 소비자들에게 연결시키는 지역공동체 지
  원 어업(CSF) 단체이다.

2. 도시 농업과 먹거리체계

- **American Community Gardening Association**

  오하이오 주 컬럼부스 소재. www.communitygarden.org.

  주정부와 지역의 공동체텃밭 네트워크의 조직과 확장을 촉진함으로서 공동체텃밭을 지원
  한다.

- **Center for Urban Education about Sustainable Agriculture**

  캘리포니아 주 샌프란시스코 소재. www.cuesa.org.

  샌프란시스코 페리플라자 농민장터의 운영을 통해 지속 가능한 먹거리체계에 힘을 보태고 있다.

- **Clean Plate Projects, LLC**
  루이지애나 주 뉴올리언스 소재. www.cleanplateprojects.com.
  단체와 개인이 로컬푸드 프로젝트들을 개발하도록 지원한다.

- **Detroit Black Community Food Security Network**
  미시간 주 디트로이트 소재. www.detroitblackfoodsecurity.org.
  디트로이트 시의 흑인 공동체 내 식품 안전을 도모하는 단체들과 개인들의 연합체.

- **Eastern Market Corporation**
  미시간 주 디트로이트 소재. www.detroiteasternmarket.com.
  자체 자원과 리더십을 활용, 이스턴마켓을 신선하고 영양풍부한 먹거리를 제공하는 미시
  건 주 남동부 지역 내 중심지로 만들기 위해 애쓰고 있다.

- **Fair Food Philly**
  펜실베이니아 주 필라델피아 소재. www.fairfoodphilly.org.
  로컬푸드를 시장에 출시하게 하는 데, 보다 나은 필라델피아를 위한 인도적이며 지속 가능
  한 농업을 증진하는 데 매진하고 있다.

- **The Food Trust**
  펜실베이니아 주 필라델피아 소재. www.thefoodtrust.org.
  필라델피아 지역 내 모든 이들에게 신선하고 건강한 먹거리 접근권이 주어지도록 하기 위
  해 분투하고 있다.

- **Garden Resource Program Collaborative**
  www.detroitagriculture.com
  디트로이트, 하이랜드파크, 햄트램크 지역의 공동체텃밭, 학교, 가정에 자원(도구와 씨앗),
  교육, 자원봉사 등을 제공한다.

- **Growing Home**
  일리노이 주 시카고 소재. www.growinghomeinc.org.
  유기농이 직업교육, 고용, 지역공동체 발전을 위한 엔진으로 기능할 수 있음을 보여주고 있다.

- **Growing Power**
  위스콘신 주 밀워키 소재. www.growingpower.org.
  건강하고, 고품질의, 안전하고, 적정 가격의 먹거리에 대해 동등하게 접근할 수 있도록 도
  움으로써 다양한 문화권에서 온 이들과 그들이 사는 지역 환경을 지원한다.

- **Hartford Food System**

  코네티컷 주 하트퍼드 소재. www.hartfordfood.org.

  공동체 내 소외된 이들을 위해 영양을 증진하고 기아에 맞서 싸우고 있다.

- **Just Food**

  뉴욕 소재. www.justfood.org.

  지역 농장을 뉴욕 시 교외와 지역공동체에 연계하고 있다.

- **Marketumbrella.org**

  루이지애나 주 뉴올리언스 소재. www.marketumbrella.org.

  지역 내 자원을 활용하는 지역시장을 키워 참된 의미의 지역전통을 지원하고 있다.

- **Mvskoke Food Sovereignty Initiative**

  오클라호마 주 옥멀지 소재. www.mvskokefood.org.

  무부스코크 족과 그 이웃들이 먹거리와 의료의 수요를 자급자족할 수 있도록 애쓰고 있다.

- **Nuestras Raices**

  매사추세츠 주 홀리요크 소재. www.nuestras-raices.org.

  먹거리, 농업, 환경 관련 프로젝트를 통해 매사추세츠 주 홀리요크의 경제 · 지역공동체 발전을 증진한다.

- **People's Grocery**

  캘리포니아 주 오클랜드 소재. www.peoplesgrocery.org.

  캘리포니아 주 오클랜드의 보건과 경제를 향상시키는 로컬푸드 체계를 창조하기 위해 힘쓰고 있다.

3. 창업 지원

- **Intervale Center**

  버몬트 주 벌링턴 소재. www.intervale.org.

  유기농법, 농지 보전, 쓰레기 관리, 하천 제방 복원, 대규모 퇴비 생산 분야에서 뜻있는 농민을 교육한다.

- **Kitchen Chicago**

  일리노이 주 시카고 소재. www.kitchenchicago.com.

  상업적으로 등록되었고 완비된 부엌을 식품 관련 사업자에게 임대하여 그들이 최저 비용과 낮은 위험도로 사업을 시작할 수 있게 한다.

- **Kitchen Incubator**
  텍사스 주 휴스턴 소재. www.kitchenincubator.com.
  지역에서 사업을 시작하려는 이들에게 3개의 등록되고 완비된 부엌을 대여한다.

- **Kitchen Table Consulting**
  캘리포니아 주 샌프란시스코 소재. www.kitchentableconsulting.com.
  '좋은 먹거리' 관련 사업자와 캠페인을 위해 리더십 교육, 전략적 플래닝, 사업 커뮤니케이
  션 플랜 등을 제공한다.

- **La Cocina**
  캘리포니아 주 샌프란시스코 소재. www.lacocinasf.org.
  적정 가격의 상업적 부엌 공간, 공유 자원, 일련의 서비스, 기술 지원 등을 제공한다.

- **Mi Kitchen Es Su Kitchen**
  뉴욕 주 퀸즈 소재. www.mikitchenessukitchen.com.
  현재 부엌 공간을 보유하고 있는 비영리 기구들과 공조하여 그 공간을 기업 창업 지원 임
  대 시설로 탈바꿈시킨다.

- **Rutgers Food Innovation Center**
  뉴저지 주 브리지턴 소재. www.foodinnovation.rutgers.edu.
  애틀랜타 주 중부 지역의 식품 사업체들에게 시장조사, 상품 개발, 품질 보증, 식품 안전 기
  준 준수 등에 관한 도움을 제공한다.

- **The Starting Block**
  미시간 주 하트 소재. www.startingblock.biz.
  신생 기업과 확장을 도모하는 기업에게 공유용 부엌을 제공한다.

4. 기아, 먹거리보장, 먹거리접근성

- **Alliance to End Hunger**
  워싱턴 DC 소재. www.alliancetoendhunger.org.
  미국 내 그리고 전세계의 기아를 종식시키는 목적으로 여러 기관을 참여시키는 전세계적
  연결망을 만들어내고 그들 사이의 전략적 파트너십을 강화한다.

- **Bread for the World**

  워싱턴 DC 소재. www.bread.org.

  교회, 대학, 다른 단체들과의 연계를 통해 기아 종식 운동을 하고 있는 그룹들과 공조한다.

- **Center for Budget & Policy Priorities**

  워싱턴 DC 소재. www.cbpp.org.

  저소득층과 중간 소득층 개인과 가정에 영향을 미치는 재정 정책, 공공 프로그램과 관련한 활동을 한다.

- **Congressional Hunger Center**

  워싱턴 DC 소재. www.hungercenter.org.

  상원의 헝거 펠로우 프로그램Congressional Hunger Fellow Program을 운영한다. 이 프로그램은 기아를 종식하고 먹거리 불안정 문제를 해결하는 정책을 옹호하려는 미래의 지도자를 교육한다.

- **Feeding America**

  워싱턴 DC 소재. www.feedingamerica.org.

  전체 50개 주 내 200개가 넘는 푸드뱅크를 거느린 전국 네트워크를 통해 굶주리는 이들을 먹여 살리고 있고, 기아 종식을 위한 투쟁에 함께 하고 있다.

- **Food Research and Action Center**

  워싱턴 DC 소재. www.frac.org.

  공공정책을 향상시키는 공사 파트너십을 통해 미국 내 기아와 영양실조, 그리고 그 근본 원인인 가난을 근절하려고 활동한다.

- **Forgotten Harvest**

  미시간 주 오크파크 소재. www.forgottenharvest.org.

  음식 쓰레기를 잘 보존하고, 이를 구조용 음식의 제공자들에게 기부함으로써 디트로이트 도심 지역 내 기아 문제를 완화하고 있다.

- **National Association of Farmers' Market Nutrition Programs**

  버지니아 주 알렉산드리아 소재. www.nafmnp.org.

  미 농무부의 농민장터 영양 프로그램과 주정부, 원주민 부족단체 등을 연결시키는 비영리 기구.

- **Senior Farmers' Market Nutrition Program**

  www.fns.usda.gov/wic/seniorfmnp/sfmnpmenu.htm

  이 프로그램은 주정부, 미국 영토, 연방정부가 인정한 원주민 부족 공동체를 지원하여 이들이 저소득 노인에게 (농민장터와 지역공동체 지원 농업 프로그램 등에서) 식품으로 교환할 수 있는 쿠폰을 제공하게 한다.

- **Wholesome Wave**

  코네티컷 주 브리지포트 소재. www.wholesomewave.org.

  건강하고 신선한, 적정 가격의 로컬푸드의 더 많은 생산과 더 큰 접근성을 지원한다.

- **WhyHunger**

  뉴욕 소재. www.whyhunger.org.

  지역공동체 강화를 위해 풀뿌리 해결책을 지원하고, 사람들에게 영양이 풍부하면서도 적정 가격의 먹거리를 연결시키고 있다.

5. 청소년 육성과 먹거리체계

- **4-H**

  www.4-h.org

  미국 내 최대 규모의 청소년 계발 단체. 젊은이들이 환경 과학, 건강과 영양, 동식물 과학, 시민권 등의 핵심을 배울 수 있도록 돕는다.

- **Added Value/Red Hook Farm**

  뉴욕 브루클린 소재. www.added-value.org.

  청소년 지원과 도시 농업을 통해 지속 가능한 발전을 증진한다.

- **Center for Land-Based Learning**

  캘리포니아 주 윈터스 소재. www.landbasedlearning.org.

  생태학적 관리자 정신의 맥락에서 시행되는 실험 교육을 통해 고등학생에게 실질적인 농업 체험 교육을 제공한다.

- **The Edible Schoolyard**

  캘리포니아 주 버클리 소재(마틴루터킹 주니어 중학교). www.edibleschoolyard.org.

  체스파니스 재단Chez Panisse Foundation의 한 프로그램으로, 일종의 학교텃밭 프로젝트.

- **FFA**

  인디애나 주 인디애나폴리스 소재. www.ffa.org.

  전국의 고등학교들 내의 파트너십 조직으로, 젊은이들이 졸업 후 농식품체계 내에서 일할 수 있도록 돕는다.

- **The Food Project**

  매사추세츠 주 링컨 소재. www.thefoodproject.org.

  지속 가능한 농업을 통한 개인적, 사회적 혁신에 젊은이들을 지속적으로 참여시키고 있다.

- **FoodCorps Inc.**

  뉴욕 소재. www.foodcorps.org.

  모든 젊은이가 건강한 먹거리와 평생 지속되는 관계를 맺을 수 있도록 분투하고 있다.

- **Greening of Detroit**

  미시간 주 디트로이트 소재. www.greeningofdetroit.com.

  식목을 통해 디트로이트 시를 '재삼림화'하자는 취지에서 만들어진 단체로, 최근에는 공동체텃밭, 소규모 도시 농업, 청년 창업 교육 등에 초점을 맞추고 있다.

- **Soil Born Farms**

  캘리포니아 주 새크라멘토 소재. www.soilborn.org.

  유기농 먹거리 생산, 건강 먹거리 교육, 모든 거주민의 먹거리 접근성 향상에 초점을 둔 프로그램을 진행하고 있다.

- **Tohono O'odham Community Action (TOCA)**

  애리조나 주 셀스 소재. www.tocaonline.org.

  학교를 통해 토호노오담 젊은이들을 위한 커리큘럼을 창안, 시행하며, 전통음식을 지역공동체에 재도입하고 있다.

6. 교육 · 연구센터와 프로그램들

- **Agroecosystems Management Program, Ohio State**

  오하이오 주 우스터 소재. www.oardc.ohio-state.edu/amp.

  연구, 교육, 구제활동에 참여하고 있는 이들에게 먹거리체계의 문제에 대한 '총괄적인 시스템 접근법'을 논의, 개발할 기회를 제공한다.

- **Center for Agriculture and Rural Development**
  아이오와 주 에임스 소재. www.card.iastate.edu.
  농업, 환경, 먹거리 이슈에 관한 공공 정책, 경제 연구를 수행한다.

- **Center for Environmental Farming Systems**
  노스캐롤라이나 주 실러시티 소재. www.cefs.ncsu.edu.
  지속 가능한 농업 연구와 교육에 매진하는 연구소 중 하나.

- **Center for Food & Justice_Urban and Environmental Policy Institute at Occidental College**
  캘리포니아 주 로스앤젤레스 소재. www.departments.oxy.edu/uepi/cfi/
  지역공동체 강화를 위한 풀뿌리 조직과 그 연대를 위해 일하며, 혁신 프로그램을 개발, 평가, 시행한다.

- **Center for Integrated Agricultural Systems**
  위스콘신 주 매디슨 소재. www.cias.wisc.edu.
  위스콘신 대학교의 지속 가능 농업 연구소로서 출판물, 연구 발췌, 보고서 등을 생산한다.

- **Center for Sustaining Agriculture and Natural Resources at Washington State University**
  워싱턴 주 퓨알럽 소재. www.csanr.wsu.edu.
  이 센터의 프로그램은 소농, 유기농, 생물학적으로 집약적인 농업, 기후 친화 농업에 주안점을 둔다.

- **College of the Atlantic**
  메인 주 바하버 소재. www.coa.edu.
  지속 가능한 농업과 먹거리체계 분야에서 가장 최근에 개발된 프로그램들 중 하나로, 상업적인 목적의 유기농과 교육적인 목적의 유기농이 포함된다.

- **Crossroads Resource Center**
  미네소타 주 미니애폴리스 소재. www.crcworks.org.
  로컬푸드 경제의 효과를 분석하며, 지역공동체들이 로컬푸드 체계를 만들어내도록 돕고 있는 비영리 기구.

- **The C. S. Mott Group for Sustainable Food Systems at Michigan State University**
  미시간 주 이스트랜싱 소재. www.mottgroup.msu.edu.

지속 가능한 먹거리체계와 관련된 여러 주제(공동체 식품 평가, 생태계 서비스 모델링 등)에 관한 연구와 교육을 수행하고 있다.

- **Kerr Center**

  오클라호마 주 포토 소재. www.kerrcenter.com.

  커뮤니케이션, 지역공동체/로컬푸드, 원예와 유기농, 가축 관리법 분야의 프로그램을 통해 지속 가능한 농식품체계를 개발한다.

- **The Land Institute**

  캔자스 주 살리나 소재. www.landinstitute.org.

  대평원지대의 작물 생산체계 개발에 주안점을 둔 독립적 연구기관.

- **Leopold Center for Sustainable Agriculture**

  아이오와 주 에임스 소재. www.leopold.iastate.edu.

  아이오와 주립대와 연계되어 있으며 명망도가 매우 높은 연구/교육 센터. 마케팅, 먹거리체계, 생태학, 정책 분야 프로그램에 초점을 맞추고 있다.

- **National Center for Appropriate Technology**

  몬태나 주 뷰트 소재. www.ncat.org.

  가족농이 지속 가능한 에너지, 농업, 지역 개발 기회에 관해 더 많이 배울 수 있도록 돕고 있다.

- **Organic Farming Research Foundation**

  캘리포니아 주 산타크루즈 소재. www.ofrf.org.

  유기농 관련 연구를 후원하고, 그 결과를 통해 대중을 교육함으로써 유기농법 체계의 확산을 촉진하고 있다.

- **Rodale Institute**

  펜실베이니아 주 커츠타운 소재. www.rodaleinstitute.org.

  최고의 유기농법을 연구하는 기관으로 연구 결과를 농민 및 과학자들과 공유하고 있다.

- **Sustainable Agriculture Research and Education**

  워싱턴 DC 소재. www.sare.org.

  1988년부터 지속 가능한 농업 연구·교육 프로그램을 운영해 환경적으로 온전하면서도 지역공동체에도 유익한 농업체계를 만들도록 돕고 있다.

- **Sustainable Agriculture Research and Education Program(University of California at Davis)**
  캘리포니아 주 데이비스 소재. www.sarep.ucdavis.edu.
  캘리포니아 내 지속 가능한 농법과 농업체계에 관한 연구와 교육을 지원한다.

7. 농민 교육, 네트워크, 자원

- **American Forage and Grassland Council**
  켄터키 주 버리어 소재. www.afgc.org.
  축산에서 꼴이 기본적인 식재원으로 사용될 수 있도록 활동하는 조직이다.

- **American Small Farm**
  오하이오 주 선베리 소재. www.smallfarm.com
  소농과 가족농에게 필요한 적정기술, 농법, 아이디어를 제공하는 전국 단위의 출판물이다.

- **Angelic Organics Learning Center**
  일리노이 주 칼레도니아 소재. www.learngrowconnect.org.
  교육, 창의성, 실험적 프로그램을 통해 토양, 식물, 동물, 사람이 어우러지는 지속 가능한 지역공동체 창조를 지원한다.

- **Appalachian Sustainable Development**
  버지니아 애빙던 소재. www.asdevelop.org.
  담배 농민들이 유기농 채소와 달걀을 재배하도록 돕는 애팔래치아 지역의 네트워크.

- **Beginning Farmer Center**
  아이오와 주 에임스 소재. www.extension.iastate.edu/bfc/
  아이오와 전역의 초보 농부들을 위한 교육 프로그램과 서비스를 제공한다.

- **Beginning Farmers**
  www.beginningfarmers.org
  농민과 교육자, 운동가, 정책 입안자들에게 총괄적이고 최신의 정보를 모아 제공하고 있다.

- **Black Farmers and Agriculturalists Association**
  노스캐롤라이나 주 틸러리 소재. www.bfaa-us.org.
  1,500명 이상의 흑인 농민 회원을 거느리고 있고, 미국 안팎의 흑인 농민들의 관심사와 이슈를 다루고 있는 단체다.

- **Michigan State University Student Organic Farm**

  미시간 주 홀트 소재. www.msuorganicfarm.org.

  유기농 인증 프로그램, 지역공동체 지원 농업 교육 프로그램을 통해서 유기농업을 교육하는 교육기관이다.

- **The Minnesota Food Association, Big River Farms**

  미네소타 주 세인트크로이 소재. www.mnfoodassociation.org/default.aspx.

  지속 가능한 농업, 마케팅, 비즈니스 플래닝, 자원 사용 등과 관련하여 교육, 훈련, 기술 지원을 제공한다.

- **National Farmers Union**

  워싱턴 DC 소재. www.nfu.org.

  1902년에 창립된 단체로, 가족농, 목장, 농촌 마을의 경제적 여건과 삶의 질을 보호, 향상하려는 취지로 활동하고 있다.

- **National Immigrant Farming Initiative**

  매사추세츠 주 매터팬 소재. www.immigrantfarming.org.

  이주 농민들을 지원하고자 교육, 정보 공유, 네트워킹, 프로젝트 펀딩 등을 그들에게 제공하고 있다.

- **Northeast Organic Farming Association**

  코네티컷 주 스티븐슨 소재. www.nofa.org.

  7개 주정부 7개 지부의 연합체로서, 운동가들을 연결 · 조정하며, 여름마다 개최되는 회의를 주재하고, 미국 북동부 전역의 유기농민을 위한 단체로서 활동하고 있다.

- **Ohio Ecological Food & Farm Association**

  오하이오 주 컬럼버스 소재. www.oeffa.org.

  로컬푸드 체계 창조에 관여하는 농민, 텃밭 재배자, 소비자, 소매상, 교육자들의 풀뿌리 동맹 조직.

- **Pennsylvania Association for Sustainable Agriculture**

  펜실베이니아 주 밀하임 소재. www.pasafarming.org.

  지속 가능한 농업에 총력을 기울이는 회원 기반 단체로, 미국 내 가장 큰 규모의 단체다.

- **Practical Farmers of Iowa**

  아이오와 주 에임스 소재. www.practicalfarmers.org.

소농과 지역농 증진을 위해 공조하는 농민, 비농민의 네트워크를 통해서 이윤을 창출하고, 생태학적으로 온전하며 지역을 활성화시키는 농업 접근법을 연구, 발전, 증진하고 있다.

- **Purdue Small Farm and Sustainable Agriculture Team**
  인디애나 주 웨스트라파예트 소재. www.ag.purdue.edu/smallfarms.
  소규모 농가와 지속 가능한 농법 실천가들에게 교육 기회를 제공함으로써, 생산자가 지속 가능한 농업 비즈니스를 확대하고, 나아가 인디애나의 지역공동체들을 강화화도록 돕는다.

- **Texas Organic Farmers & Gardeners Association**
  텍사스 주 엘진 소재. www.tofga.org.
  대중 교육을 통해 유기농, 자연농, 지속 가능한 농업의 실천과 생산의 신뢰도를 향상시키고 있다.

- **UCSC Center for Agroecology & Sustainable Food Systems**
  캘리포니아 주 산타크루즈 소재. http://casfs.ucsc.edu.
  생태학적 원예 초보자 프로그램으로, 캘리포니아 주립대학교(산타크루즈)의 여름학기를 통해 농생태학과 유기농업에 관련한 이론적이고 실천적인 교육을 제공한다.

- **USDA Beginning Farmer & Rancher Development Program**
  워싱턴 DC 소재. www.nifa.usda.gov/fo/beginningfarmerandrancher.cfm.
  상원의 지원으로 미 농무부가 창설한 프로그램으로, 10년 미만의 초보 농장주나 목장주들이 운영하며 서로를 돕는다.

- **Women, Food & Agriculture Network**
  아이오와 주 에임스 소재. www.wfan.org.
  지속 가능한 농업에 참여한 여성들의 조직. 농민, 지주, 연구자, 학생, 운동가, 가족의 건강에 관심을 둔 주부 등이 회원이다.

8. 기관 구매

- **Bon Appetit Management Company**
  캘리포니아 주 팔로알토 소재. www.bamco.com.
  카페테리아와 먹거리 제공업소에 로컬푸드와 지속 가능한 농업으로 산출된 먹거리를 공급하기 시작한 식품 서비스 기업.

- **Chef Ann Cooper**

  콜로라도 주 볼더 소재. www.chefann.com.

  아이들이 학교에서 먹는 방식을 바꾸는 데 주안점을 둔 조직이다.

- **Farm to College**

  펜실베이니아 주 보일링스프링스 소재. www.farmtocollege.org.

  공동체 먹거리보장 동맹이 진행하는 프로젝트로, 대학을 지역 농민과 연결해 로컬푸드를 캠퍼스에 공급하게 한다.

- **Health Care Without Harm**

  버지니아 주 레스턴 소재. www.noharm.org.

  의료 시설 내 건강한 먹거리Healthy Food on Health Care 등의 프로그램을 운영하는 조직. 이 프로그램에는 의료 기관들이 서명할 건강 먹거리 서약Healthy Food Pledge이 포함된다.

- **Healthy Schools Campaign**

  일리노이 주 시카고 소재. www.healthyschoolscampaign.org.

  시카고 내 학교들과 공조하며 학교 환경 내 혁신을 옹호하는 독립적인 비영리 기구.

- **Michigan Market Maker**

  www.mimarketmaker.msu.edu

  상호작용을 통한 지도화 작업으로 여러 주에 농산물 시장과 사업체가 개설되도록 지원하고 있다.

- **National Farm to School Network**

  www.farmtoschool.org

  학교와 지역 농민을 연계하여 학생 영양 개선하고, 농업·건강·영양 교육 기회 제공, 학교 카페테리아 내 건강한 음식 제공을 목적으로 하는 전국 단위 프로그램.

- **Real Food Challenge**

  www.realfoodchallenge.org

  '진짜 먹거리'의 대학 캠퍼스 내 조달량 증가를 위해 활동하며, 2020년까지 진짜 먹거리의 비중을 20퍼센트까지 높이려는 목표를 세워두고 있다.

- **School Food FOCUS**

  뉴욕 소재. www.schoolfoodfocus.org.

  학생 수 4만 명 이상의 교육청을 지원하는 전국적인 지원 프로그램으로, 보다 건강하고 지역에서 지속 가능한 방식으로 생산된 먹거리의 조달을 목표로 한다.

- **s'Cool Food**

  캘리포니아 주 산타바바라 소재. www.scoolfood.org.

  학교 공동체를 위한 교육과 훈련 기회, 집중 요리 워크숍, 먹거리체계에 대한 교육을 통해 산타바바라 카운티 내 교육청들이 향상된 먹거리 프로그램을 시행, 유지하도록 지원한다.

9. 환경과 보존

- **American Farmland Trust**

  워싱턴 DC 소재. www.farmland.org.

  농민들의 농업 활동 유지를 돕고 환경을 보호하는 법안의 개발과 정책 시행, 프로그램 집행을 목표로 한다.

- **Beyond Pesticides**

  워싱턴 DC 소재. www.beyondpesticides.org.

  개인과 지역공동체가 유독성 살충제의 위험을 이해하도록 돕고 있다.

- **Bio-Integral Resource Center**

  캘리포니아 주 버클리 소재. www.birc.org.

  지속 가능하고, 환경적으로 온전한 통합적 병충해 관리법(IPM)을 개발해온 경험을 제공한다.

- **Environmental Defense Fund**

  워싱턴 DC 소재. www.edf.org.

  환경 문제에 대한 실질적 해결책을 구하는 프로젝트들을 지원한다.

- **Environmental Working Group**

  워싱턴 DC 소재. www.ewg.org.

  농업에서 발생하는 유독성 물질로 인한 건강 문제로부터 취약한 이들을 보호하는 활동을 하고 있다.

- **Food and Water Watch**

  워싱턴 DC 소재. www.foodandwaterwatch.org.

  안전하고, 접근 가능하며, 지속 가능한 방식으로 생산된 먹거리, 물, 어류를 옹호하고 있다.

- **Hazon**

  뉴욕 소재. www.hazon.org.

  2004년에 창설된 유대인 지역공동체 지원 농업 프로그램.

- **IPM Institute of North America, Inc.**

  위스콘신 주 매디슨 소재. www.ipminstitute.org.

  통합적 해충 관리법을 시행하는 농장과 거래하려는 농기업을 지원하는 독립적인 비영리 기구.

- **Land Stewardship Project**

  미네소타 주 미니애폴리스 소재. www.landstewardshipproject.org.

  농업과 환경의 교차지점에 초점을 맞추는 단체.

- **Maine Farmland Trust**

  메인 주 벨패스트 소재. www.mainefarmlandtrust.org.

  메인 주 내 농업을 강화하고 농지를 보전하는 일에 뜻을 둔 단체.

- **Natural Resources Defense Council**

  뉴욕 소재. www.nrdc.org.

  환경 문제에 대한 실질적 해결책을 구하는 프로젝트들을 대상으로 활동하는 위원회.

- **New Mexico Acequia Association**

  뉴멕시코 주 산타페 소재. www.lasacequias.org.

  공동체의 자원인 물의 보호와 가족 단위의 전통적인 농경법의 유지·보전을 위해 애쓰는 단체.

- **USDA Natural Resource Conservation Service**

  워싱턴 DC 소재. www.nrcs.usda.gov.

  토양, 물, 공기, 식물, 동물 등에 두루 이로운 대지/생태계 보전 활동을 위해 지주들과 공조한다.

- **Water Keepers Alliance**

  뉴욕 주 어빙턴 소재. www.waterkeeper.org.

  길이 10만 마일이 넘는 강과 하천의 보호와 감시를 위해 활동하는 200개 지역 단체의 전세계적 연합체.

10. 활동가 네트워크

● **Agricultural Justice Project**

www.agriculturaljusticeproject.org

agjusticeproject@gmail.com

먹거리체계 내에서 공정성과 공평성을 창조하려는 비영리 운동 프로젝트. 유기농업과 지속 가능한 농업에 종사하는 농민, 농장 노동자를 위해 일한다.

● **Alliance for Fair Food**

플로리다 주 이모칼리 소재. www.allianceforfairfood.org.

이모칼리 노동자연합(CIW)과 공조, 플로리다 지역 농장의 노예노동 조건의 근절을 위해 일하고 있다.

● **Association of Farmworker Opportunity Programs**

워싱턴 DC 소재. www.afop.org.

이주 농장 노동자와 임시 농장 노동자, 그들의 가족에게 봉사하는 회원 단체들에게 교육 서비스 등을 제공한다.

● **Coalition of Immokalee Workers**

플로리다 주 이모칼리 소재. www.ciw-online.org.

플로리다 주 토마토 농장 노동자들의 공정 임금과 노동 여건, 삶의 여건 개선을 위해 분투하고 있다.

● **Community Food Security Coalition**

오리건 주 포틀랜드 소재. www.foodsecurity.org.

언제라도 모든 이에게 적정 가격의, 영양 풍부한, 문화적으로 적절한 먹거리를 제공할 수 있는 로컬푸드 체계 건설을 위해 일하고 있다.

● **Domestic Fair Trade Association**

매사추세츠 주 보스턴 소재. www.thedfta.org.

농민, 농장 노동자, 식품 서비스 관련 노동자, 소매상, 제조업자, 가공업자, 비정부 기구를 대표하는 단체들의 연대 조직.

● **Farm Aid**

매사추세츠 주 케임브리지 소재. www.farmaid.org.

가족농 중심의 농업을 옹호, 독려하는 풀뿌리 캠페인과 공정한 농장 정책을 지원, 촉진하고 있다.

- **Farm Labor Organizing Committee**
  오하이오 주 톨레도 소재. www.supportfloc.org.
  이주 농장 노동자들을 조직화하여 그들이 집합적 힘을 갖도록 애쓰고 있다.

- **Farmworker Justice**
  워싱턴 DC 소재. www.fwjustice.org.
  이주/임시 농장 노동자들이 삶의 여건, 노동 여건, 이주 상태, 건강, 직업 안정성을 개선하도록 그들에게 힘을 실어주고 있다.

- **Federation of Southern Cooperatives/Land Assistance Fund**
  조지아 주 이스트포인트 소재. www.federationsoutherncoop.com.
  경제 자급을 창조하는 집합적 전략으로서의 협동조합, 신용조합의 발전을 지원한다.

- **First Nations Development Institute**
  콜로라도 주 롱몬트 소재. www.firstnations.org.
  미국 내 원주민 공동체들이 자신들의 토속 먹거리체계를 재학습, 재생하는 프로젝트를 지원한다.

- **Growing Food and Justice for All Initiative(an initiative of Growing Power)**
  www.growingfoodandjustice.org
  인종주의 박멸을 사회 여러 분야의 사회운동가들을 한자리에 모으는 핵심 원칙으로 보는 그로잉 파워Growing Power의 새로운 광역 네트워크.

- **Land Loss Prevention Project**
  노스캐롤라이나 주 더럼 소재. www.landloss.org.
  경제적으로 곤란한 농민과 지주들에게 법적인 지원과 보조를 제공하고 있다.

- **National Family Farm Coalition**
  워싱턴 DC 소재. www.nffc.net.
  가족농을 위한 삶의 개선, 모두를 위한 안전하고 건강한 먹거리, 경제적/환경적으로 온전한 농촌 마을 공동체를 위한 풀뿌리 운동 단체.

- **National Good Food Network**
  버지니아 주 알링턴 소재. www.ngfn.org.

contact@ngfn.org

미국 내 새로운 '좋은 먹거리'체계의 창조를 위해 활동하는 시민단체, 기업, 자선단체의 연대 조직.

- **Restaurant Opportunities Centers United**

  뉴욕 소재. www.rocunited.org.

  350 7th Ave., Suite 1504

  식당 노동 정의 캠페인을 벌이며, 직업 훈련과 고용 소개를 제공하고, 조합원 소유 식당을 운영하며, 정책/연구 작업을 수행하고 있다.

- **Roots of Change**

  www.rootsofchange.org

  2030년까지 지속 가능한 먹거리체계를 만들어내는 데 관심이 있는 캘리포니아 지도자들과 단체들의 협력적 네트워크를 발전시키고 지원하고 있다.

- **Rural Advancement Foundation International, USA**

  노스캐롤라이나 주 피츠보로 소재. www.rafiusa.org.

  가족농과 지역공동체의 강화, 생산자와 소비자 간 긴밀한 연계, 환경적으로 온전한 농업, 생물학적 다양성의 보호를 위해 애쓰고 있다.

- **Slow Food USA**

  뉴욕 브루클린 소재. www.slowfoodusa.org.

  미국인을 (먹거리를 만들어내는) 사람, 전통, 식물, 동물, 양토, 물에 다시 연결시킴으로써 먹거리체계의 혁신을 모색하고 있다.

- **Student/Farmworker Alliance**

  플로리다 주 이모칼리 소재. www.sfalliance.org.

  농장 노동자들과 연계된 학생/청년 전국 네트워크로서 현대판 노예노동의 박멸을 위해 애쓰고 있다.

11. 정책 주장 네트워크POLICY ADVOCACY NETWORKS

- **California Food and Justice Coalition**

  캘리포니아 주 버클리 소재. www.cafoodjustice.org.

  건강한 먹거리에 대한 기본적 인권을 증진하는 한편, 사회적·농업적·환경적·경제적 정의를 위해 애쓰고 있다.

- **Center for Rural Affairs**

  네브래스카 주 라이언스 소재. www.cfra.org.

  지역공동체 강화를 위해 애쓰고 있다. 소규모 농가와 사업체를 지원하고, 대지 관리 활동을 보상하는 식의 지역공동체 발전을 위한 연방 정책을 지지, 옹호한다.

- **Drake Law Food Policy Council Database**

  www.law.drake.edu/centers/agLaw/?pageID=fpcDataBase

  미국 내 먹거리정책위원회의 총괄 목록을 볼 수 있는 곳.

- **Fair Food Network**

  미시간 주 앤아버 소재. www.fairfoodnetwork.org.

  건강하고 신선하며 지속 가능한 방식으로 재배된 먹거리에 대한 근원적인 권리를 옹호하는 먹거리체계 설계를 위해 다른 단체들과 공조하고 있다.

- **Food First: Institute for Food and Development Policy**

  캘리포니아 주 오클랜드 소재. www.foodfirst.org.

  전세계적 기아, 가난, 생태계 상태 악화의 근본 원인을 분석하며 해결책을 제시한다.

- **Institute for Agriculture and Trade Policy**

  미네소타 주 미니애폴리스 소재. www.iatp.org.

  전세계 다른 단체들과 공조하여, 전세계적 무역 협상이 국내의 농장과 먹거리 정책에 어떤 영향을 미치는지를 분석하며 공정 무역 정책을 지지, 옹호한다.

- **National Sustainable Agriculture Coalition**

  워싱턴 DC 소재. www.sustainableagriculture.net.

  농업, 먹거리체계, 자연 자원, 지역공동체의 지속 가능성을 증진시키는 방향으로의, 연방 정책의 개혁을 옹호하는 풀뿌리 조직들의 동맹.

- **New York Sustainable Agriculture Working Group**

  뉴욕 주 로체스터 소재. www.nysawg.org.

  로컬푸드 체계의 건설에 기여하며, 저소득층 지역, 유색인 거주 지역을 위한 먹거리 정의와 먹거리 접근성 향상에 중점을 두고 있다.

- **Northeast Sustainable Agriculture Working Group**

  매사추세츠 주 벨처타운 소재. www.nefood.org.

  보다 지속 가능하며, 안전한 로컬푸드 체계 창조를 위해 일하는 개인/단체들의 지역 네트워크.

- **Organic Consumers Association**

  미네소타 주 핀랜드 소재. www.organicconsumers.org.

  미국 내 5000만 명이라고 추산되는 유기농 소비자, 사회적으로 책임지는 소비자의 이익을 증진한다.

- **Organization for Competitive Markets**

  네브라스카 주 링컨 소재. www.competitivemarkets.com.

  전국 단위의, 회원 기반 비영리 기구로서, 농식품 분야가 진정한 수요-공급 기반 경쟁으로 되돌아갈 수 있도록 공공정책의 연구와 지지 활동을 한다.

- **Rural Coalition**

  워싱턴 DC 소재. www.ruralco.org.

  미국, 캐나다, 멕시코 등 여러 국가 출신 농민, 농장 노동자, 토착 원주민, 이주 노동자, 일반 노동자들의 연대 조직으로, 보다 정의롭고 지속 가능한 먹거리체계 건설을 도모하고 있다.

참고문헌 및 주석

들어가는 글

1. Presented by Pamela Moore, director, Detroit Workforce Development Department: A Michigan Works! Agency, at the Urban Policy Roundtable, August 18, 2011.
2. This figure comes from the Michigan Department of Human Services, the state SNAP agency, and includes the 13 percent increase in benefits authorized in the Federal Stimulus Bill of 2009.
3. Mari Gallagher Research & Consulting Group, "Examining the Impact of Food Deserts on Public Health in Detroit," 2007, Chart 2, 5.
4. "How He Did It," *Newsweek*, www.newsweek.com/2008/11/05/how-he-didit. html, accessed October 7, 2010.

1장. 먹거리체계와 그 기능 장애

1. USDA National Agricultural Statistics Service, Economics, Statistics, and Marketing Information Systems, www.usda.mannlib.cornell.edu, accessed October 25, 2011, and www.ers.usda.gov/Data/MajorLandUses, accessed October 25, 2011.
2. USDA National Agricultural Statistics Service, Economics, Statistics, and Marketing Information Systems, www.usda.mannlib.cornell.edu, accessed October 5, 2010.
3. www.agguide.agronomy.psu.edu/weights.cfm, accessed October 5, 2010.를 참고하라.
4. 유전자조작 작물(GMO) 재배의 장단점에 관해서는 수많은 다양한 견해가 존재한다. 유전자 조작 기술은 필요한 경우 매우 유익할지도 모를, 보다 가뭄에 강한, 또는 보다 해충에 강한 작물과 같은 다양한 미래 작물의 개발을 약속할 수도 있다. 그러나 오늘날 우리는 제초제에 내성을 갖춘 옥수수와 콩들의 다양한 재배가 또한 제초제에 내성을 갖춘 잡초들의 출현과 관련 있음을, 나아가 이러한 잡초들의 출현으로 잡초 관리는 더욱 힘들어졌고, 농민들은 (그중 일부는 라운드업 레디 기술로 인해 대체된) 보다 다량의 화학제품을 쓸 수밖에 없는 처지가 되었음을 알고 있다.
5. USDA National Agricultural Statistics Service, Economics, Statistics, and Marketing Information Systems, www.usda.mannlib.cornell.edu, accessed October 25, 2011.
6. American Ag Radio Network, July 20, 2011, http://americanagnetwork.com/2011/07/livestock-feed-remains-number-one-use-of-u-s-corn, accessed October 28, 2011.
7. According to Food Marketing Institute, "Supermarket Facts," www.fmi.org/facts_figs/?fuseaction=superfact, accessed October 25, 2011. 식품마케팅연구소(www.fmi.org)의 '슈퍼마켓 팩츠'에 따르면, 2010년 슈퍼마켓들이 보유한 물품 수의 평균은 38,718개였다.

온타리오 옥수수 생산자 연합(www.ontariocorn.org/classroom/products)과 마이클 폴란은 보통의 식품점 내 물품 중 25퍼센트에는 이런 저런 형태의 옥수수를 함유하고 있다는 데 동의한다(《잡식동물의 딜레마》).

8. U.S. Department of Agriculture Food Safety and Inspection Service, "Federal Meat Inspection Act," Regulations & Policies: Acts & Authorizing Statutes, www.fsis.usda.gov/Regulations_&_Policies/Acts_&_Authorizing_Statutes/index.asp, accessed October 8, 2010.

9. Eric Schlosser, *Fast Food Nation* (New York: Houghton Mifflin, 2001), Chapter 8, pp. 169-190.

10. Leopold Center for Sustainable Agriculture at Iowa State University, www.leopold.iastate.edu.

11. University of Michigan Center for Sustainable Systems, *U.S. Food Systems Fact Sheet*.

12. Rick Tolman, "Corn and Ethanol: Green, Getting Greener," PowerPoint presentation at 2nd Annual Iowa Renewable Fuels Summit, January 31, 2008, www.iowarfa.org/documents/Tolman.ppt, accessed October 7, 2010.

13. U.S. Census Bureau, *Population: 1790-1990*, Table 4, www.census.gov/population/www/censusdata/files/table-4.pdf, accessed October 10, 2010.

14. www.agweb.com/farmersfeedingtheworld, accessed October 7, 2010.를 참고하라.

15. www.quickstats.nass.usda.gov, accessed October 7, 2010.를 참고하라.

16. Dr. Mary Hendrickson, University of Missouri, personal communication, October 1, 2010.

2장. 문제는 바로 이것

1. G. F. Koltun, M. N. Landers, K. M. Nolan, and R. S. Parker, "Sediment Transport and Geomorphology Issues in the Water Resources Division," http://water.usgs.gov/osw/techniques/workshop/koltun.html, accessed June 19, 2009.

2. David Pimentel and Marcia Pimentel, *Food, Energy, and Society*, 3rd ed. (New York: CRC Press, 2008), 206.

3. Based on data from J. Risser, "A Renewed Threat of Soil Erosion: It's Worse than the Dust Bowl," *Smithsonian* (1981): 120-122, 124, 126-130; Gary A. Klee, *Conservation of Natural Resources* (Englewood Cliffs, NJ: Prentice Hall), 1991; and Pimentel and Pimentel, *Food, Energy, and Society*.

4. Pimentel and Pimentel, *Food, Energy, and Society*.

5. David Pimentel *et al.*, "Environmental and Economic Costs of Soil Erosion and Conservation Benefits," *Science* (1995): 1117-1122.

6. Rattan Lal, Terry M. Sobecki, Thomas Iivari, and John M. Kimble, *Soil Degradation in the United States: Extent, Severity, and Trends* (New York: Lewis Publishers, 2004), 158.

7. Keith Wiebe and Noel Gollehon, *Agricultural Resources and Environmental Indicators* (Washington, DC: U.S. Department of Agriculture, Economic Research Service, 2006), 24.

8. Ibid., 26.

9. Ibid., 25.

10. Ibid., 25.

11. Jane Braxton Little, "The Ogallala Aquifer: Saving a Vital U.S. Water Source," *Scientific American* (2009): 32.

12. Ibid., 37.

13. The Docking Institute of Public Affairs, "The Value of Ogallala Groundwater," http://bigcat.fhsu.edu/docking/img/Archives/SW%20Groundwater-Ogallala/Part%205.Chapter%202.pdf, accessed January 8, 2011, 15.

14. Paul Roberts, *The End of Food* (New York: Houghton Mifflin, 2008), 217.

15. Wiebe and Gollehon, *Agricultural Resources>*, 36.

16. Valerie White, "Agriculture and Drinking Water Supplies: Removing Nitrates from Drinking Water in Des Moines, Iowa," *Journal of Soil and Water Conservation* (1996): 454.

17. Sierra Club, "Sick Waters: Excess Nutrients Harm the Health of our Waters," www.sierraclub.org/cleanwater/sickwaters/map.asp, accessed July 22, 2009, 6.

18. Wiebe and Gollehon, *Agricultural Resources*, 37.

19. Craig Cox, "Cleaning Up the Food System," presentation at Friedman Nutrition Symposium, Tufts University, Boston, Massachusetts, November 6, 2010.

20. Wiebe and Gollehon, *Agricultural Resources*, 35.

21. U.S. Environmental Protection Agency, "Report to Congress: Nonpoint Source Pollution in the United States," http://nepis.epa.gov/Exe/ZyNET.exe/2000RU80.PDF?ZyActionP =PDF&Client=EPA&Index=1981%20Thru%201985&File=D%3A\ZYFILES\INDEX%20 DATA\81THRU85\TXT\00000009\2000RU80.txt&Query=%28agriculture%29%20OR%20 FNAME%3D%222000RU80.txt%22%20AND%20FNAME%3D%222000RU80.txt%22&Se archMethod=1&FuzzyDegree=0&User=ANONYMOUS&Password=anonymous&QFie ld=&UseQField=&IntQFieldOp=0&ExtQFieldOp=0&Docs=1984, accessed January 8, 2011, xiii.

22. Wiebe and Gollehon, *Agricultural Resources*, 33.

23. Ecological Society of America, "Hypoxia," www.esa.org/education_diversity/pdfDocs/hypoxia.pdf, accessed January 8, 2011, 1.

24. Robert J. Diaz and Rutger Rosenberg, "Spreading Dead Zones and Consequences for Marine Ecosystems," *Science* (2008): 926-929.

25. Wiebe and Gollehon, *Agricultural Resources*, 36.

26. According to research led by Dr. Nancy Rabalais, one of the world's leading experts on hypoxia and dead zones, www.nola.com/news/gulf-oil-spill/index.ssf/2010/08/dead_zone_as_big_as_massachuse.html, accessed January 8, 2011.

27. U.S. Department of Agriculture, National Agricultural Statistics Service, "2007 Census of Agriculture: United States Summary and State Data" (Washington, DC, 2009a), 49.

28. American Farmland Trust, "Farmland Protection Issues," www.farmland.org/programs/

protection/default.asp, accessed June 3, 2009.

29. American Farmland Trust, "Farmland Protection Issues."

30. U.S. Environmental Protection Agency, "Inventory of U.S. Greenhouse Gas Emissions and Sinks: 1990-2007 (Public Review Draft)" (Washington, DC, 2008), 250.

31. Ibid., 30.

32. World Health Organization, www.who.int/food_crisis/fact_sheet/en/, accessed January 8, 2011. 이 발언은 미국 먹거리체계만이 전세계 기아에 책임이 있다는 이야기는 아니지만, 미국 식량원조체계는(이 체계는 미국 농민들을 위한 시장이기도 하다) 개발도상국들의 농업 발전과 지속 가능성을 약화시키고 있고, 그리하여 그러한 지역 내 기아를 악화시키고 있다.

33. World Health Organization, www.who.int/food_crisis/fact_sheet/en/, accessed July 23, 2009.

34. Alisha Coleman-Jensen, Mark Nord, Margaret Andrews, and Steven Carlson, "Measuring Food Security in the United States: Household Food Security in the United States, 2007," www.ers.usda.gov/publications/err66/err66.pdf, accessed January 8, 2011, 4.

35. Mari Gallagher Research & Consulting Group, "Examining the Impact of Food Deserts on Public Health in Detroit," 9.

36. Ibid., 4.

37. Mari Gallagher Research & Consulting Group, "Examining the Impact of Food Deserts in Chicago" (Chicago, 2006), 30.

38. "Food, Conservation, and Energy Act of 2008," 110th Cong., 2nd sess., www.govtrack.us/congress/bill.xpd?bill=h110-6124, accessed June 15, 2009.

39. U.S. Department of Agriculture Economic Research Service, "Access to Affordable and Nutritious Food-Measuring and Understanding Food Deserts and Their Consequences: Report to Congress," www.ers.usda.gov/Publications/AP/AP036/AP036.pdf, accessed December 31, 2010, 15.

40. Nicole I. Larson, Mary T. Story, and Melissa C. Nelson, "Neighborhood Environments: Disparities in Access to Healthy Foods in the U.S.," *American Journal of Preventive Medicine* 36, no. 1 (2009): 75.

41. K. Morland, S. Wing, and A. Roux, "The Contextual Effect of the Local Food Environment on Residents' Diets: The Atherosclerosis Risk in Communities Study," *American Journal of Public Health* 92, no. 11 (2002): 1761-1767.

42. Larson *et al.*, "Neighborhood Environments," 75.

43. Tara Parker-Pope, "After Steady Climb, Childhood Obesity Rates Stall," www.nytimes.com/2008/05/28/health/research/28obesity.html?_r=3&partner=rssnyt, accessed June 9, 2009.

44. Centers for Disease Control and Prevention, National Center for Health Statistics Health Data Interactive, www.cdc.gov/nchs/hdi.htm, accessed March 8, 2009.

45. Centers for Disease Control and Prevention, National Center for Health Statistics Health Data Interactive, www.cdc.gov/nchs/pressroom/07newsreleases/obesity. htm, accessed June 10, 2009.

46. American Diabetes Association, Diabetes News, www.diabetes.org/diabetesnewsarticle. jsp?storyId=15351710&filename=20070623/ADA200706231182625856641EDIT.xml, accessed June 12, 2009.

47. Centers for Disease Control and Prevention, National Center for Chronic Disease Prevention and Health Promotion, www.cdc.gov/diabetes/projects/diab_children. htm#1, accessed June 8, 2009.

48. David Pimentel *et al.*, "Ecology of Increasing Diseases: Population Growth and Environmental Degradation," *Human Ecology* (2007): 653–668.

49. Andrew C. Voetsch, "FoodNet Estimate of Burden of Illness Caused by Nontyphoidal Salmonella Infections in the United States," *Clinical Infectious Diseases* (2004): 127–134.

50. Roberts, *The End of Food*, 190.

51. Chuck Jolley, "Five Minutes with Jeff Benedict, E. coli & Jack In the Box," www. cattlenetwork.com/Jolley-Five-Minutes-With-Jeff-Benedict-E-coli--Jack-In-The-Box/2010-10-15/Article.aspx?oid=1273062&fid=CN-TOP_STORIES, accessed October 27, 2010.

52. Margaret Mellon, "Testimony Before the House Committee on Rules on the Preservation of Antibiotics for Medical Treatment Act H.R. 1549," www.ucsusa.org/ assets/documents/food_and_agriculture/july-2009-pamta-testimony.pdf, accessed January 8, 2010, 3.

53. Pew Commission on Industrial Farm Animal Production, "Putting Meat on the Table: Industrial Farm Animal Production in America" (2008): 15.

54. Brad Spellberg, "The Epidemic of Antibiotic-Resistant Infections: A Call to Action for the Medical Community from the Infectious Diseases Society of America," *Clinical Infectious Diseases* (2008): 155–164.

55. Infectious Diseases Society of America, "Bad Bugs, No Drugs: As Antibiotic Discovery Stagnates . . . A Public Health Crisis Brews," www.fda.gov/ohrms/dockets/ dockets/04s0233/04s-0233-c000005-03-IDSA-vol1.pdf, accessed January 8, 2011, 4.

56. Lisa Isenhart (coordinator, Keep Antibiotics Working), personal communication, October 4, 2010.

57. William Kandel, "Profile of Hired Farmworkers, A 2008 Update," www.ers.usda.gov/ Publications/ERR60/, accessed June 16, 2009, iii.

58. Ibid., 16.

59. U.S. Department of Labor, Bureau of Labor Statistics, "Union Member Summary," www. bls.gov/news.release/union2.nr0.htm, accessed January 8, 2011.

60. Kandel, "Profile of Hired Farmworkers," 28.

61. Ibid., table 13.

62. William Kandel, *Meat-Processing Firms Attract Hispanic Workers to Rural America* (Washington, DC: U.S. Department of Agriculture, Economic Research Service, 2006), 457–458.

63. Restaurant Opportunities Center of New York (ROC NY), New York City Restaurant

Industry Coalition, "Behind the Kitchen Door: Pervasive Inequality in New York City's Thriving Restaurant Industry," www.urbanjustice.org/pdf/publications/BKDFinalReport.pdf, accessed January 8, 2011.

64. Restaurant Opportunities Centers United, "Behind the Kitchen Door: A Summary of Restaurant Industry Studies in New York, Chicago, Metro Detroit, New Orleans, and Maine," www.rocunited.org/files/National_EXEC_edit0121.pdf, accessed October 11, 2010.

65. Jayachandran N. Variyam, "The Price Is Right: Economics and the Rise in Obesity," U.S. Department of Agriculture, Economic Research Service, www.ers.usda.gov/AmberWaves/February05/Features/ThePriceIsRight.htm, accessed June 11, 2009.

3장. 페어푸드 체계

1. Kari Wolkwitz and Joshua Leftin, "Characteristics of Food Stamp Households: Fiscal Year 2007," Report No. FSP-08-CHAR (Alexandria, VA: U.S. Department of Agriculture, Food and Nutrition Service, Office of Research and Analysis, 2008).

2. Jeremy Nowak, "The Reinvestment Fund," Congressional Black Caucus Foundation presentation, September 16, 2010.

3. Ibid.

4. Interview with Walter Robb, COO, Whole Foods Market, October 1, 2010.

5. Data from Michigan Department of Human Services.

6. www.allianceforfairfood.org, accessed October 12, 2010.를 참고하라.

7. Amy Bennett Williams, "Tomato Grower, Harvesters Strike Historic Accord," *Fort Myers News-Press*, October 14, 2010, www.news-press.com/article/20101014/NEWS01/10140385/1075/Tomato-grower-harvesters-strike-historic-accord.

8. Interview with Sean Sellers, Student Farmworkers Alliance, October 12, 2010.

9. U.S. Bureau of the Census, County Business Patterns, 2007, available at http://censtats.census.gov/cgi-bin/cbpnaic/cbpdetl.pl.ii. U.S. Department of Commerce, Bureau of Economic Analysis, *Gross Domestic Product by Industry Accounts*, available at www.bea.gov. ROC United, www.rocunited.org/files/National_EXEC_edit0121.pdf, accessed October 15, 2010.

10. Interview with Minsu Longiaru, ROC Detroit, October 8, 2010.

11. Interview with Paula Garcia, October 11, 2010.

12. Lloyd D. Wright, *Racial Equity in Agricultural and Rural Development Report: Preventing the Decline of Black Farmers and Black Rural Landownership*, p. 6, available from the Land Loss Prevention Project. 스펜서 우드Spencer D. Wood는 이렇게 적고 있다. "이는 흑인 농장, 농민, 농지에 대한 지나치게 단순한 취급법이라고 말하는 게 좋겠다. 이 셋은 각기 다른 개념들이다. 이 점이 중요한 것은, 이 각각의 개념이 나타난 현상에 대해 각기 다른 그림을 보여주기 때문이다. 사실 거의 700만 에이커에 가까운 흑인 소유 농장이 존재한다. 그런데 이 농장의 대다수는 흑인이 농사짓지 않는다. 이곳에서는 수입이 창

출되지만, 실제 소유주인 흑인 가정은 그 수입에서 점점 거리가 멀어지고 있다. 29,690명의 농민이 있다는 발언은, 농장당 여러 명의 농장 운영자를 포함할 수도 있는 특정 계산법을 활용한 발언이다. 이 점이 중요한데, 왜냐하면 미 농무부는 보다 정확한 계산을 이끌 수 있는지 몰라도 이전 해와의 직접 비교는 더욱 어렵게 할 몇몇 변형된 계산법을 고안해냈기 때문이다."

13. Ibid., 12.

14. "The Impact of Heir Property on Black Rural Land Tenure in the Southeastern Region of the U.S.," www.federationsoutherncoop.com/landloss.htm, accessed October 31, 2010.

15. Angela Browning, *The Decline of Black Farming in America* (Washington, DC: U.S. Department of Agriculture, U.S. Commission on Civil Rights, 1982).

16. Interview with Savi Horne, October 11, 2010.

17. Federation of Southern Cooperatives/Land Assistance Fund website, www.federationsoutherncoop.com/landloss.htm, accessed October 20, 2010.

18. Land Loss Prevention Project, www.landloss.org/predatorylending.php, accessed October 27, 2010.

19. "Type-II Diabetes & Obesity: A Community Crisis," www.tocaonline.org/www.tocaonline.org/Oodham_Foods/Entries/2010/3/30_The_Health_Effects_Caused_by_the_loss_of_the_Traditional_Food_System.html, accessed October 31, 2010.

20. Ibid.

21. Tristan Reader, "The Traditional Tohono O'odham Food System: A Short History," www.tocaonline.org/www.tocaonline.org/Oodham_Foods/Entries/2010/3/30_The_Health_Effects_Caused_by_the_loss_of_the_Traditional_Food_System.html, accessed October 31, 2010.

22. Interview with Tristan Reader, November 3, 2010.

23. www.tocaonline.org/www.tocaonline.org/Oodham_Foods/Oodham_Foods.html, accessed October 31, 2010.를 참고하라.

4장. 다양성이 주는 활력

1. Michael H. Shuman, *The Small-Mart Revolution: How Local Businesses Are Beating the Global Competition* (San Francisco: Berrett-Koehler Publishers, 2006).

2. Michael H. Shuman, "Building Prosperity, Valuing Community: Exploring Community Food Enterprise," panel presentation at the W. K. Kellogg Foundation's Food & Society Conference, San Jose, California, April 21-23, 2009.

3. Michael Shuman, personal communication, October 16, 2010.

4. www.livingeconomies.org/aboutus, accessed October 16, 2010.를 참고하라.

5. Michael Shuman, personal communication, November 29, 2010.

6. www.communityfoodenterprise.org/case-studies.를 참고하라.

7. Jackie Victor, personal communications, October 18, 2010 and October 30, 2011.

8. The Food Project, "State of the Field: Youth in Sustainable Food Systems," October 2007, 2.

9. Ibid., 5.

5장. 우리를 먹여 살리는 땅 살리는 법

1. Dennis Avery, *Saving the Planet with Pesticides and Plastic: The Environmental Triumph of High-Yield Farming* (Indianapolis, IN: Hudson Institute, 2000).

2. Eric Chivian and Aaron Bernstein, "Genetically Modified Foods and Organic Farming," in *Sustaining Life: How Human Health Depends on Biodiversity* (New York: Oxford University Press, 2008), 399-400, 402.

3. George Shetler, personal communication, November 1, 2011.

4. Jeff Tietz, "Boss Hog: The Rapid Rise of Industrial Swine," in *The CAFO Reader*, ed. Daniel Imhoff (Berkeley: University of California Press, 2010), 110.

5. M. S. Honeyman *et al.*, "The United States Pork Niche Market Phenomenon," *Journal of Animal Science* 84 (2006), www.leopold.iastate.edu/research/marketing_files/NichePork_0806.pdf 2269, accessed October 15, 2010.

6. Thomas A. Green, personal communication, October 12, 2010. Interviews with Rick Schnieders, May 29, 2009, and Craig Watson, May 28, 2009.

7. USDA National Agricultural Statistics Service, "2007 Census of Agriculture," www.agcensus.usda.gov/Publications/2007/Online_Highlights/Specialty_Crops/speccrop.pdf, accessed October 19, 2010, 1.

8. 2009 Sysco Sustainable/Integrated Pest Management Initiative, accessed through Tom Green, IPM Institute, October 12, 2010.

9. Craig Watson, personal communication, October 7, 2010.

6장. 녹색경제 살리기

1. Anthony Flaccavento, personal communication, October 22, 2010.

2. Flaccavento presented at a February 11, 2010, webinar titled "Building the Supply of Healthy Foods-Experiences and Tools from the Field." It was sponsored by the National Good Food Network.

3. Eileen Brady, "New Seasons Market Case Study," *Ag-of-the-Middle Task Force Regional Case Studies* 1 (July 2004), www.agofthemiddle.org/pubs/newseasons.pdf, accessed October 14, 2010.

4. http://newseasonsmarket.blogspot.com/2010/08/next-step.html, accessed October 20, 2010.를 참고하라.

5. Michael Shuman, "Economic Impact of Localizing Detroit's Food System," www.fairfoodnetwork.org/resources/economic-impact-localizing-detroits-food-system.

6. Studies listed on BALLE website, www.livingeconomies.org/aboutus/research-and-studies/studies, accessed October 22, 2010.

7. Don Seville, Sustainable Food Lab, personal communication, October 24, 2010.

8. Sustainable Food Lab, www.sustainablefood.org/images/stories/pdf/hvcn%20 innovations%20master%20document%20v15.pdf, accessed June 2, 2009, 63.

7장. 페어푸드 운동가 되기

1. November 28, 2008, www.pbs.org/moyers/journal/11282008/watch2.html, accessed November 12, 2010.

2. Eliot Coleman, *Four-Season Harvest: Organic Vegetables from Your Home Garden All Year Long* (White River Junction, VT: Chelsea Green, 1999); *The New Organic Grower* (White River Junction, VT: Chelsea Green, 1995); *Winter Harvest Handbook* (White River Junction, VT: Chelsea Green, 2009).

3. The U.S. Department of Agriculture has one such list at www.nal.usda.gov/afsic/pubs/csa/csa.shtml.

4. "Electronic Code of Federal Regulations," http://ecfr.gpoaccess.gov/cgi/t/text/text-idx ?c=ecfr&sid=baf51da897f7937de131c7ca43d710cb&rgn=div8&view=text&node=7:3.1. 1.9.32.2.354.6&idno=7, accessed October 25, 2010. Actual lists are about twenty pages and can be found at http://ecfr.gpoaccess.gov/cgi/t/text/text-idx?c=ecfr;sid=baf51da 897f7937de131c7ca43d710cb;rgn=div5;view=text;node=7%3A3.1.1.9.32;idno=7;cc=ec fr#7:3.1.1.9.32.7.354.

5. Ari Kurtz and Moira Donnel, organic CSA farmers, personal communication, November 7, 2010.

6. www.foodalliance.org.를 참고하라.

7. J. S. Bailey and D. E. Cosby, USDA Agricultural Research Service, "Salmonella Prevalence in Free-Range and Certified Organic Chickens," *Journal of Food Protection* 68, no. 11 (2005): 1, accessed October 20, 2010, http://ddr.nal.usda.gov/ bitstream/10113/36509/1/IND44295179.pdf.

8. Stephanie Dickison, "Eggs: Free Range, Cage Free, Organic . . . What's the Difference?" *Organic Lifestyle Magazine* 7 (February–March 2009), accessed October 20, 2010, www.organiclifestylemagazine.com/issue-7/eggs-free-range-cage-free-organic.php.

9. Contained in Part 62 of Title 7 of the Code of Federal Regulations.

10. 법 조항은 이러하다. "풀과 꼴은, 젖을 떼기 전에 섭취하는 우유를 제외하면 되새김질하는 가축들의 평생 먹거리여야 한다. 이 먹거리는 풀, 잡초, 어린 잎, (작물 이전 상태의) 식용작물 등을 포함한 꼴로부터 나오는 것이리라. 가축들을 곡물이나 곡물 부산물을 먹여 키워서는 안 되며, 이들은 성장 기간 동안 목초지에 지속적으로 접근할 수 있어야 한다. 건초, 생목초, 낟알을 떨궈낸 작물 잔여물 그리고 다른 섬유질 함유물도 수용 가능한 먹거리에 포함될 수 있다. 정기적인 미네랄, 비타민 보충제 역시 먹거리 관리 안에 포함될 수 있다. 꼴의 형태가 아닌 먹거리에 우연히 노출된 관계로, 또는 이상 환경이나 이상 물리 조건에서 가축의 건강을 보장하고자 임시적인 먹거리 보충이 있을 경우, 가축업자는 반드시 분량, 빈도, 보충 물질 등 그 내용 전체를 기록해야 한다. Authority: 7 U.S.C. 1621-1627. Effective Date:

November 15, 2007. USDA Agricultural Marketing Service, "United States Standards for Livestock and Meat Marketing Claims, Grass (Forage) Fed Claim for Ruminant Livestock and the Meat Products Derived from Such Livestock," *Federal Register* 72, no. 199 (October 16, 2007): 1, 7, accessed October 20, 2010, www.ams.usda.gov/AMSv1.0/getfile?dDocName=STELPRDC5063842.

11. You can order it at www.montereybayaquarium.org/cr/cr_seafoodwatch/sfw_recommendations.aspx.

12. Paul Greenberg, *Four Fish* (New York: Penguin, 2010).

13. USDA websites, including www.ams.usda.gov/AMSv1.0/ams.fetchTemplateData.do?template=TemplateC&navID=FarmersMarkets&rightNav1=FarmersMarkets&topNav=&leftNav=WholesaleandFarmersMarkets&page=WFMFarmersMarketsHome&description=Farmers%20Markets&acct=frmrdirmkt and www.ams.usda.gov/AMSv1.0/ams.fetchTemplateData.do?template=TemplateS&navID=WholesaleandFarmersMarkets&leftNav=WholesaleandFarmersMarkets&page=WFMFarmersMarketGrowth&description=Farmers%20Market%20Growth&acct=frmrdirmkt, accessed October 7, 2010; USDA Agricultural Marketing Service, "Farmers Markets and Local Food Marketing," www.ams.usda.gov/AMSv1.0/ams.fetchTemplateData.do?template=TemplateS&navID=WholesaleandFarmersMarkets&leftNav=WholesaleandFarmersMarkets&page=WFMFarmersMarketGrowth&description=Farmers%20Market%20Growth&acct=frmrdirmkt, accessed October 25, 2010.

14. Interview with Ashley Atkinson, October 7, 2010.

15. Fair Food Network, *Healthy Food for All*, www.fairfoodnetwork.org/resources/healthy-food-for-all.

16. Report to the New York City Council on Green Carts FY2010, submitted by the New York City Department of Health and Mental Hygiene, October 2010, www.nyc.gov/html/doh/downloads/pdf/cdp/cdp-green-cart-report-cc.pdf, accessed November 2011.

17. Visit her website at www.karpresources.com.

18. Henry Herrera, Navina Khanna, and Leon Davis, "Food Systems and Public Health: The Community Perspective," *Journal of Hunger & Environmental Nutrition* 4, no. 3 (2009): 430-445.

8장. 기관 먹거리의 혁신

1. Anupama Joshi, Farm to School Network, personal communication, August 27, 2010; Zenobia Barlowe, Center for Ecoliteracy, personal communication, October 27, 2010.

2. Lunch and Breakfast Cost Study II (SLBCS II), www.fns.usda.gov/oane/MENU/Published/CNP/FILES/MealCostStudy.pdf; www.fns.usda.gov/pd/slsummar.htm; and www.fns.usda.gov/pd/sbsummar.htm, accessed October 27, 2010.

3. School Nutrition Association, *School Nutrition Operations Report 2011*. Susan Coppess, personal communication, November 15, 2011.

4. Rochelle Davis, personal communications, August 27, 2010, and November 29, 2011.

5. Interview with Toni Liquori, September 21, 2010.

6. Anupama Joshi, personal communications, August 27, 2010, and November 19, 2011. '농장에서 학교로' 프로그램을 위한 자금인 4000만 달러의 지출은 아동 영양 재공인을 위한 상원 기반 법안인 '2010 건강하며 기아로부터 자유로운 아동법'에 의해 승인되었다. 이 자금은 상원의원 레히Leahy가 '농장에서 학교로 개발 프로그램법'(SB 3123)에서, 그리고 하원의원 홀트Holt가 '농장에서 학교로 개선법'(HR 4710)에서 제안한 대로, 농장에서 학교로 지원 프로그램을 위해 쓰일 것이다. www.farmtoschool.org/files/publications_272.pdf, accessed October 25, 2011.

7. A. Kwan, K. Mancinelli, and N. Freudenberg, *Recipes for Health: Improving School Food in New York City*, Hunter College Healthy Public Policies Project and City Harvest, 2010.

8. Curt Ellis, FoodCorps founder, personal communication, November 11, 2011.

9. 이 50억 달러라는 수치는 미 농무부의 경제연구국과 대학 식품 서비스 전국연합National Association of College and University Food Services이 추산한 것이다.

10. Anim Steel, personal communication, November 11, 2011.

11. Maren Stumme-Diers, sustainable foods educator, Luther College, personal communication, November 13, 2011.

12. Interview with Teresa Wiemerslage, Iowa State University Extension regional communications and program coordinator, November 11, 2010.

13. Interview with Ann Mansfield, August 26, 2010; Jon Jensen, director of environmental studies, Luther College, personal communication, October 20, 2010.

14. Jamie Harvie, Leslie Mikkelsen, and Linda Shak, "A New Health Care Prevention Agenda: Sustainable Food Procurement and Agricultural Policy," *Journal of Hunger and Environmental Nutrition* 4 (2009): 409-429.

15. "Kaiser Permanente Makes Great Strides in Sustainable Food for Health," November 8, 2011, http://xnet.kp.org/newscenter/aboutkp/green/stories/2011/110811sustainablefood.html, accessed November 11, 2011.

16. Kathleen Reed, personal communication, September 4, 2010.

17. Harvie, Mikkelsen, and Shak, "A New Health Care Prevention Agenda: Sustainable Food Procurement and Agricultural Policy."

18. Interview with Jamie Harvie, September 2, 2010.

19. Stephanie Armour, "Corporate Cafeterias Go the Green, Healthy Route," *USA Today*, February 8, 2008, www.usatoday.com/money/workplace/2008-02-07-cafeteria-healthy_N.htm, accessed October 25, 2010.

20. Maisie Greenawalt, personal communication, November 4, 2010.

9장. 공공정책 혁신

1. According to Drake University Agricultural Law Center.

2. Barry Lonik, farmland preservation specialist, personal communication, December 21, 2011.

3. Rob Marqusee, personal communication, June 30, 2009.

4. Rob Marqusee, personal communication, October 8, 2010.

5. Michael Shuman, personal communication, October 11, 2010. 그는 미 농무부 경제연구국이 2003년에 출간한 자료를 사용했고, 이 자료를 뉴멕시코 주의 현 인구와 식품 소비량에 맞게 조정하여 새로운 수치를 도출했다.

6. U.S. Department of Agriculture Economic Research Service, "Food CPI and Expenditures: Measuring the ERS Food Expenditure Series," www.ers.usda.gov/Briefing/CPIfoodandexpenditures/Data/Expenditures_tables/table5.htm, accessed December 21, 2011.

7. P.L. 396, 79th Congress, June 4, 1946, 60 Stat. 231.

8. www.fns.usda.gov/snap/rules/Legislation/timeline.pdf#xml=http://65.216.150.153/texis/search/pdfhi.txt?query=history+of+food+stamps&pr=FNS&prox=page&rorder=500&rprox=500&rdfreq=500&rwfreq=500&rlead=500&rdepth=0&sufs=0&order=r&cq=&id=4ca12ecd14.를 참고하라.

9. 마케팅 지원 융자금은 농민의 작물을 담보로 정부가 농민에게 지급하는 단기 융자금이며, 이 융자금의 액수는 법률이 정한다. 이 융자금은 농민들이 자신들의 작물 생산에 매진할 수 있게 해주며, 그에 따라 농민들은 가격을 낮출 필요가 없게 된다. 이것은 본질적으로 정부가 농민을 위해 시장의 규정을 부드럽게 해주는 한 가지 방법이다. 만일 가격이 낮아지면 농민은 융자금을 상환하는 대신 작물을 정부에게 제공한다. 이 융자금은 1933년에 만들어진 이래, 수도 없이 변경되었고, 믿기지 않을 정도로 복잡해지고 말았다. 이 주제에 대해 더 많이 알고 싶다면, 스콧 말로Scott Marlow가 쓴 다음의 책을 추천한다. *A Non-Wonk Guide to Understanding Federal Commodity Payments* (www.rafiusa.org).

10. "Web Site to Promote Food Stamp Reform," http://m.upi.com/m/story/UPI-91291323835427, accessed December 23, 2011.

11. USDA Economic Research Service, "Farm and Commodity Policy: Government Payments and the Farm Sector," www.ers.usda.gov/Briefing/Farmpolicy/gov-pay.htm, accessed November 16, 2010.

12. Noel Blisard, Hayden Stewart, and Dean Jolliffe, *Low-Income Households' Expenditures on Fruits and Vegetables*, May 2004, p. 22, www.ers.usda.gov/publications/aer833/aer833.pdf.

13. U.S. Department of Agriculture Food and Nutrition Service, *Request for Application: Supplemental Nutrition Assistance Program Healthy Incentives Pilot*, CFDA #10.580 (December 18, 2009): 7, www.fns.usda.gov/snap/hip/docs/RFA.pdf, accessed October 7, 2010.

14. Dr. Reed Tuckson, executive vice president, United Health, "Refocusing the National Food System," presented at the Sustainable Agriculture & Food Systems Funders Forum, Philadelphia, June 17, 2010.